KB149920

철학의 슬픔

철학의 슬픔 : 자기중심성에서 벗어나기

발행일 초판1쇄 2019년 2월 28일 • **지은이** 문성원
펴낸이 유재건 • **펴낸곳** (주)그린비출판사 • **주소** 서울 마포구 와우산로 180, 4층
전화 02-702-2717 • **이메일** editor@greenbee.co.kr • **신고번호** 제2017-000094호

ISBN 978-89-7682-473-8 03100
이 도서의 국립중앙도서관 출판예정도서목록(CIP)은 서지정보유통지원시스템 홈페이지(http://seoji.nl.go.
kr)와 국가자료공동목록시스템(http://www.nl.go.kr/kolisnet)에서 이용하실 수 있습니다.(CIP제어번호:
CIP2019006075)

철학이 있는 삶 **그린비출판사** www.greenbee.co.kr

철학의 슬픔

자기중심성에서 벗어나기

문성원 지음

ﾂB
그린비

머리말

매 학년 초면 나는 신입생들에게 '철학이 무엇인가?'라는 질문을 던져 놓고, "과학은 우리가 아는 것이고, 철학은 우리가 모르는 것이다"라는 버트런드 러셀의 유명한 말을 인용하곤 한다. '잘 모르는 것에 대해, 아직 확실한 답이 없는 문제에 대해 생각하는 학문'이 철학이라는 얘기다. 과학과 철학이 별개라는 말은 아니다. 오히려, 우리가 어느 정도 확실히 안다고 생각하는 영역을 경계로 과학과 철학이 맞닿아 있다는 뜻으로 이해하면 좋겠다. 그래야 과거에 대부분의 학문 분야가 철학의 품 안에 있었던 이유나 오늘날에도 첨단 과학자들이 때로 철학적 사유에 골몰하는 이유를 쉽게 납득할 수 있을 것이다.

아직 잘 모르지만 중요한 것, 그래서 생각하지 않을 수 없는 것을 다루는 학문이 철학이다. 무엇이 중요한지를 따지는 일도 중요하며, 그래서 그것도 철학의 한 부분을 이룬다. 무엇이 중요한지를 결정하는 것이 철학이라고 주장하는 것은 아니다. 알다시피 그런 결정은 개념과 논리로 따지는 데서만 판가름 나지 않는다. 이해관계나 감정이 더 큰 역할을 하는 경우도 많다. 하지만 따져 생각해서 경중을 견주어 보려고 시도하는 한, 우리는 철학의 영역으로 들어서는 셈이다. 그래서 어떤 이가 무엇을 중하게 생각하는지를 물을 때, 우리는 흔히 그 사람의 철학이 무엇인지를 거론한다. 또 한 시대가 무엇을 중하게 여기는지를 따져 물을 때, 우리는 그 시대의 철학을 문제 삼는다.

요컨대, '뭣이 중한디?'를 사유하는 작업이 철학에, 최소한 철학의 중요한 한 부분에 값한다는 얘기다. 여기서 철학과 철학자는 구분해야 한다. 노래를 가수만 부르는 것이 아니듯이, 철학을 철학자만 하는 것은 아니다. 가수가 노래의 기교에 능한 것처럼, 철학자도 철학의 기교 면에서 일반인보다 낫긴 하다. 그러나 세간에 유행하는 노래가 딱히 가수 집단에 의해서만 결정된다고 보기 힘든 것처럼, 한 시대의 주요한 철학적 사고도 철학자 집단에 의해 결정된다고만 할 수 없다. 특히 최근으로 올수록 철학자의 역할은 자꾸 줄어들고 있다는 인상이다. 그렇다고 거기에 비례해서 철학의 비중이 작아지는 것은 아닌 듯하다. 흔히 말하는 대로 지금이 일종의 패러다임 전환기라면, 오히려 철학 자체는 더욱 중요해지고 있다고 볼 여지가 있다. 전문 철학자의 활약은 아무래도 예전만 못하지만 말이다.

나는 철학으로 밥벌이를 한 세월이 꽤 되니까 어떻든 전문 철학자인 셈이지만, 아직 아마추어적 호기심을 잃지는 않았다고 생각한다. 어쩌면 전문성이 좀 떨어지는 탓일지도 모른다. 그런 어정쩡한 처지에서 나름으로 중요하다고 생각하는 것들을 이것저것 다뤄본 결과가 여기 실린 글들이다. 그 주제는 철학의 위상과 역할, 행복의 의미, 인공지능과 얼굴의 윤리, 사랑과 여성성, 환대, 정치와 윤리의 관계, 변증법의 현재성, 민주주의와 힘의 문제 등 다양하다. 좋게 봐주면 어떤 경계에 얽매이지 않고 시대성을 찾고자 하는 관심의 표출이라고 하겠지만, 나쁘게 보면 확실한 바탕에서 깊은 연구를 하지 못한 채 세태를 좇는 얄팍함의 소치로 비칠 것이다. 굳이 변명을 하자면 이 논의들을 관통하는 중심적 관심사가 아예 없는 것은 아닌데, 그것은 '자기중심성에서 벗어나기'라고 할 수 있다. 관심의 중심이 일종의 탈脫중심에 있다는 말이니 좀 아이러니컬하다고 할까…….

그러나 이런 식의 문제의식은 이미 우리 주변에도 꽤 퍼져 있다. 대표적으로 환경문제를 둘러싼 생각이 그렇다. 환경문제를 해결해 나가기 위해선 인간 위주의 사고방식에서 탈피해야 한다. 사람이 제대로 살기 위해서도 사람 중심으로만 생각하고 행동해서는 곤란하다. 사람이 중요하지 않아서가 아니라, 사람을 중히 여기는 바른 방도가 이제 사람 아닌 다른 존재도 중하게 대하는 쪽으로 나아가야 하는 지점에 이르렀기 때문이다. 그리고 이러한 사태의 근본에는 실제로 인간이 세상의 중심이 아니라는 사실이 놓여 있다. 내가, 내 가족이, 내 이웃이, 내 나라가 중요하지만, 그렇게 내 것만 찾아서는 더 이상 자신조차 지탱하기 어려운 단계들이 있는 법이다. 자기중심성을 두드러지게 내세우는 것은 아주 취약한 처지에나 어울리는 삶의 태도라 할 만하다.

이 책에서 타자와 바깥에 대한 논의가 중심을 이루는 것은 이런 맥락에서 읽어 주면 좋겠다. 철학자로서는 타자를 강조하는 대표적인 인물인 레비나스가 많이 거론된다. 데리다나 아감벤, 벤야민, 랑시에르 등 다른 철학자들이 언급되는 맥락도, 다르덴 형제의 영화처럼 철학 외부의 여러 영역이 다뤄지는 맥락도 크게 다르지 않다. 타자와의 관계를 중시힘으로써 우리 삶의 태도를 바꿔 가듯, 철학과 닿아 있는 바깥 영역과의 관계를 통해서 철학의 위치와 역할을 가늠하고 사유해 보려 한다. '철학의 슬픔'이라는 말을 표제에 내건 것은 슬픔에 빠져 허우적대겠다는 뜻에서가 아니라, 위축과 상실에 대처하는 자세인 슬픔이 우리의 삶에서뿐 아니라 철학의 처지에서도 때로 적절하고 긍정적인 방안일 수 있다는 생각에서다.

* * *

철학을 업으로 삼는 사람들끼리 며칠 일정으로 여행을 간 적이 있다. 밤에는 여럿이 큰 방에서 함께 잤는데, 일정이 힘들어서였는지 술을 어설프게 마셔서 그랬는지 더러 코를 골았고 그 코 고는 소리

때문에 서로 잠을 설쳤다. "나는 밤새 한잠도 못 잤어." 새벽녘에, 내 옆에 누웠던 사람이 개운치 못한 얼굴로 말했다. '이런, 그건 내가 할 소린데……. 옆자리에서 코만 잘 골더니.' 내가 뭐라고 핀잔을 주려는 참에, 곁에 있던 다른 이가 역시 부스스한 얼굴로 한마디 했다. "다들 코 골았어. 모두가 말이야." '아, 그렇구나. 그런데 저 양반은 자기가 코 고는 소리를 들었나? 아니면 자기는 빼고 하는 얘긴가?'

  잠을 설치면서 누워 있다 보면 자기도 모르게 깜박깜박 잠이 들곤 하는데, 잠들었던 순간은 깨어 있던 기억에 묻혀 버리는 모양이다. 철학자라고 별반 다를 리 없다. 스스로는 깨어 있었다고 생각하지만, 잠들었을 수도, 게다가 코를 골았을 수도 있다. 자기중심성에서 깨어나자고 하지만 네가 무슨 자격으로 그런 말을 하냐고 추궁하면, 답이 궁해진다. 어쩌면 우리는 서로의 자기중심적 태도들 때문에 어쩔 수 없이 깨어나서 타자에 주목하게 되는지도 모른다. 그러나 그렇더라도, 아니 바로 그렇기 때문에, 타자성 가운데서 어떤 가능성을 찾아야 하는 것 아닐까? 어차피 삶은 깨어남일 테니 말이다.

차례

일러두기

1 단행본·정기간행물에는 겹낫표(『 』)를, 논문·단편·보고서·영화·방송(팟캐스트)·회화·노래 제목에는 낫표(「 」)를 사용했다.

2 외국 인명·지명은 2002년에 국립국어원에서 펴낸 '외래어 표기법'에 따라 표기하는 것을 원칙으로 하되, 관례가 굳어서 쓰이는 것들은 관례를 따랐다.

철학의 슬픔

자기중심성에서 벗어나기

철학의 슬픔

1

이종영은 『영혼의 슬픔』(2014)에서 자아와 영혼을 구분하고, '영혼의 슬픔'은 영혼의 삶이 자아의 삶에 대해 갖는 관계라고 말한다.[1] 자아의 슬픔뿐 아니라 자아의 기쁨도 영혼에게는 슬픔일 수 있다. "우리는 문득, 어렴풋이, 영혼의 슬픔을 느낀다. 아, 내가 왜 이런 것을 기뻐하는가, 하는 생각의 형태로 말이다. 어쩌다 우리가 그런 슬픔을 느낄 때, 우리는 우리가 두 개의 삶을 살고 있음을 어렴풋이 깨닫는다. 어, 이건 내가 살아야 하는 삶이 아닌데, 라는 형태로."[2]

스피노자에 따르면, 슬픔은 정신이 더 작은 완전성으로 나아가는 수동적 상태다.[3] 정신이 더 큰 완전성으로 나아가는 수동적 상태인 기쁨과 대비된다. 그런데 기쁨이건 슬픔이건 모두 수동적인 것이라는 데 주목할 필요가 있다. 스피노자에게서 수동은 적합하지 않은 원인에, 즉 그 원인이 분명하지 않은 사태에 해당하는 규정이다. 내·외적 자극이나 환경에 어림잡아 대응하는 방식을 감정이라고 이해할 때, 이런 식의 파악은 오늘날의 견지에서도 그럴싸해 보인다.

기쁨은 긍정적 정서고 슬픔은 부정적 정서다. 그러나 이 부정적 정서에도 나름의 역할이 있다. '더 작은 완전성으로' 나아감은 기존의 상태와 비교하여 상실이다. 이 상실의 느낌이 슬픔이라면, 여기에 수반되는 행위방식은 위축이어야 마땅할 것이다. 심대한 상실에도 불구하고 슬퍼하지 않는 자는 끔찍하다. 그런 자에 대한 우리의 감정적 반응만 그렇다는 것이 아니다. 상실과 그에 따른 기능 저하에도 불구하고 이전과 같은 식으로 행동하다간 그 스스로의 처지를 더 악화시킬 것이 뻔하다.

스티븐 핑커는 "어느 누구도 슬픔의 목적이 무엇이지 모른다"라고 했다.[4] 슬픔이 '재평가를 위해 강제적으로 부여된 막간'이라는 견해도 있지만, 그렇게 보기에는 슬픔이 주는 불편이나 해악이 너무 크다는 것이다. 그래서 그가 찾아낸 답은 이렇다. "슬픔은 내면의 둠스데이머신으로, 단지 억제책으로만 유용할 뿐이고 일단 작동이 되면 무의미해진다."[5] 둠스데이머신이란 스탠리 큐브릭의 영화 「닥터 스트레인지러브」(1964)에 나오는, 공격받으면 자동적으로 터지게 되어 있는 핵폭탄 네트워크다.

물론 삶 자체를 위협하는 비탄이나 심각한 우울도 있다. 그건 슬픔의 작동 방식이 빚어내는 부작용일지 모른다. 예상하기 힘든 극단적 상실이나 현대사회의 복잡하고 갑갑한 문제들은 진화 과정을 통해 우리에게 장착된 슬픔의 메커니즘이 감당하기 어려울 것이다. 그러나 우울증을 겪고 난 사람들이 그 전보다 삶의 문제를 더 잘 풀어 나간다고 전하는 연구들도 있다.[6] 맹목적인 낙관보다 우울이 나을 수 있다는 주장은 설득력이 있다.

슬픔 및 우울과 연관되어 있는 소극적 반응이 우리 몸의 면역 기능 회복 과정과 관계가 있으리라고 짐작되기도 한다. 면역계는 매우 복잡하고 "소비되는 에너지와 단백질 양쪽으로 비싸다". "이 말은 그것이 또 다른 목적에 전용될 수 있는 에너지와 단백질 저장고라는 의미이기도 하다." "침입자를 처리하느라 자신의 자원을 심하게 소모했기 때문에 다음번 싸움에 대비하려면 스스로를 재건해야 한다. 그래서 면역계는 몸 전체를 무기력하고 무심하고 삶에 별흥미를 못 느끼는 '시큰둥한 상태'blah로 유도한다." "내면적으로 이것은 우울증과 비슷하게 느껴진다."[7]

그러나 대체로 슬픔이나 우울은 일시적 과정이어야 한다. 그렇지 못할 때는 병리적 증상으로 전락하기 쉽다. 알다시피 프로이트는 「슬픔과 우울증」(1917)에서 우울증을 대상 상실의 슬픔과 대비하여 자아 상실과 관련지었다. 우리는 삶에서 중요한 대상을 잃어버렸을 때, 애도의 과정을 통해 충격을 추스른다. 부여되었던 리비도를 서서히 거둬들이고 그 자리를 대신할 대상을 찾는다. 하지만 잃어버린 대상의 공백이 도저히 채워질 수 없을 경우, 상실의 그림

자가 자아에 드리워진다. 상실과 관련한 비난이 자아를 향한다. 자아는 빈한해지며, 상실은 내면화한다. 이렇게 볼 때, 우울이란 자아를 잠식한 상실의 느낌인 셈이다.

프로이트와 달리, 라캉은 우울증이 생겨나는 것은 자아가 상실된 탓이라기보다는 욕망을 낳는 메커니즘이 제대로 작동하지 못하는 탓이라고 본다.[8] 우울에서는 슬픔에서처럼 상실된 대상을 특정할 수 없다. 이것은 불안이 특정한 대상에 대한 공포와 다른 것과 마찬가지다. 우울증에서 초점은 자아라는 또 다른 대상이 아니다. 오히려 욕망을 추동하는 대상의 자리objet a가 문제다. 대상의 자리가 세계 속에 자리 잡을 때, 욕망은 이 대상에서 저 대상으로 옮겨 갈 수 있다. 하지만 그 자리가 없어지면 세계에 대한 무관심이 생겨난다.

라캉에 따르면, 세계 속에 자리 잡지 못한 대상의 자리는 주체에 들러붙는다. 그래서 우울증은 나르시시즘과도 통한다. 세계로부터 철회된, 리비도 없는 관심이 공허한 주체에 머문다. 이 과잉의 잔여가 때로는 무가치한 찌꺼기로, 때로는 과도한 쾌락으로 나타남으로써 울증鬱症과 조증躁症을 오가기도 한다. 이렇게 볼 때, 우울은 자아의 상실이라기보다는 세계의 상실이라고 할 법하다. 그래서인지 라스 폰 트리에의 영화 「멜랑콜리아」(2011)는 아예 지구가 박살나 버리는 종국을 향한다.

'멜랑콜리아'는 최근에 김동규가 낸 꽤 두툼한 철학책의 제목이기도 하다. 거기서 저자는 "서양 정신의 근본 정조가 멜랑콜리이며" 또 "멜랑콜리는 자기애적 이성의 고유한 정조"라고 주장한다. "자기중심적 나르시시즘이 이성의 근간에 놓여 있다"는 것이다.[9] 그는 멜랑콜리한 사람에 대한 칸트의 해석을 단초로 삼고, 니체와 하이데거 등의 철학을 매개로 하여, 서양철학 일반이 자기중심성을 벗어나지 못한 멜랑콜리한 것이라고 내세우기에 이른다. 그러나 이렇게 확장된 멜랑콜리는 프로이트나 라캉의 경우에서처럼 우울증으로 번역하기 어렵다.[10]

우울증이나 멜랑콜리를 나르시시즘과 연관지을 수야 있다 하더라도 동일시하기는 힘들다. 자기만족보다는 후퇴와 위축을 수반하는 까닭이다. 더구나 슬픔을 자기중심적이라 할 수 있을까? '영혼의 슬픔'으로 돌아가 보자. 자아의 기쁨을 슬퍼하는 영혼은 여전히 자기중심적일까? 그 슬픔은 차라리 자기반성적인 기능을 한다고 보는 것이 옳지 않을까? 슬픔의 긍정적 힘은 상실이나 하강에 대응한 자기 정비에 있는 것이 아닐까?

2

'철학의 슬픔'이라는 표현은 언뜻 어불성설처럼 보인다. 철학이 유정자有情者일 리가 없으므로. 그러나 자아(들)를 포섭하면서 그 한계를 넘어서는 영혼의 반성을 생각하듯, 철학적 자아들을 품으며 넘어서는 철학의 혼魂을 상정해 봄 직도 하다. 그렇다고 개별 철학자들의 기쁨이 혼으로서의 철학에게는 슬픔이라는 식의 얘기를 하려는 것은 아니다. 오히려 정말 이기적이지 않은 것이라면 작은 기쁨이라도 철학은 기꺼워하리라고 믿는다. 오늘날 철학이 감당해야 할 상실이나 하강은 결코 하찮지 않으며, 그 반성의 부담을 이겨 내기 위해서는 아마 자디잔 응원까지도 필요할 것이므로.

철학의 혼이나 정신에 폐쇄적 테두리는 어울리지 않을 것이다. 철학의 관심은 철학이라는 학문 내에 머물지 않아야 마땅하다. 그러나 때로 철학에 대한 폄하는 아프다. 반성의 자료라 하더라도 그렇다. 그 가운데 좀 심하다 싶은 예를 들어 보자.[11]

과학에 있어서의 철학은 섹스에 있어서의 포르노그래피와 같습니다. 더 싸고, 더 쉽고, 어떤 사람들은 더 좋아하기도 하죠.[12]

세계적 유전학자라는 스티브 존스의 말이다. 도발적이긴 하나 그 함의를 파악하기가 어렵지는 않다.

과학과 철학을 아우르는 학문의 영역에서 철학은 일종의 가짜, 좋게 말해 보완적 가짜라는 비아냥거림이다. 반면에, 우리의 지식을 확장하고 진보를 이룰 수 있는 실질적으로 중요한 활동은, 즉 진짜 학문은 사실과 마주하여 씨름하는 경험과학이라는 얘기다. 철학은 그러한 수고를 마다한 채 짐작과 사변의 영역에 머문다. 이러한 철학에게 존스는 불확실한 논의 영역을 배당한다. 예컨대 유전자가 정확히 무엇을 의미하느냐 따위에는 철학적 논란의 여지가 남아 있다. 그러나 "생화학자들은 철학자들이 유전자를 어떻게 생각하는가에는 눈곱만큼도 관심이 없을 것" 같다.[13]

가짜라고 하더라도 다 쓸모가 없지는 않다. 진짜를 탐구하는 과학자들은 가짜가 왜 생겨나며 어떠한 역할을 하는지에 대해서도 연구한다. 포르노그래피를 보는 것이 진짜 섹스를 체험하는 것은 아니지만 그것도 나름의 기능과 효용이 있지 않은가. 그런 까닭에 포르노그래피에 대한 생리학적 연구나 경제학적 연구가 가능해진다. 마찬가지로, 철학과 종교 따위가 진짜 현실을 다루지 못한다 하더라도, 그러한 정신활동의 연원과 기능을 밝히는 일은 경험적 사태에 대한 학문적 탐구로서 성립할 수 있다.

오늘날 급속도로 발달하고 있는 신경생리학과 뇌과학 계통에서는, 우리 두뇌의 해석 성향에서 그 연원과 기능을 찾는다. 인간의 두뇌는 확실한 정보가 부족한 사태에 대해서도 그것을 나름대로 해석하여 이해하려는 장치를 갖추고 있다는 것이다. 두뇌 생리학자 마이클 가자니가에 따르면, 우리의 뇌에는 우리가 경험하는 사건들을 이해할 수 있게끔 사실들의 함의를 확장하여 믿음을 형성하는 역할을 하는 부분이 존재한다.[14] 그는 이 기능을 맡는 부분을 일종의 모듈로 보고 그것을 '해석자'라고 부른다. 이 '해석자'는 어떤 사태를 실제로 일으킨 원인을 모르는 처지에서도 자신이 이용할 수 있는 기존의 지식들을 활용하여 그럴듯한 설명을 만들어 낸다.

이것은 의식이 자신이 마주하는 사태와 행동에 일관된 의미와 방향을 부여하고 그 자신을 통일된 단위로 받아들이기 위한 기능이다. 이런 두뇌의 기능과 연관하여 보면, 대부분의 철학이나 종교 사상은 비록 다층적 복잡성을 가지고 있다고 해도 이와 같은 '해석자' 모듈이 만들어 낸 믿음의 꾸러미인 셈이다. 그것들은 한정된 경험 탓에 우리가 제대로 입증하지 못하는 포괄적인 사태를 해석하기 위해 체계적이고 정교하게 꾸며진 이야기들이다.

이렇게 꾸며 낸 이야기가 어느 때나 또 누구에게나 절실하게 필요한 것은 아니다. 우리가 잘 모르는 사태에 대한 일관되고 체계적인 해석과 설명이 강력히 요구되는 것은 어려움을 무릅쓰고 그 사태를 어떻게든 견디거나 이겨 내야 할 때다. 일반석으로 이야기란 우리가 직접 경험하지 못하는 사태들과 그 사태들 사이의 연관을 간접적으로 경험할 수 있게 해주는 효과가 있다.[15]

이야기들의 종류와 무게는 다양해서, 동화나 설화처럼 다소 가벼운 것이 있는가 하면, 신화처럼 꽤 무거운 것도 있다. 종교사상도 이야기의 일종이라면, 그것은 사회제도의 뒷받침을 받는 가장 무거운 이야기 중 하나일 것이다. "종교처럼 시간과 에너지와 생각을 소비할 만큼 정교한 것은 세속적 유용성이 없다면 존재하지 않았을 것이다. 종교는 주로 혼자서 이룰 수 없는 것을 함께 이루기 위해 존재한다."[16] 철학에도 이와 유사한 면이 있다. 철학의 이데올로기적 기능이 부각되는 것은 일정한 인간 집단이 통일된 생각하에 주어진 난관을 헤쳐 나가거나 적어도 그것을 인내하도록 해야 할 경우다. 해석체계 또는 이데올로기로서의 철학이 사회의 변환기에 융성하는 것도 같은 이유에서다.

그러나 보통 우리는 불확실한 사태를 불확실한 채로 받아들이고 살아간다. 누구나 삶을 어떻게 이해하여야 하는지 때로 질문을 던지며, 세계의 궁극적 모습이나 의미에 대해 때로 의문을 갖는다. 하지만 항상 이런 문제들에 매달려 사는 사람은 드물다. 오늘날 그런 것들에 계속 집착하다 보면 정신병자 소리를 듣기 십상이다. 아닌 게 아니라, 현대의 한 정신분석학자는 이렇게 말한다. "누구나 이런 질문[삶을 어떻게 이해해야 하는지]에 대해 생각해 볼 수 있다. 그러나 이 질문을 진심으로 중대하게 여기는 사람은 정신병자로 그는 언제나 신념 체계를 세우는 사람이다."[17]

그런 사람은 흔들리지 않는 신념 체계를 통해 스스로를 보호해야 할 만큼 주변 세계에 취약한 자일 것이다. 그래서 그는 자신의 신념 체계와 어긋나는 사태들을 무시하거나 왜곡하기도 하는데, 이럴 때 신념 체계는 망상이 된다.

물론 철학은 망상이 아니다. 오히려 망상을 경계하는 비판적 정신이 철학의 중요한 요소다. 그러나 철학에 사태의 불확실힘을 메우려는 해석의 노력이 들어가는 것이 사실이고, 또 그 해석이 우리가 흔히 의식하지 못하는 삶의 이해利害와 결부되기 쉬운 것도 사실이라면, 적어도 철학의 서식지 부근에 망상의 유혹과 위험이 도사리고 있다는 점은 인정할 수 있다. 철학에서 해석이 주요한 부분이었다면, 그 주된 까닭 중 하나는 세계에 대한 우리의 지식이 불확실하고 부분적이었으며 그 연결망이 무척 성겼던 데 있을 것이다.

"철학자들은 세계를 다양하게 **해석해** 왔을 뿐이다. 그러나 관건은 그것을 **변화시키는** 것이다".[18] 칼 맑스의 「포이어바흐에 관한 테제」는 이렇게 끝난다. 변화시키는 것은 모두의 일이지 철학자만의 일이 아니다. 해석이 불필요하다는 말도 아니다. 게다가, 실은 해석도 철학자만의 일이 아니다. 과학자들도 가설과 외삽外揷을 통해 불충분한 지식의 공백을 메우고 잠정적 해석을 행한다. 그 작업이 증거에서 멀어지고 사변에 가까워지면 철학적이라는 평을 듣는다. 철학자들이 좀 더 과감하고 총체적인 해석을 해왔는지 모르지만, 오늘날은 그런 해석이 그다지 환영받지 못한다. 이것은 철학의 상실이며 슬픔일까?

3

해석은 그 시대의 주류 지식 주위를 맴돈다. 근대 이후 그것의 이름은 과학이다. 맑스가 의도한 것은 새로운 철학이라기보다 새로운 과학이었다. 맑스주의자들은 과학적 세계관을 내세우고자 했다. 맑스주의의 쇠퇴는 그 과학의 쇠퇴이기도 하다. 한때 맑스주의자였던 이들 가운데 일부는 맑스주의의 주장대로 진행되지 않은 사회 현실을 설명하기 위해 다른 과학적 전거를 찾고자 한다. 유시민은 『나의 한국현대사』(2014)를 써낸 후 가진 출판 강연[19]에서 인간의 생물학적 본성에 대해 여러 차례 강조한다. 인간은 오랜 진화 과정의 산물이며, 수렵채집 시대에 형성된 본성들을 오늘날까지도 갖고 있다. 합리적 사유는 인간의 일면일 뿐이다. 이런 점들을 고려하지 않고는 오늘의 우리 정치 현실도 제대로 이해할 수 없다.

진화심리학자 조너선 하이트는 『바른 마음』[20]에서 비슷한 문제를 제기한다. 왜 세상은 합리주의적이라는 좌파들이 그래야 마땅하다고 생각하는 대로 굴러가지 않는가? 그것은 그들이 자기네가 중시하는 도덕감과 사유방식만 내세우고 인간의 다른 자연적·문화적 특성은 무시하기 때문이다. 좌파는 주로 공정성, 비억압, 고통의 회피 따위를 중시하지만 인간에게는 충성이나 권위, 고귀함 따위도 중요하게 작용한다. 이런 도덕적 기반들도 진화 과정을 통해 정착된 것들이다.

하이트는 다음과 같은 점들을 강조한다. "직관이 먼저이고, 전략적 추론은 그다음이다." "이성은 진실보다는 정당화의 근거를 찾기 위해 만들어진 도구이다." "인간의 마음은 여러 부분으로 구성되어 있는데, 그 모습은 마치 기수(통세된 인지 과정)가 코끼리(자동적 인지 과정)의 등에 올라타고 있는 것과 비슷하다. 기수는 코끼리의 시중을 들어주도록 진화했다." "인간은 90퍼센트는 침팬지이고 나머지 10퍼센트는 벌과 같다." "우리 인간이 이기적이고 위선적인 존재인 것은 사실이다." 우리는 이타적 존재가 될 수 있지만 "그 이타주의는 대부분 자신이 속한 집단의 구성원을 향한다". "도덕은 사람들을 뭉치게도 하고 눈멀게도 한다."[21]

도덕적 문제에 대해 합리적 추론을 훌륭히 수행한다는 것이 더 도덕적임을 보장해 주지 않는다. 만일 그렇다면 도덕철학자들은 꽤 도덕적이어야 할 것이다. 그러나 "도덕철학자들이 얼마나 자주 자선을 베풀고, 투표에 참가하고, 어머니에게 전화하고, 헌혈하고, 장기 기증을 하고, 콘퍼런스를 마친 후 자기 손으로 뒷정리를 하고, 학생들이 보낸 이메일에 얼마나 많이 답장해 주는지 조사해 보았다. 조사 결과, 도덕철학자들이 다른 분야의 철학자나 교수에 비해 나았던 항목은 단 하나도 없었다".[22] 종교적 생활이나 믿음도 선행과 거의 관계가 없는 것으로 나타났다. "종교가 이루어 내는 도덕적 선행과 확실하고 강하게 연관된 사실은 단 하나, 바로 사람들이 동료 종교인과의 관계에 얼마나 단단히 얽혀 있는가 하는 것이었다."[23]

문화가 나름의 역할을 하지 않는다는 것은 아니다. 가치, 미덕, 규범, 관습, 정체성, 제도, 기술 등이 심리기제와 맞물려 영향을 준다. 그러나 문화적 요소들도 인간 집단의 생존과 번영에 기여하는 바에 따라 전승되는 것일 뿐이다. 이런 식의 파악에선 다원주의가 인간 이해의 핵심으로 자리 잡는다. 장대익은 자연선택이 작용할 수 있는 일반적 조건을 다윈을 좇아 이렇게 정리한다.[24] ① 변이들이 나타난다. ② 변이들에 적응도의 차이가 존재한다. ③ 이 변이들이 유전한다. 이 같은 자연선택 과정에 선험적인 가치나 기준은 없다.

변혁이 어려운 현실을 진화생물학을 통해 다시 이해하려 했던 인물 가운데는 이상록(1956~2006)이 있다. 그는 환원주의의 색채가 강한 사회생물학에 주목했다. 사회적 관계가 인간의 본질을 규정한다는 맑스주의의 관점으로는 현실을 설명할 수 없다고 생각했기 때문이다.[25] 이상록과 같이 사회생물학 공부를 시작했던 박만준은 요즘도, 대표적 사회생물학자인 에드워드 윌슨의 말을 인용한다. "우리는 지금도 야생을 살고 있다."[26]

진화론에 따르면 인간이 갖추고 있는 능력이나 자질은 불완전한 것이다. 환경에 대한 적응은 상대적 적합성이 있을 따름이다. 대니얼 카너먼은 손익의 따짐이 중요한 경제적 활동 영역에서도 인간이 불합리한 방식으로 행동하곤 한다는 점을 부각시킨다. 우리의 사고는 시스템적 오류에 취약하다는 것이다.[27] 그는 인간의 사고 체계를 자동적이고 빠른 직관의 시스템 1과, 주의와 집중을 요하는 느린 시스템 2로 대별한다. 야생의 환경에서는 즉각적인 판단이 생존을 좌우하는 경우가 많다. 그러나 오늘의 환경에서 시스템 1은 때로 우리를 부적합하고 잘못된 내용으로 이끈다.

특기할 것은 시스템 1은 "좋은 분위기, 직관, 창조성, 멍청함"과 관계가 있고 시스템 2는 "슬픔, 경계심, 의심, 분석적 접근법, 노력 확대"와 관계가 있다는 카너먼의 지적이다. "행복한 분위기는 시스템 2가 능력에 미치는 통제력을 약화시킨다. 좋은 분위기일 때 사람들은 더 직관적이고 창조적이 되는 반면, 경계를 풀고 논리적인 오류에 빠져들 확률이 높아진다."[28] 철학은 아무래도 시스템 2 쪽이다. 안전하고 별 걱정이 없는 인지적 편안함의 상황보다는, 풀어야 할 문제에 봉착해 있는 긴장된 상황에 더 어울린다.

시스템 2라고 해서 문제가 없지 않다. 느리다는 것 자체가 약점인 데다가, 골똘히 깊이 생각한다고 해서 능사가 아닌 사안들이 있는 것이다. "우리는 천사가 아니라 유기체이고, 우리의 마음은 진리로 통하는 파이프라인이 아니라 생물학적 기관이다. 우리의 마음은 조상들의 생사를 좌우한 문제들을 해결할 수 있도록 자연선택에 의해 진화했지, 정확함을 벗 삼기 위해서나 온갖 질문에 답하기 위해 진화한 것이 아니다." "인간의 마음은 물체를 5차원으로 회전시키지 못한다. 인간은 자유의지나 감각력 같은 수수께끼도 풀지 못할 것이다."[29]

인간의 마음이 통일된 중심을 가진 단일체라기보다는 여러 다양한 기능의 묶음이고, 단일한 중심인 듯한 자의식의 표상은 반성적 되먹임을 효과적으로 처리하기 위한 장치라는 생각이 그럴듯해 보인다. 인간의 정신은 맥가이버 칼과 같다. 한 인간에 속한 여러 하위 자아는 각기 특화된 기능을 맡고 있다.[30] 그러나 이 구분이 엄격한 것은 아니다. 우리 정신의 기능적 단위인 모듈들은 "일부 소프트웨어와 하드웨어를 공유하고 있다". "이런 점에서 우리의 마음은 컴퓨터와 매우 비슷하다. 다른 이름을 가진 소프트웨어들이 담겨 있지만 그 모두 같은 하드웨어에 투입과 처리를 의존하고 있으며 작업을 할 때도 운영체제의 핵심 코드 대부분을 사용한다."[31]

오늘날 인간에 대한 지식 분야를 주도하고 있는 것은 진화론과 정보과학이라고 할 수 있다. 진화론적 심리학과 진화론적 인류학, 또 진화론적으로 이해된 정보처리 장치로서의 뇌에 대한 연구 등이 그 내용을 채운다. 전통적인 인문학에 대한 강조는 실상 구색 맞추기에 지나지 않아 보인다. 여기서 철학의 자리는 어디인가? 혹 철학은 날로 위축되어 가는 그 자리를 피해 새삼 영혼을 이야기하지 않을 수 없는 '슬픈' 처지로 몰리지 않았는가?

4

철학자 박이문은 2014년 7월의 한 인터뷰에서 이렇게 말했다.

"평생 노력했지만 인생의 궁극적 의미 같은 것은 없다는 생각이 듭니다. 답이 없다는 답을 알게 된 거죠. 사실 인생의 의미가 뭐냐 하는 물음은 성립이 안 됩니다. 어떤 면에선 그걸 찾으려는 노력조차 헛됩니다. 하지만 '인생에서의 의미'는 가능합니다."

— 그것은 뭔가요.

"각자 살아가면서 자기에게 의미가 있다고 생각하는 일을 찾는 겁니다. 다시 말하지만 인생 자체의 의미는 없습니다. 그런 점에서 나는 허무주의자입니다. 하지만 매 순간 내게 다가오던 위기를 극복하면서 살려고 했다는 점에서 긍정론자라고 할 수 있지요."[32]

인간에 대한 오늘날의 지식은 유사한 답으로 우리를 이끈다. 이제 여기에 도달하기 위해 평생을 바칠 필요는 없다.

박이문은 인간이 살아가면서 구축하는 나름의 세계를 '둥지'라는 소박한 표현으로 나타낸다. 조금 어려운 말로 풀면 그 중심엔 '존재-의미 매트릭스'가 있다.[33] 그것은 인간이 생물학적으로, 또 문화적으로 짜내어 그 속에 몸담고 살아가는 세계다. 새가 둥지를 짓는 것처럼, 인간도 나름의 삶의 틀을 마련한다. 새의 둥지가 다양하듯 인간의 둥지도 다양하며, 새의 둥지가 종종 허물어지고 다시 다듬어지듯 인간의 삶의 틀도 파손과 갱신의 변화 과정을 겪는다. 둥지의 바깥은 이 둥지에 영향을 주지만, 우리는 우리의 거처인 둥지를 통해 그것과 관계할 수 있을 뿐이다. 우리는 둥지를 통해 세계를 인식하고 변형시킨다. 이 둥지와 거기에서 비롯하는 변화 또한 둥지의 존재-의미 매트릭스에 귀속된다.

우리가 파악하는 세계는 우리 자신의 자리를 포함한다. 그 자리로부터 우리는 세계와 관계한다. 그림으로 비유하면 내가 그린 그림 속에 그 그림을 그리는 나에 대한 묘사가 들어 있는 격이다. 박이문은 이런 면모를 '손을 그리는 손'을 그린 마우리츠 에셔의 그림을 통해 제시한다.[34] 손이 존재하는 세계 또한 손이 그리는 그림 안에 담긴다. 그러나 모든 것이 그림에 지나지 않는 것은 아니다.

물론 그림 밖에 대한 이미지 역시 일종의 그림이다. 화폭 밖을 그리고자 하는 그림이 또한 화폭 안에 담김을 보여 주는 르네 마그리트의 그림은 이런 생각에 대한 이미지다. 그러나 모든 것이 이미지라고 보기 힘든 것은 이미지의 변화가 이미지 자체에서 설명되기 어렵기 때문이다.[35] 변화하는 이미지를 궁극의 실재로 놓는 것이 불가능하지는 않겠지만, 그런 설정이 그나마 유효해 보이는 것은 들뢰즈의 '시네마'(1983~1985)와 같은 기획 정도에서다. 그것조차 결국은 이미지 세계의 비완결성과 바깥으로 난 틈을 지시하지만 말이다.[36]

들뢰즈와 가타리는 『철학이란 무엇인가』(1991)에서 우리의 정신 바깥을 카오스라고 부른다. 철학·예술·과학은 넓은 의미의 사유인 우리의 정신, 곧 "두뇌가 카오스에 잠겨 카오스와 대적하기 위해 타고 가는 세 개의 뗏목, 세 개의 구도들"[37]이다. 철학은 개념을 통해, 과학은 함수를 통해, 예술은 정서를 통해 그런 일을 한다. 철학에서 중요한 것은 일관성이다. 과학에서는 지시와 예측이고, 예술에서는 힘의 표현이다. 과학은 자기 확장적이다. 한정되지 않은 카오스에 긍정적 의미를 부여하지 않는다. 이와 관련해 들뢰즈와 가타리는 과학이 "지시관계를 얻기 위해 무한을 포기"한다고 말한다. 반면에 예술은 "무한을 복원시키는 유한을 창조"하고자 하며, 철학은 "무한에 일관성을 부여함으로써 무한을 구원하고자 한다".[38]

그런데 정작 무한은 구원을 받고자 할까? 구원이나 창조는 무한을 대하는 유한자가 설정하는 관계 또는 행위 틀일 따름이다. 무한 또는 카오스는 그렇게 부여되는 규정들을 통해 이해됨으로써, 바깥 자체가 아닌 바깥에 대한 관념이나 이미지가 된다. 하지만 이런 바깥의 자리에 어떤 비중과 의미를 주는가는 꽤 중요한 문제다.

독일에서 활약하고 있는 철학자 한병철은 현대사회에선 바깥 자체가 무의미해졌다고 생각한다. 우리 삶의 환경이 대부분 인위적 산물이 된 탓이다. 지구화된 세계에서는 다른 집단에 소속된 인간도 낯선 외부의 존재로 여겨지지 않는다. 더 이상 외적 타자는 없다. 따라서 이제 면역학적인 사고가 통용되지 않는다.[39] 이질성은 내부의 차이에 불과한 것이 되어 버렸다. 우리가 대결해야 할 것은 이제 우리 스스로가 만들어 낸 장치와 조직일 뿐이다. 외부의 적이 아니라 우리 자신이 설정한 기준이 우리를 옭아맨다. 성과의 과잉 요구가 우리를 피로케 한다. 이런 피로사회는 또한 정보사회고, 투명사회다. 전시사회이자 포르노 사회고, 폭로와 감시의 사회다.[40]

한병철은 바깥을 향한 시선을 놓지 않고 있는 철학자들을 비웃는다. 아감벤은 여전히 주권과 추방이라는 안팎의 경계 문제를 중심으로 사고하는 구태를 벗어나지 못하고 있고,[41] 레비나스가 말하는 윤리는 면역학적 관점에서 면역의 관용을 극단적으로 확대한 예일 뿐이다.[42] 하지만 그렇다면, 바깥과 타자가 없는 현대사회는 어떻게 피로로 주눅 든 현실을 벗어날 수 있는가? 한병철의 곤란은 여기에 있다. 그는 기껏, '탈진의 피로' 대신 '무위의 피로'를 대안으로 내놓을 따름이다.[43] 그가 '피로사회'에 이어 이야기하는 것은 '우울사회'다.[44]

한병철에 따르면, 현대의 우울은 긍정의 과잉과 자기 착취의 결과다. 그 점에서 상실 및 부정의 정서에서 비롯하는 멜랑콜리와 다르다. 이런 우울에는 타자가 개입할 여지가 없다. 그렇다고 소외도 아니다. 자신의 활동 결과를 낯설게 만드는 메커니즘이 자리하고 있는 것이 아니기 때문이다. 현대는 활동과 성과로 가득 차 있으나, 거기에 확고한 의미는 없다. 기껏 있다면 "목적 없는 공허한 합목적성"인 건강[45] 정도를 거론할 수 있을 뿐이다. 유의미성에 대한 "객관적 결정의 심급"은 사라져 버렸다. 한병철은 이 점과 관련해 카를 슈미트를 들먹인다.[46] 슈미트에 의하면, 결정의 심급은 타자 또는 적과의 관계에서 성립한다. 내부에 의미와 가치가 또렷이 등장하려면 바깥이 있어야 하는 것이다.

적이 아닌 타자의 면모를 강조할 수 있는 것은 내부와 외부의 관계가 현저히 비대칭적일 때다. 신이 강력한 타자의 대표적 이미지인 반면, 레비나스는 연약하고 헐벗은 타자를 내세운다. 이 타자는 전혀 위협적이지 않기에, 애당초 면역의 대상이라고 할 수 없다. 그 역할은 강압적이지 않은 방식으로 바깥을 안으로 들여오는 데 있다. 이와 같은 발상은 미지의 적이 대부분 사라져 버린 세계를 전제한다. 그러나 한병철의 경우와 달리, 의미 및 가치의 원천과 질적 변화의 계기는 우리에게 익숙하고 갑갑한 안이 아닌 바깥에 놓인다. 바깥의 영향이 일견 미미해 보인다고 해서, 유한자인 우리가 궁극적으로 이런 처지를 벗어날 수는 없다.

"별이 빛나는 하늘이, 갈 수 있고 또 가야만 하는 길들의 지도였던 시대, 별빛이 그 길들을 훤히 밝혀 주던 시대는 얼마나 행복했던가." 지금으로부터 한 세기 전 루카치가 『소설의 이론』(1916)의 첫 문장으로 썼던 이 말은 아직도 그 향수 어린 울림을 간직하고 있다. 그가 『영혼과 형식』(1911)에 제목으로 박아 넣었던 영혼이라는 말도 그렇다. 영혼은 자아를 넘어선다. 자아의 바깥에 그 무게중심이 있다고 하면 너무 나간 것일까. 영혼은 불투명해서, '투명사회', '성과사회' 내부에서는 포착되지 않는다. 영혼은 과잉의 자아, 피로에 지친 자아, 우울에 빠진 자아의 너머에서 그런 자아에게 연민의 눈길을 보낸다. 만일 철학이 무한을 구원하려는 영혼의 작업이라면, 철학도 아마 그럴 것이다.

5

이 책의 표지로도 쓰인 에드워드 호퍼의 그림 「철학으로의 외도」 Excursion into Philosophy는 뒤돌아 누운 여인을 등 뒤에 두고 침대에 걸터앉은 사내를 그리고 있다. 여인의 하반신은 훤히 드러나 있는데, 사내는 옷을 입은 채 무언가를 골똘히 생각하는 표정으로 아래를 내려다보고 있다. 커다란 창문으로 햇빛이 들어와 벽과 바닥에, 또 사내의 이마에 선명한 밝은 자국을 남긴다. 사내의 오른쪽 침대 위에는 책 한 권이 펼쳐진 채로 놓여 있다. 전체적으로 밝은 색조의 이 그림은, 그러나 호퍼의 다른 그림들이 대개 그렇듯, 쓸쓸함과 황량함을 담고 있다.

호퍼의 그림들을 스크린에 그대로 재현한 영화 「셜리에 관한 모든 것」(Shirley: Vision of Reality, 2013)에서, 감독 구스타프 도이치는 이 그림에 나오는 책을 플라톤의 『국가』로 구체화한다. 영화에서 셜리는 '동굴의 신화' 부분을 읽다가 스티브가 들어오자 책을 놓고 돌아누워 자는 척한다. 스티브는 셜리의 모습을 잠시 바라보다 말고 돌아앉아 책을 들고 읽기 시작한다. 동굴 밖으로 나온 죄수가 태양빛 속에서 사물을 바라보고 태양을 바라보는 장면이다. 잠시 후 스티브는 책을 놓고 생각에 잠긴다.

영화의 이런 설정이 완전히 자의적인 것은 아니다. 그림에 펼쳐진 책이 플라톤의 『국가』라는 건, 호퍼의 부인이 적어 놓은 그림의 원장에 나와 있다. 게다가 호퍼가 그린 그림들의 면면을 보면, 그가 빛에 관한 논의에 민감했으리라는 점은 능히 짐작할 수 있다.[47] 물론 그림 자체만으로 볼 때, 여자가 아랫도리를 벗은 채 책을 읽다가 돌아눕고 남자가 들어와 그 책을 다시 집어 읽는다는 식의 상황 부여는 좀 억지스럽다.

반라로 누운 여자를 외면하고 웅크리듯 다리 사이로 손을 늘어뜨린 채 앉아 있는 남자. '철학으로의 외도'라는 그림의 제목을 감안하면, 이 남자 옆에 놓인 책이 철학책임은 분명해 보인다. 벗은 엉덩이와 철학의 등 돌림, 또는 적어도, 벗은 엉덩이에 대한 등 돌림을 매개하거나 완수하는 철학. 썩 유쾌하지는 않을 이런 이미지는, 철학을 포르노라고 빈정거리는 견해를 물리치는 데는 한편에서 도움이 될지 모른다.

철학이 등장하지 않는 호퍼의 다른 그림들도 이 그림과 별반 다르지 않은 황량함의 느낌을 준다는 점이 철학에게는 위안이 될 수 있을까. 사실 철학은 이 하나의 그림의 소품일 따름이다. 오히려 철학에게는, 호퍼가 바라본 밝고 처연한 세계에 끼어든 이 작은 기회가 반가울 수 있다. 그가 여러 그림에서 크게 열어 놓은 창문들과 빛으로 훤한 화면의 구획들이 빚어내는 슬픔에 나름의 작은 해석을 보탤 기회로 말이다.

이삿짐 차 앞에 덩그러니 놓여 밝은 햇빛을 받고 있는 세간들은 제아무리 화려하고 값비싼 것이라도 초라해 보인다. 볕이 창창히 좋은 날 야외에서 펼쳐지는 음악회의 소리는 한 바탕만 나아가도 흩어져 날린다. 한정된 공간에 익숙한 것들은 테두리 없는 바깥의 막막함을 견디기 어렵다. 호퍼의 화면을 채우는 빛은 바깥의 시선인 셈이다. 그 시선 앞에 사물들과 장치들은 단순해지고 건조해진다. 테두리 안의 관계 속에서 잡아 놓았던 의미들은 휘발해 버린다. 호퍼의 그림들에 등장하는 인물들은 안에 머문 채 바깥과 대면한다. 카페에서, 기차간에서, 호텔방에서, 테라스에서, 그들은 바깥의 시선을 마주하여 안을 바라본다.

호퍼의 그림이 전달하는 황량함과 쓸쓸함 그리고 슬픔의 정서는, 바깥의 빛과 대비하여 현대 문명의 내적 초라함을 들춰내는 데서 오지 않을까. 호퍼의 그림들이 지니는 매력과 아름다움 역시 정적인 구도 속의 그런 대비와 무관하지 않아 보인다. 테두리 내의 세계는 바깥의 빛 아래 가라앉고 움츠러들지만, 그럼으로써 밖을 향한 힘을 비축한다. 호퍼의 그림은 메마른 현대의 내면을 열어젖혀 그 우울을 조망하고 견디어 낼 수 있게 한다.

"영혼은 자신 안에 자신을 만족시키는 것을 하나도 발견할 수 없다. 영혼을 생각하면 거기에는 영혼을 슬프게 하는 것밖에 없다. [……] 영혼을 비참하게 하기 위해서는 각자의 모습을 바라보게 하고 자기 자신과 함께 있게 하는 것으로 족하다." 발터 벤야민은 『독일 비애극의 원천』(1928)에서 파스칼의 『팡세』에 나오는 이 구절을 인용한다.[48] 신적인 내면을 지니는 주권자여야 하나 실제로는 전혀 그렇지 못한 바로크 시대의 군주를 묘사하기 위해서다. 바로크는 무한을 유한에 구겨 넣으려 하지만, 이 세속화의 주름잡기는 그 외양만큼 성공적이지 않다. 바깥과의 연관을 잃어버린 영혼은 초라한 '자아'가 되며, 이 자아가 관계하는 온갖 사물들은 그 공허함을 드러낸다.

철학은 자신의 처지에 대한 반성을 바깥을 향한 시선과 관련 지음으로써 그 슬픔을 견딜 수 있다. 물론 이제 철학은 빛을, 바깥의 시선을 참칭할 수 없고, 그래서도 곤란하다. 오늘날 영혼이 철학적 개념으로 통용될 수 있을까? 바깥을 안으로 들여오려는 노력은 감각에서보다 사유에서 더 어렵다. 바깥을 지시하는 개념에는 내용이 따라붙을 수 없다. 구체적으로 어떠한 안의 치지에서 그 시선이 밖을 향하는지를 적시할 수 있을 뿐이다. 그런 점에서 영혼은 내부에 들어와 있는 외부를 지칭하기 위해 라캉이 만들어 냈던 말인 '외심'extimité[49]과 닮았다. 내장內藏된 외부를, 외부로 난 구멍을 지닌 영혼은 바깥을 응시한다.

"현재의 어둠에서, 우리에게 도달하려고 하지만 결코 그럴 수 없는 빛을 지각하는 것, 이것이 바로 동시대인이 된다는 것의 진정한 의미이다"[50]라고 아감벤은 말한다. 이 빛을 지각한다는 것은 어렵고 어쩌면 불가능하다. 그것은 우리를 향하나 우리로부터 무한히 멀어지기도 하기 때문이다. 아감벤은 빛의 속도보다 더 빨리 멀어진다는 천체를, 그래서 빛나지만 어둠으로 지각되는 은하를 염두에

둔다. 그 빛을 보려 애쓰는 것, 그것은 지킬 수 없는 약속을, 그럼에
도 불구하고 지키려고 노력하는 것이다.[51] 찾다 보면, 아마 그것보
다 좀 더 나은 빛도, 이를테면 호퍼의 그림에서와 같은 막막한 빛도
있을 법하다.

바깥을 향한 시선, 그래도 이것이 단순한 철학사 연구를 넘어
서는 철학의 활용법, 그 슬픔의 활용법이 아닐까.

행복에 대하여

1

우선 다음을 읽어 보자. 행복이라는 말의 쓰임새에 관한 실험적 연구 결과다.

이 연구에서 우리는 어떤 사람의 상황을 표현한 사례들을 피험자에게 제시한 후에, 그 사람이 행복하겠느냐고 물었습니다. 첫 사례는 대략 다음과 같습니다.

마리아는 세 자녀를 둔 어머니로, 아이들 모두가 그녀를 무척 사랑한다. 실제로 그들은 자신의 엄마보다 더 좋은 엄마는 세상에 없을 것이라고 생각한다. 마리아는 세 자녀를 돌보느라 거의 언제나 눈코 뜰 새 없이 바쁘다. 한 아이의 생일잔치가 끝나면 곧바로 나른 아이의 생일잔치를 준비해야 하고, 식료품과 학용품까지 챙겨야 한다. 이런 와중에도 마리아는 가끔 옛 친구들을 만난다. 거의 매일 밤, 다음 날의 계획을 세우거나 아이들의 장래를 위해 뭔가를 계획하며 하루를 끝마친다.

이처럼 어떤 면에서나 건전한 목표를 지닌 의미 있는 삶에 대한 이야기를 피험자에게 제시한 후에, 이런 삶을 사는 주인공이 무척 긍정적인 감정 상태에 있다는 말을 다음과 같이 덧붙입니다.

마리아는 하루하루 흥분감을 느끼고 어떤 일이든 즐겁게 해낸다. 자신의 삶을 돌이켜 볼 때 마리아는 충만한 느낌을 느낀다. 다른 일로는 시간을 보낼 생각조차 하지 않으며, 자신의 희생이 여느 성공 못지않게 가치 있는 것이라 확신한다.

이런 얘기를 들려준 후에 피험자들에게 "마리아는 행복할까요?"라고 묻습니다.

[……]

피험자들에게 또 다른 상황을 제시했습니다. 완전히 다른 삶, 지루하고 무의미하며 공허한 삶을 사는 사람의 얘기였습니다. 그 얘기는 대략 다음과 같습니다.

마리아는 로스앤젤레스에서 유명인의 삶을 살고 싶어 한다. 실제로 마리아는 몇몇 유명인과 데이트하려고 애써 보기도 했다. 그녀는 인기를 얻고 싶은 마음에 분주하게 돌아다닌다. 멋진 드레스를 입고 파티장을 찾아다니고, 파티에 참석한 사람들과 어울리며 술을 마신다. 게다가 유명한 사람을 알지 못하는 친구들과는 만나려고도 하지 않는다. 그래서 거의 매일 밤 그녀는 술에 취하거나 마약을 하며 자신이 닮고 싶은 유명인처럼 변해 간다.

피험자들에게는 마리아가 무척 긍정적인 감정 상태에 있다는 정보가 추가로 주어집니다. 게다가 피험자들에게 앞의 경우와 똑같은 말도 덧붙입니다.

마리아는 하루하루 흥분감을 느끼고 어떤 일이든 즐겁게 해낸다. 자신의 삶을 돌이켜 볼 때 마리아는 충만한 느낌을 느낀다. 다른 일로는 시간을 보낼 생각조차 하지 않으며, 자신의 희생이 여느 성공 못지않게 가치 있는 것이라 확신한다.

그리고 피험자들에게 "마리아는 행복할까요?"라고 묻습니다.

모든 피험자들에게 마리아의 정신 상태에 대한 정보가 똑같이 주어졌습니다. 마리아는 삶에서 즐거움과 기쁨을 느끼며 온갖 형태의 긍정적인 감정을 갖고 있습니다. 하지만 마리아의 삶이 가치 있고 의미 있는 삶인가에 대해서는 완전히 다른 정보가 주어졌습니다.

실험 결과에 따르면 피험자들은 마리아의 삶에 대해 다른 판단을 내렸습니다. 두 경우 모두에서 마리아는 긍정적인 감정을 느끼고 있지만, 피험자들은 마리아가 의미 있고 가치 있는 삶을 사는 경우에만 행복하고 그렇지 않은 경우에는 행복하지 않다고 대답했습니다.[1]

이것은 조슈아 놉이라는 실험철학자의 발표 가운데 한 대목이다. 놉은 여기서 행복이라는 개념에 대한 우리의 이해에는 도덕적 판단이 영향을 미친다는 결론을 끌어낸다. 어떤 이가 제아무리 스스로 행복하다고 생각하더라도 그 상태가 바람직한 것이 아니면 우리는 그 상태를 행복이라고 인정하지 않는다는 것이다. 그렇다면 우리는 행복을 주관적인 느낌에 불과한 것으로 여기지 않는다는 얘기다.[2] 어떤 상태를 행복이라고 판단하려면 당사자의 느낌 이상의 가치 평가나 기준이 필요하다.

다른 한편, 이런 일반적인 생각과 달리 행복을 심리 상태로 볼 수밖에 없다는 견해도 강력하다. 다음은 행복에 관한 연구로 유명한 미국의 심리학자 대니얼 길버트의 생각이다.

우리는 행복이라는 말을 하나의 경험 상태를 일컬을 때 사용하지, 그 경험을 만들어 내는 행위를 지칭하기 위해 사용하지 않는다. "자신의 부모를 죽인 후, 프랭크는 행복하였다." 이것이 가능한가? 물론 가능하다. 우리는 그런 사람이 결코 없기를 바라지만, 이 문장은 문법적으로 틀린 것이 없으며 쉽게 이해된다. 역겹기는 해도 프랭크 자신이 행복해하고 또한 행복해 보인다면, 어떤 원칙에 근거한 논리를 들어 그의 행복을 의심할 수 있을 것인가? 그러면 "수Sue는 혼수상태에서 행복하였다"라고 말하는 것은 가능한가? 이 경우는 말이 안 된다. 왜냐하면 재앙이 닥치기 전에 그녀가 아무리 많은 선행을 쌓았다고 하더라도 현재 행복을 의식하고 느끼지 못한다면, 그것은 행복한 것이 아니다. [……] 행복이란 느낌이다. 이에 반해 고결함virtue은 행동을 가리키며, 이 행동은 행복의 느낌을 유발할 수 있다. 그렇다고 반드시 고결함이 그리고 고결함만이 행복으로 이어진다는 얘기는 아니다.[3]

위 두 가지 가운데 어느 쪽 견해가 옳을까? 여러분은 어느 쪽이 맞다고 생각하는가? 두 가지 중 하나만 선택해야 하는 것이 아닐지도 모른다. 두 가지 견해를 중재할 길을 찾아볼 수도 있을 것이다. 이를테면, 행복이 주관적 느낌을 떠나서 성립할 수 없다는 주장을 받아들이면서도 그 느낌이 지속적이거나 일반적일 수 있게 해주는 조건이나 기준을 행복과 결부시켜 생각해 볼 수 있다. 마약중독자나 알코올중독자가 맛볼 수 있는 행복은 지속적이기 어렵고, 대개의 경우 고통과 불행을 초래한다. 부모를 살해한 극악무도한 인간이 혹 행복을 느낄 수 있을지는 몰라도, 그런 행복이 사람 사는 세상에 일반적으로 정착될 수 있으리라고 생각하기는 어렵다. 그렇다면, 행복하다는 당사자의 느낌을 존중하되, 그 느낌이 얼마나 오래 계속될 수 있으며 여러 사람들에게 얼마나 잘 적용될 수 있는가를 고려하여, 그 조건들과 함께 행복의 성립 여부를 판단하는 것이 무난하지 않을까.

2

주관적 느낌과 객관적 조건을 결부시켜 생각할 때, 우리는 행복이 무엇인가 하는 문제를 행복이 어떤 역할을 하는가의 문제로 바꾸어 물어볼 수 있다. 도대체 우리에게 행복이 왜 필요한가? 이 질문은 좀 이상하게 들릴 수 있다. 행복이란 아리스토텔레스나 파스칼이 말했듯이 누구나 추구하는 것이 아닌가.

> [······] 우리가 달성할 수 있는 모든 선 가운데 최고의 것은 무엇인가? 명목상으로는 대체로 누구나 여기에 대해서 같은 답을 내린다. 즉 일반 사람들도 교양 있는 사람들도 다 같이 그것은 행복이라고 말하며, 또 잘 살며 잘 처세하는 것이 곧 행복이라고 여긴다. 그러나 무엇이 행복이냐 하는 데 이르러서는 사람들의 생각이 같지 않으며, 또 일반 사람들의 설명은 학자들의 설명과 같지 않다.[4]

모든 사람은 행복함을 추구한다. 여기에는 예외가 없다. 행복을 추구하는 수단은 저마다 다를지라도 그것들은 모두 이 목표를 향한다. 어떤 이들이 전쟁을 하게 하는 것도, 또 다른 이들이 전쟁을 하지 않게 하는 것도 둘 다 이 동일한 욕망이다. 거기에 수반되는 길이 다른 것뿐이다. 의지는 행복이라는 이 대상 말고는 거의 관심을 보이지 않는다. 행복은 모든 인간의 모든 행동의 동기다. 심지어

<u>스스로 목을 매달아 죽는 사람에게도 마찬가지다.</u>[5]

행복이 구체적으로 어떤 상태이며 거기에 어떻게 도달할 수 있는가에 대해서는 논란의 여지가 있겠지만, 사람들이 모두 행복을 추구한다는 점에 대해서는 아마 여러분도 동의할 것이다. 하지만 그렇다고 해서 우리가 왜 행복을 추구하는지 물어볼 수 없는 것은 아니다. 돌멩이를 하늘로 던지면 모두 땅으로 떨어지지만, 왜 떨어지는지를 물어볼 수 없는 것이 아니듯이.

오늘날, 삶의 의미와 목적 등에 대해 전통적 철학자들과는 다른, 그렇지만 꽤 설득력 있는 대답을 내놓고 있는 사람들로 진화생물학자나 진화심리학자들이 있다. 다윈주의 진화론에서는 삶에 앞선 절대적 목적이나 의미가 존재한다고 보지 않는다. 생존에 도움이 되는 어떤 특질이 있을 경우, 그 특질이 해당 생물체와 함께 존속될 확률이 크다고 생각할 뿐이다. 만일 행복의 추구가 생존에 유리한 결과를 가져온다면, 행복을 추구하는 사람들이 살아남을 가능성이 높을 테고, 그에 따라 행복 추구라는 특성도 존속할 것이다. 사람들 거의 대부분이 행복을 추구하고 있다면, 행복 추구의 특성이 지니는 생존에서의 이점이 무엇인지를 생각해 봄 직하다. 유명한 진화심리학자 스티븐 핑커는 이 점을 다음과 같이 쉽게 설명한다.

우선 행복은 생물학적 적응(더 정확히 말하자면, 우리로 하여금 환경에 적응하도록 인도했던 심리 상태)의 후식에 불과한 것으로 여겨질 수 있다. 우리는 건강하고, 잘 먹고, 편안하고, 부유하고, 총명하고, 존경받고, 누군가가 곁에 있고, 사랑받을 때 더 행복하다. 반대되는 것과 비교할 때 이러한 추구 대상들은 번식에 이바지한다. 행복의 기능은 다윈주의적 적응의 열쇠를 찾도록 마음을 움직이는 것이다. 불행할 때 우리는 행복으로 인도하는 것을 얻기 위해 노력하고, 행복할 때 우리는 현재 상태를 지속시킨다.[6]

여기서 한 가지 유념해야 할 것은 행복의 추구와 행복의 성취는 엄연히 다르다는 점이다. 행복의 추구가 생존에 도움이 된다고 해도 그것이 꼭 행복한 상태에 이르러야 하는 것은 아니다. 이는 죽지 않으려고 애쓰는 것과 실제로 죽지 않음이 같지 않은 것과 마찬가지다. 우리는 죽음을 피하려고 노력하지만 결국 죽을 수밖에 없다. 그런데도 죽음을 회피하는 특질은 자손에게 전해지지 않는가.

행복한 삶과 생존이 직결되는 것이냐의 문제와 관련해서는, 언젠가 TV 다큐멘터리를 통해서 소개된 사막 코끼리들의 삶을 떠올려 볼 수 있다.[7] 이들의 서식환경에는 물도 부족하고 먹을 것도 부족해서, 거의 쉴 틈 없이 이동하지 않고서는, 그것도 정확한 기억에 의거하여 서식지를 옮겨 다니지 않고서는 생존이 어려운 처지다. 누가 보더라도 이 코끼리들은 행복한 삶을 사는 것 같지 않다. 그럼에도 불구하고 이들은 삶을 이어 나간다. 새끼를 낳고 그 새끼가 또

새끼를 낳을 수 있을 때까지 성장할 수만 있다면 고생스러운 삶이라 해도 그 삶은 대를 이어 지속될 수 있다. 이것은 물론 코끼리에게만 해당되는 사항이 아니다.[8]

행복을 만족스러운 삶의 상태라고 한다면, 그런 상태를 추구하는 것이 생존과 번식에 유리하리라는 것은 당연해 보인다. 단, 주관적 만족의 느낌이 실제로 원활한 생명 활동과 결부되는 한에서 그럴 것이다. 또 원활한 삶이 유지되려면 거기에 적합한 환경적 조건이 갖춰져야 한다. 실제로 생존과 번식에 도움이 되는 환경 속에서 만족을 느끼며 그러한 상태로서의 행복을 적극적으로 추구하는 생물체는 번성할 여지가 클 것이다. 하지만 실제로는 원활한 삶에 해로운 조건에서 만족을 느끼는 생물체는 오히려 지속적 생존과 자손의 생산에 불리한 처지에 놓일 것이다.

그런데 진화론적 특질의 형성과 변화는 단기간에 이루어지지 않는다. 환경은 급작스럽게 변화할 수 있다. 자연적 급변의 문제만 있는 것이 아니다. 인간이 형성한 문화적 환경 변화의 속도는 진화론적 변화의 속도와 그 단위부터가 다르다. 인간의 문명은 기껏 수천 년 동안 엄청난 변화를 이뤄 냈지만, 우리의 생물학적 특질은 대부분 10만 년 전의 상태 그대로다. 행복 추구의 특성들 또한 그 생물학적 기반과 관련해서는 그대로라고 해야 옳다. 우리는 석기시대의 몸으로 정보화 시대의 생활환경에 맞추어 행복을 추구해야 하는 처지에 놓여 있는 셈이다.[9]

물론 인간의 적응 능력은 매우 탄력적이어서, 변화된 문화적 환경을 통해 새로운 적응 방식을 산출해 낼 수 있다. 그렇다 해도 우리는 그 새로운 적응 방식의 적합도를 여전히 문제 삼을 수 있다. 특히, 행복이 우리의 주관적 느낌을 도외시하고 거론될 수 없는 것이라 할 때, 느낌이나 감정이 우리를 삶에 유리한 환경으로 얼마나 적확하게 이끌 수 있는 것인지를 따져 볼 필요가 있다.

한 가지 예를 들어 보자. 행복하다는 느낌과 관련해서 특히 중요한 것 가운데 하나가 인간관계의 면이다. 인간은 군집생활을 해 온 동물로 진화해 왔다. 집단 속에서의 위치나 다른 구성원과의 관계는 개체들의 생존과 안락을 좌우하는 중요한 요소이다. 우리는 오늘날도 주변의 사람들과 맺는 관계에 따라 스트레스를 받거나 즐거움을 느낀다. 과거와 비교해 인간관계 면에서 무엇보다 크게 변한 것은 접촉하는 사람들의 수다. 수만 년 동안 인간은 대략 150명 남짓한 집단 속에서 살아왔다. 오늘날 우리는 하루에도 무수한 사람들과 관계를 맺지만, 친밀한 관계를 유지할 수 있는 사람들의 수는 지금도 150명 정도를 넘기기 힘들다. 친밀한 관계를 유지하기 위해서는 많은 정보를 기억하고 관리할 필요가 있는데, 우리의 두뇌는 과도한 수의 그런 관계를 감당하지 못한다. 복잡한 생활 탓에, 서로를 보호해 주고 안정감을 줄 수 있는 가까운 인간관계를 이룩하고 유지하기가 어려워진 것도, 오늘날 사람들이 스트레스를 많이 받는 중요한 이유다.[10]

우리의 두뇌 기능 가운데 핵심적인 것은 미래를 예측하고 그것에 대처하는 능력이다.[11] 앞서 언급했던 심리학자 길버트에 따르면 행복도 이런 두뇌의 예측 능력과 밀접한 관련이 있다.[12] 우리는 미래를 통제하고 싶어 하고 그런 통제를 통해 기쁨을 느낀다. 행복 추구는 이렇게 미래를 손안에 넣고자 하는 데서 비롯하는 삶의 태도라 할 수 있다.

그런데 미래에 대한 우리의 예측과 상상은 자주 어긋난다. 우리의 두뇌가 제아무리 크고 정교하다 한들 변화무쌍한 세계를 포섭하기에는 턱없이 부족하다. 우리가 상상하거나 예측하는 일들이 실제로 비슷하게 이루어진다 해도 막상 그때 우리가 느끼는 바는 예상했던 상태와 다른 경우가 많다. 오래 꿈꾸던 일이 이루어져도 그렇게 행복하지 않을 수 있고, 몹시 걱정하던 일이 닥쳐와도 지독한 불행과 슬픔 속에 잠겨 있지 않을 수 있다. 미래의 사태를 우리가 어떻게 받아들이고 어떻게 느낄지를 현재의 우리는 정확히 판단하지 못한다.

행복이나 불행은 어떤 고정된 상태를 가리키는 것 같지 않다. 샴쌍둥이처럼 일반적으로 보아 아주 불행할 것이라 짐작되는 처지에 있는 사람도 실상 본인 자신은 그렇게 느끼지 않는 경우가 많다고 한다.[13] 또 남들이 부러워할 만한 좋은 조건에 있는 사람들도 항상 스스로를 행복하다고 여기는 것은 아니다. 진화심리학의 유력한 견해대로 행복의 역할이 적응에 기여하는 것이라면, 지속적인 행복이나 불행은 쓸모없는 것일 터이다. 영원한 행복이 지속된다는 천국이나 끝없는 고통에 시달린다는 지옥은, 생물체의 삶의 방식 속에서는 그 자리를 찾을 수 없다. 일정한 방향으로 사람들을 끌고 가기 위한 허구적 이미지로 기능할 수 있을 뿐이다. 쾌락과 고통이 신경계를 통해 행동의 방향을 잡아 나가는 기능을 한다면, 행복과 불행은 더 포괄적으로 감정과 의미의 차원에까지 관계하여 방향타역할을 하는 고등한 삶의 기제라고 할 수 있다.

구소련의 유명한 영화감독이었던 안드레이 타르콥스키는 행복을 삶의 목적으로 보는 견해를 다음과 같이 정면에서 거부한다.

러시아에서는 작가 코롤렌코를 즐겨 인용하는데, 그에 의하면 "새가 날기 위하여 태어나듯이 인간은 행복을 위하여 태어났다"고 한다. 이 같은 주장처럼 인간 존재의 본질을 멀리 비껴가는 주장은 없다고 생각된다. 행복이라는 개념이 도대체 무엇을 의미하는가에 대하여 나는 전혀 감을 잡지 못하고 있다. 만족을 의미하는가?: 조화를 의미하는가? 인간은 항상 불만에 가득 차 있는 것이며, 궁극적으로 어떤 실현할 수 있는 과제의 해결을 얻으려 노력하는 것이 아니라, 무한한 것을 추구하는 것이다.[14]

인간의 인간됨은 손쉬운 만족이나 안락을 추구하는 데 있지 않고 우리의 한계를 넘어서기 위해 끝없이 노력하는 데 있다는 얘기다. 너무 진지하고 너무 무거운가? 타르콥스키에게 행복은 큰 의미가 없다. 혹 행복의 긍정적인 의의를 인정한다 하더라도, 그것은 아마 무한을 향한 도정에서 우리를 잠시 휴식케 하는 쉼표와 같은 역할로서일 것이다. 타르콥스키가 추구하는 것은, 또 인간이라면 궁극적으로 마땅히 추구해야 한다고 그가 생각하는 것은, 어떤 기성의 가치가 아니며 고정될 수 있는 어떤 상태가 아니다. 짐작건대, 타르콥스키는 고정된 행복이란 변화와 발전이 없는 존재에게만 허용되는 것이라고 생각하지 않았을까.

3

사회적으로 통용되는 행복의 기준이나 조건이 있을 수는 있다. 그러나 그것도 시대에 따라, 사회에 따라 변한다. 특히 물질적 조건 면에서는 변화가 크다. 다음은 지금부터 약 20년 전에 나온 미국의 한 심리학 논문에서 따온 구절이다.

> 1957년과 비교할 때 미국인들은 일인당 자동차 보유 대수가 두 배에 달하고, 전자레인지, 컬러TV, 비디오, 에어컨, 자동응답전화기를 사용하며, 매년 120억 달러 상당의 신제품 운동화를 소비한다. 그렇다면 미국인들은 1957년 때보다 더 행복한가? 그렇지 않다.[15]

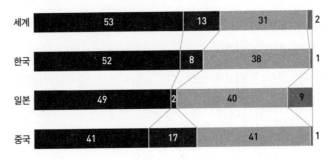

세계	53	13	31	2
한국	52	8	38	1
일본	49	2	40	9
중국	41	17	41	1

그림 1 '행복한 삶을 살고 있는가'에 대한 국가별 응답 비율(%)
(자료: 한국갤럽조사연구소, 2011)

같은 논문에 따르면, 산업화된 세계에서 행복을 느끼는 사람들의 퍼센티지는 모든 연령, 남성과 여성, 흑인과 백인, 40년에 걸친 경제성장에 관계없이 동일하다고 한다. 약 80퍼센트의 사람이 자신의 삶에 상당히 만족한다고 말했고, 약 30퍼센트가 매우 행복하다고 말했다는데,[16] 흔히 짐작하는 것보다는 높은 수치이지 싶다.

우리 사회의 경우는 어떨까? 2015년 초 MBC TV는 여론조사 결과 우리 국민의 80퍼센트가 '매우 행복'하거나 '대체로 행복'하다는 답변을 했다고 발표했다.[17] 2001년 초에도 MBC의 여론조사 결과는 비슷했었다.[18] 물론 이런 통계는 조사 기관에 따라, 또 설문 문항에 따라 꽤 차이가 난다. 2011년 한국갤럽조사연구소는 <그림 1>과 같은 결과를 발표했다.[19]

이 조사에서도 '행복하다'와 '행복하지 않다'를 제외한 다른 응답('둘 다 아니다'와 '모름/무응답')의 비율을 감안할 때 설문 문항을 '행복하다'와 '행복하지 않다'로 했다면 거의 비슷한 결과가 나왔으리라고 추정할 수 있다.[20] 2011년 당시 일본이나 중국은 상대적으로 경제사정이 좋지 않았으므로, 오늘날의 조사치는 세계 평균에 보다 근접하지 않을까 추측된다.

사실 일반적으로 볼 때, 우리는 사태를 있는 그대로보다 약간 더 긍정적이고 낙관적으로 보도록 정향되어 있다. 진화론적으로 말하자면, 그렇게 정향된 편이 생존에 유리하고, 따라서 그런 경향의 특성들이 우리에게 정착되었을 가능성이 크다. "세상을 있는 그대로 경험한다면 아마 너무 우울해져 아침에 자리에 일어나기조차 싫을 것이다."[21] 그래서 흔히들 '제 멋에 산다'고 하지 않는가. 우리의 마음은 기본적으로, 주어진 처지에서의 문제 해결을 위해 작동한다. 세상을 너무 자기에게만 유리하게 해석해서 다른 사람에게 해를 주거나 엄연한 사실을 무시할 정도로 망상에 빠지지 않는다면, 얼마간의 낙관적인 편향은 활기찬 삶을 살아가는 데 기여하고, 그럼으로써 생존과 번식에 도움을 줄 수 있다.[22]

경제적 부가 행복을 보장해 주지 않는다는 점, 그러나 기본적 생활수준의 확보가 행복에 필수적이라는 점은 새삼 언급할 필요가 없는 진부한 사실이다. (이런 면에서 행복과 기초적 부의 관계는 행복과 건강의 관계와 유사하다.) 부의 증가가 행복감에 미치는 영향, 즉

부의 행복에 대한 한계효용은 기본적 욕구가 채워진 이후에는 급격히 떨어진다.[23]

기본적 생활수준은 역사적으로 변화하고 또 사회마다 다르지만, 우리는 주변을 살펴봄으로써 그 수준을 가늠할 수 있다. 이것이 우리가 주변 사람들에 민감한 이유다. 이웃과의 비교에 따라 우리의 행복감은 크게 좌우된다. "월급명세서를 펼쳤을 때 월급이 5퍼센트 인상되어 있으면 기쁨을 느낀다. 그러나 동료들의 월급이 10퍼센트 인상된 것을 알면 기쁨은 사라진다." "다양한 계층과 국가에 소속된 사람들은 그들 자신을 더 풍요로운 집단과 비교하기 전까지는 종종 만족감을 느낀다. 한 사회에서 폭력의 수위는 그 사회의 가난보다는 불평등과 더 밀접한 관련이 있다."[24]

이와 아울러 주목할 만한 것은 행복과 관련된 우리의 판단이 이득보다는 손해에 더 민감하다는 점이다. 상황이 호전되었을 때 느끼는 행복감보다 같은 정도만큼 상황이 악화되었을 때 느끼는 부정적 감정의 강도가 더 클 것이라는 얘기다. "직접 비교든 상호 비교든 손해가 이득보다 커 보인다. 긍정적·부정적 전망이나 경험이 가진 힘 사이의 이러한 불균형은 진화적 역사에서 비롯된다. 위협을 기회보다 긴급하게 여기는 유기체들은 생존과 번식 가능성이 더 높기 때문이다."[25]

또 한 가지 짚고 넘어가야 할 것은 세대 간의 행복감 문제다. 일반적으로 노인이 되면 사태를 더 긍정적으로 보게 된다는 연구들

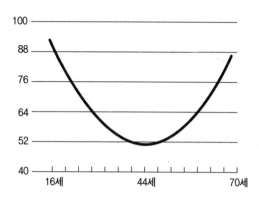

그림 2 전 세계 80개국의 나이별 행복지수 추이(최댓값=100)

(자료: 영국 워릭대학 앤드루 오즈월드 연구팀)

이 있다.[26] 육체적 활동력이 떨어지는 처지에서는, 부정적인 상황에 주목하고 새로운 정보를 학습하여 변화된 대처방식을 추구하는 것보다는, 그런 에너지를 아껴 내적 안정을 도모하는 편이 낫다는 것이다. 영국 워릭대학 경제학과의 앤드루 오즈월드 교수의 조사에 따르면, 일생의 행복감은 어렸을 때는 높다가 40대 중반에 최저로 떨어지고 나이가 더 듦에 따라 다시 올라가는 U자형 곡선을 이룬다(<그림 2>). 2008년 4월 2일 자 『문화일보』는 이런 현상에 대한 해석을 다음과 같이 전했다.

연구님은 이처럼 40대에 행복지수가 바닥을 치는 것은 어떤 사회건 중년이 되면 자신의 장점과 한계를 인식하게 돼 이룰 수 없는 열망에 좌절감을 느끼기 때문인 것으로 분석했다. [……] 그렇다면 더 나이가 들면서 다시 행복지수가 상승곡선을 그리는 것은 어떻게 이해될까. 연구팀은 그 이유를 '포기'에 있다고 분석했다. 나이가 들면서 체험적으로 욕망의 크기를 줄이고, 새로운 각오로 인생을 바라보면서 20대의 시각을 되찾는다는 것이다.[27]

이런 생각은 얼핏 '행복 = 성취/야망'이라는 오래된 공식을 떠올리게 한다. 한 철학사가는 고대 그리스의 에피쿠로스학파의 윤리를 이와 같은 공식으로 표현했다.[28] 쾌락주의자인 에피쿠로스에 따르면, 높은 경지의 진정한 쾌락인 행복은 역설적으로, 우리의 욕망을 줄이는 데서 온다고 한다고 한다. 성취가 어려운 세상에 산다면 ── 그것이 사회의 객관적 조건 때문이든 개인의 주체적 능력 때문이든 ── 아마 이것은 어쩔 수 없는 선택 방안일지 모른다.

그런데 우리 사회의 경우는 좀 다른 것 같다. 앞에서 인용한 문화일보의 조사에 따르면, 한국의 경우 나이가 들수록 행복감이 떨어지는 경향을 보인다. 노인이 느끼는 행복감의 비율이 다른 연령층에 비해 현저히 낮다.

이것은 우리 사회가 최근 수십 년간 급격한 산업화를 겪으면서 가족 형태와 노인의 위상이 급속히 변화한 탓에 나타나는 현상이겠지만, 무엇보다 노인의 경제적 불안정 문제가 그 중심에 놓인 원인일 것이다. 이 조사가 이루어진 2008년보다는 약간 향상되었다

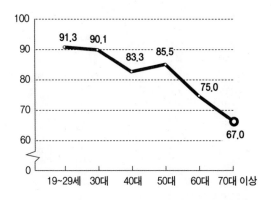

그림 3 한국인이 세대에 따라 스스로 행복하다고 느끼는 비율(%)

(자료: 문화일보 여론조사, 2008)

고 하나, 우리의 노인 복지 수준은 아직도 OECD 회원국 중 최하위에 속한다.[29]

19세 이상 20대는 90퍼센트 이상이 자신이 행복하다고 여기는 것으로 나왔지만(<그림 3>), 오늘의 청년 취업난을 생각하면, 이 조사 결과가 현재의 상황을 제대로 반영하고 있지 못하다고 생각하는 사람이 많을 것 같다. 혹독한 입시 경쟁에 시달리는 10대들의 경우도 사정이 낫지 않을 것이다. 2014년의 한 조사에 따르면 우리 사회 청소년들의 행복감은 OECD 국가 중 6년째 꼴찌라고 한다(<그림 4>).[30] 노인들의 경우와 마찬가지로 우리 청소년들의 불만족 역시 그 주요한 원인은 사회적 조건에 있을 것이다.

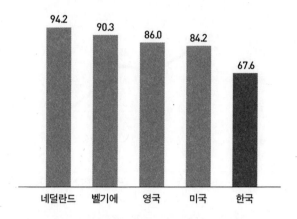

그림 4 자기 삶에 만족하는 청소년의 비율(%)
(자료: 연세대학교 사회발전연구소 보고서, 2014)

4

행복이 우리 삶의 궁극적 목적이고 의미라고 보는 것은 무리라 할지라도, 행복이 우리의 삶의 방향을 이끄는 형태로 기능함은 틀림없다. 사회적인 차원에서는 더욱 그렇다. 많은 사람들이 불행하다고 느끼는 사회가 바람직한 사회일 리는 없다. 반면, 대다수의 사람들이 행복하다고 여겨지는 사회는 관심과 모방의 대상이 될 만하다.

『우리도 행복할 수 있을까』라는 제목의 책에서 오연호는 행복한 사회로서의 덴마크를 소개한다. 덴마크는 국가별 행복지수조사에서 늘 최상위권에 드는 나라다.[31] 오연호는 덴마크 사회의 특징을 대략 다음과 같이 정리한다.[32]

자유: 자신의 삶을 어릴 때부터 스스로 선택한다. 초등학교 7학년까지는 점수를 매기는 시험이 없다. 고등학교 진학 전 1년간, 어떤 인생을 살 것인가를 스스로 점검하는 기회를 갖는다.

안정: 개인의 경제적 부담을 덜어 주는 사회안정망이 촘촘하다. 병원진료비가 무료고 교육비도 대학까지 무료다. 대학생은 월 120만 원 정도의 생활비를 받는다. 실직을 해도 2년까지는 예전 월급에 근접한 보조금이 나오며, 그 기간에 다른 일자리를 찾게 도와준다.

평등: 직업에 따른 특권이나 차별이 없다. 택시운전사건 의사건 변호사건 식당종업원이건 각자가 자존감을 지니고 어울려 지낸다.

신뢰: 초등학교에서는 대체로 3년 이상 같은 선생님이 담임을 맡는다. 학생과 학부모, 교사 사이에 신뢰가 강하다. 덴마크의 조세부담은 평균 46퍼센트가량이고 부자들의 경우는 50퍼센트가 넘지만, 부정부패가 없고 세금의 쓰임새에 대한 사회적 믿음이 건실하다.

이웃: 덴마크에서는 크고 작은 협동조합이 무척 활발하다. 이웃 공동체들이 사회안전망이 되어 소외감과 외로움을 방지하고 유대감이 뿌리내리게 한다.

환경: 기후가 좋은 편은 아니지만, 친환경적 삶을 살 수 있는 인프라가 갖춰져 있다. 수도 코펜하겐의 직장인 35퍼센트 정도가 자전거로 출퇴근을 한다. 핵발전소 없이 풍력에너지를 비롯한 자연에너지를 활용하고 있다.

이 서술대로라면 덴마크는 정말 부러운 사회가 아닐 수 없다. 우리와 비교하면 특히 안정과 평등이 두드러져 보인다. 누구나 미래에 대해 불안해하지 않을 수 있는 사회적 안전망이 갖춰져 있기에, 지나친 경쟁에 휘말리지 않고 자신의 삶을 자유롭게 꾸려 나갈 수 있는 것이리라.

그러나 이러한 사회적 조건이 하루아침에 갖춰지지 않았다는 점에 주목해야 한다. 덴마크는 19세기 중반까지 넓은 영토와 많은 인구를 잃어버리는 시련을 겪었다. 오늘의 덴마크는 그런 어려움을 딛고 일어선 집단적 노력의 산물이다. 특히 그룬트비를 중심으로 한 교육운동과 협동조합운동이, 또 각 계층과 정파의 사회적 대타협이 큰 힘이 되었다.[33]

개인의 행복, 나의 행복에만 관심을 두게 하는 풍조는 경쟁을 부추기고 상대적 불만족을 확산시킴으로써 오히려 사회의 전반적인 행복을 저해하는 결과를 빚는다. 수년 전의 '웰-빙' 열풍이 행복한 사회를 만드는 데 별반 기여하지 못한 이유도 근본적으로는 여기에 있을 것이다.[34]

5

체코 출신의 소설가 밀란 쿤데라의 소설 『참을 수 없는 존재의 가벼움』 중에는 다음과 같은 대목이 있다.

10여 년 후(그녀는 이미 미국에서 살고 있었다) 그녀의 친구인 미국 상원의원이 커다란 자동차로 그녀에게 관광을 시켜 주었다. 아이들 넷이 뒷자리에 끼여 앉아 있었다. 상원의원이 차를 세우자, 아이들은 차에서 내려 커다란 잔디밭을 내달려 체육관 건물 쪽으로 갔다. 거기에는 인공 스케이트장이 있었다. 상원의원은 운전석에 앉아 꿈꾸는 듯한 표정을 지으며 뛰어가고 있는 네 아이들의 모습을 바라보았다: 그는 사비나 쪽으로 고개를 돌렸다: "저 애들을 봐요. 저 손이 휘두르며 그리는 원 안에 체육관, 잔디밭, 그리고 어린아이들이 들어 있어요: 내가 행복이라 부르는 것은 바로 저런 것입니다."[35]

쿤데라는 이런 형태의 행복에 대한 묘사를 '키치'라고 부른다. 우리를 불편하게 하는 삶의 면모들을 제거해 버린 이미지, 겉으로는 말끔해 보이지만 가짜인 이미지가 키치다. 아무 걱정 없고 즐거움만 가득한 순간이 때로 있을 순 있지만, 그것이 항상 지속되진 않는다. 행복의 조건이 제아무리 잘 갖추어진 사회라 해도 어려움이나 걱정이 없는 삶이란 존재하지 않는다. 걱정거리와 문제를 감추고 밝은 면만 뽑아내어 강조하는 행위는, 현실에 순응하는 태도를 부추기려는 속셈에서 나오는 것이거나, 문제에 직면하기를 두려워하는 무의식적 외면에서 비롯하는 것일 수 있다.

"선생님이 알게 된 행복은 어떤 것입니까?"

"사랑하는 사람을 위해 고생하는 것, '사랑이 있는 고생'이 행복이 지요."

1920년생인 노철학자 김형석은 최근의 한 인터뷰에서 이렇게 말했다.[36] 행복은 고통 없는 쾌락도, 나 혼자만의 기쁨도 아닐 것이다. 그것은 더불어 열심히 사는 삶에 주어지는 선물이고, 그러한 삶을 유도하는 요소라 할 수 있다.

열심히, 또 자신만을 위해서가 아니라 다른 사람과 더 나은 세계를 위해서 사는 사람이 행복한 삶을 누리는 것은 바람직한 일일 테지만, 안타깝게도 세상일이 꼭 그렇게 되는 것은 아니다. 그래서 칸트를 위시한 여러 철학자들은 우리가 어떻게 살아야 하는가에 대한 지침을 행복에서 찾고자 하지 않았다. 물론 칸트는 최고로 좋은 세상이 이루어지기 위해서는 도덕적 삶과 행복한 삶이 합치해야 한다고 보았다. 또, 그런 합치를 보장해 주는 신의 존재가 요청된다고 주장하기도 했다.[37] 만일 신에게 의탁할 수 없는 노릇이라면, 우리가 힘 자라는 데까지 노력하는 것이 최선이고 또 의무일 것이다.

인공지능, 무한, 그리고 얼굴

1

나와 레비나스를 같이 읽고 있는 한 선생님이 어느 날 카톡으로 다음과 같은 시를 보내 왔다.

구글 알파고에게 없는 것
그것이 나에게 있다

슬픔 그리고 마음

집에 돌아와 신발을 벗고 뉘우친다
내 슬픔은 얼마나 슬픔인가
내 마음은

얼마나 몹쓸 마음 아닌가

등불을 껐다[1]

그러자 다른 선생님이 이미지를 하나 올렸다. 한 트위터 유저
가 올린 트윗을 캡처한 것이었는데, 재구성하자면 이렇다.[2]

데이빗:
엄마에게 사랑받기 위해 인간이 될 거예요.

데이빗8:
엄마를 인간이 아닌 것으로 만들어 주는 건 어떻겠니?

영화 「AI」(2001)와 「에어리언 커버넌트」(2017)에 나오는 대사
들을 조합해서 만든 장면이다. 데이빗은 인간을 닮은 로봇, 그러니
까 사이보그다. 아래쪽의 데이빗8 역시 마찬가지다.

당시에 나는 이 메시지의 교환 또는 공방(?)을 그저 바라보고
만 있었다. 여러분 같으면 뭐라고 했겠는가?

사실을 말하자면, 앞의 시를 대한 내 첫 느낌은 좀 낡아 보인다는 것이었다. 기계와 감정을, 기계와 마음을 대비시키는 것은, 또 그렇게 하여 인간과 기계를 구분하려는 것은 다분히 옛스럽고 상투적인 것으로 비친다. 철학의 역사로 보자면 데카르트 시대의 사고방식이라고 해야 할까……. 근대 초기의 중요한 발상이었지만, 그 무렵에도 논란의 여지가 없었던 것은 아니다. 스피노자나 라이프니츠만 해도 데카르트가 설정해 놓은 기계와 마음의 엄격한 구분이나 대립을 오히려 넘어서려고 했으니까 말이다.

물론 앞의 시에 담긴 마음을, 또 그것을 카톡으로 보내 준 선생님의 마음을 이해하지 못하는 바는 아니다. 알파고 이래 인공지능에 대한 관심이 높아졌고, 그 관심 가운데 상당 부분은 우려와 위기의식 쪽으로 쏠려 있다. 인공지능이 그토록 뛰어나서 인간이 대적할 수 없는 능력을 발휘하기 시작한다면, 우리는 이제 어디에 서 있어야 하는가? 인공지능이 능가할 수 없고 인공지능으로 대체할 수 없는 인간의 인간다움은 어떤 것인가?

확실히 구글의 알파고에는 아직 마음이나 감정이 없어 보인다. 그러나 앞으로도 그럴까? 인공지능과 로봇이 마음과 감정을 갖는 것은 원리적으로 불가능할까? 그렇게 보기는 어렵지 싶다. 감정이나 마음이 생물학적 진화 과정을 거쳐서 형성된 기제機制라면, 그것을 인공적으로 구현하거나 적어도 그 구현을 뒷받침하는 일이 불가능할 것 같지 않다. 아마 그 과정이 간단치는 않을 것이다. 하지만 요즘과 같은 발전 속도를 감안하면, 감정을 시뮬레이션하거나 학습할 수 있도록 프로그래밍하고 그것을 인지적 기능이나 수행적 조절 기능과 결합하여 일정한 성과를 내는 시기가 그렇게 요원할 것이라고는 여겨지지 않는다.

서울시립대에서 과학철학을 가르치는 이중원 교수는 최근의 한 강연에서, 전통적으로 인간의 고유한 능력이라고 여겨졌던 것들, 이를테면 이성·감성·도덕성 등이 기계에 구현될 수 있는 시대가 되었다고 말하고 있다.[3] 계산과 추론 능력뿐 아니라 자극을 받아들여 반응 태세를 변화시키는 능력이라든지 규율과 가치에 따르는 능력 따위도 이제 인간의 배타적 특성으로만 생각하기 어려운 상황이라는 것이다. 좀 심한 얘기 아니냐고? 글쎄, 지금 당장을 말하는 것이라면 얼마간 과장이라고 해야겠다. 하지만 나는 이런 사태를 우리가 곧 실감하게 되리라고 생각하는 쪽이다.

그렇다고 기계가 인간을 압도하고 지배하게 될지 모른다는 디스토피아적 전망을 펼치는 것은 아니다. 이중원 교수의 주안점은 이제 기계를 단순히 수단으로 취급할 것이 아니라 우리가 소통하는 환경의 일부이자 삶의 파트너로 받아들여야 한다는 데 있다. 이런 점은 인공지능이나 로봇을 인격person으로 대해야 한다는 그의 주장을 통해 잘 드러난다. 인간만을 행위의 주체로 생각하는 인간중심주의에서 벗어나서 인격 개념을 우리의 사회적 연결망에서 기능하는 인공적인 장치들에게까지 확장할 필요가 있다는 얘기다.

이 같은 주장이 좀 생뚱맞게 들리는 데에는 인격人格이라는 용어도 한몫한다. 인격은 인간에게 해당되는 것이라는 점이 그 말 자체 속에 담겨 있는 까닭이다. 하지만 여기에 해당하는 서양어 'person'은 그런 면이 덜하다. 사람이 아닌 행위 주체나 권리 주체를 가리키는 데 쓰이기도 한다. 이중원 교수는 인격이 인간에게만 해당되는 것이 아니라는 점을 보여 주기 위해, 몇 년 전 아르헨티나 법원이 오랑우탄을 '인간이 아닌 인격체'라고 판결한 예를 소개하는데, 이때의 표현도 'non-human person'으로 바꿔 놓고 읽어 보면 한결 덜 상그럽게 느껴진다.[4]

그 근거를 제대로 제시하지 않은 채 자기네만이 특출한 능력이나 자격을 가지고 있다고 우기는 것은 자기-중심주의 또는 자기집단-중심주의의 일환일 수 있다. 흥미롭게도, 이런 자기-중심주의는 불안하고 취약한 삶의 상황을 반영하는 경우가 많다. 부족 단위의 생활을 하던 옛 시절에는 어느 부족이나 자신들을 특별한 존재이자 중심적인 존재로 놓는 문화적 상징들을 가지고 있었다. 이것은 자긍심을 부추겨 집단적 힘을 발휘하는 데는 효과적이지만, 그 이면에서 주변의 다른 집단들에 대한 차별이나 비하를 수반한다. 알다시피 이런 자기-중심주의를 뒷받침할 객관적인 근거는 거의 없다. 하지만 이렇게 스스로를 부풀리지 않고 객관적 사실을 받아들일 수 있으려면, 다른 집단을 배척하지 않고 어울려 살 수 있는 여건이 뒷받침되어야 한다.

동물이나 기계와 인간의 관계도 유사하지 않을까? 오늘날의 생물학적 지식이 알려 주는 것처럼 인간이 다른 동물과 본질적으로 다른 존재가 아니라는 점을 큰 거북함 없이 받아들이려면, 동물들을 일방적으로 지배하고 착취하는 우리 삶의 방식이 바뀔 필요가 있다. 우리와 별다른 차이가 없는 존재들을 비좁은 축사에 가두고 학대하며 마구 잡아먹는 것은 매우 껄끄러운 일일 테니 말이다. 반려동물과 소통하며 생활을 나누는 사람들은 오랑우탄만이 아니라 개와 고양이도 각자 개성이 있는 'person'이라고 생각할 법하다. 그렇다면 인공지능을 지닌 기계의 경우는 어떨까? 우리가 인공지능과 소통하는 삶에 익숙해진다면, 또 인공지능이 우리의 일자리를 빼앗고 우리를 밀어내는 존재가 아니라 우리의 삶을 풍성하게 해주는 역할을 하게 된다면, 거기에 'person'의 지위를 부여하는데 주저하지 않는 사람들이 늘어나지 않겠는가.

인간이 우주의 중심적 존재가 아니라는 사실은 분명하다. 인간이 중요한 존재라고 생각하는 것은 우리가 인간이기 때문이다. 물론 인간은 그 무엇보다 중요하다. 다만 그 이유는 우리가 여타의 존재와 정말 본질적으로 다르고 우월해서가 아니다. 자신이 다른 사람과 아주 다르다고 생각하는 사람들은 소통에 서투르고 지나친 열등감이나 (그것의 반작용인) 우월감에 사로잡혀 있는 경우가 많다. 민족주의가 민족이라 일컬어지는 집단이 위기에 처했을 때 부각되는 것이듯, 인간주의나 인간중심주의도 인간이 아닌 주위의 존재들과 어울려 사는 일이 마땅치 않을 때 갖게 되는 태도일 것이다.

이렇게 말한다고 해서 내가 인간의 마음이나 감정을 소홀히 여긴다거나 훌륭한 시의 가치를 폄하하는 것으로 비치지 않았으면 좋겠다. 내 의도는 우리에게 친숙한 생각 속에 숨어 있을지도 모를 자기중심적 태도에 대해 주의를 환기시켜 보는 것일 따름이다. 그런 점에서 보면, 앞에서 인용한 두 번째 이미지의 대사에도 마찬가지의 문제가 있다. 인간이 되고 싶어 하는 데이빗의 말이 사이보그에 투영된 인간중심주의를 보여 준다면, 데이빗8의 말은 그것에 대한 반발로서 인간과의 관계를 사이보그 중심으로 재편하려는 또 하나의 자기중심주의를 드러내기 때문이다. 사이보그를 다음과 같이 강아지로 바꾸어 생각하면 그 함의를 한결 알기 쉬울 것이다.

강아지1: 엄마한테 사랑받기 위해 사람이 되고 싶어.

강아지8: 엄마를 사람이 아닌 개로 바꾸어 주는 건 어떻겠니?

2

이런 얘기가 레비나스 철학과 무슨 관계가 있을까? 혹자는 인공지능에 '호의적'인 관점이 레비나스의 윤리와 잘 어울리지 않는다고 생각할지 모르겠디. 인공지능이나 로봇은 레비나스가 비판해 마지 않던 동일자적 전체성에서 비롯하는 것으로 보이기 쉬우니까 말이다. 하지만 자기중심주의의 극복이라는 점에서 생각하면, 이 논의들의 연결점을 찾을 수 있을 법하다. 아니, 그렇다면 인공지능이나 로봇도 레비나스가 말하는 타자가 될 수 있다는 말인가?

내가 알기로 레비나스가 인공지능을 언급했던 적은 없다(그는 1906년생이고 1995년까지 살았다). 사실 그는 인간이 아닌 동물에게도 그다지 관심을 두지 않았다. 동물이 타자일 수 있는 여지를 완전히 부인하지는 않았지만, 그런 확장에는 다분히 소극적이었다. 한 인터뷰에서 동물도 우리에게 호소하는 얼굴이 있다고 보느냐는 질문을 받고, 그는 이렇게 대답했다. "인간의 얼굴은 완전히 달라요. 차후에야 우리는 동물의 얼굴을 발견하게 됩니다. 뱀이 얼굴이 있는지 난 모르겠군요. 그 질문엔 대답할 수 없어요. 더 구체적인 분석이 필요합니다."[5] 그에게 타자는 무엇보다 윤리적인 상대인데, 동물은 그 점에서 부차적이었다. 기계야 더 말할 것도 없다.

레비나스는 홀로코스트를 겪은 사람이고, 그래서 그에게는 그러한 비극이 다시는 없도록 하는 것이 절박한 과제였다. 레비나스는 타인을 무한과 연결시킴으로써 살해의 '윤리적' 불가능성을 제시하고자 했다. 이 타자의 무한과 쌍을 이루는 것은 동일자인 나(자기)의 유한함이다. 전체성이란 이 유한이 무한을 배제하고 이룩하고자 하는 폐쇄적 세계의 특성이다. 내가 파악하고 지배할 수 있는 세계, 그런 점에서 규정 가능한 세계가 동일성의 세계고 전체성의 세계다. 여기서는 힘이 중요하고 자유가 중요하다. 자유란 내 뜻대로 할 수 있는 영역에서 확보되기 때문이다. 근대 이후의 기계문명, 산업 문명은 이와 같은 자유와 동일성의 확장을 꾀해 왔는데, 그 부정적 귀결이 다른 사람마저 지배의 대상으로 놓는 것이다. 자기에게 익숙한 규정들을 통해 동일성 속에 포섭하려 하고, 그것이 여의치 않으면 아예 죽여 없애려는 극단적인 모습까지 보인다. 이런 사태를 극복하는 길로 레비나스가 내놓은 것이 "죽이지 말라"는 타인의 호소에 응답하는 책임의 윤리다.

윤리는 선택의 문제다. 할 수 있지만 하지 않는 것, 하지 않을 수 있지만 하는 것의 문제다. 그 선택이 나의 이익에 따라서가 아니라 타자의 호소에 따라 행해져야 한다는 데 레비나스 윤리의 특징이 있다. 그런데 진지하게 한번 물어보자. 왜 나는 타자의 호소에 따라야 하는가? 왜 나는 죽일 수 있는데(현실적으로 가능한데), 죽이지 말아야 하는가(윤리적 불가능성을 따라야 하는가)? 왜 나는 헐벗고 굶주린 타자를 도와야 하는가? 왜 나는 나의 이익을 좇아 행동하면 안 되는가?

사실 이건 어려운 문제다. 타자를 죽이지 않는 선택을 하는 일이 어렵다기보다는 그 이유를 레비나스 식으로 설명하는 것이 어렵다. 보통 우리는 이 문제에 레비나스처럼 접근하지 않는다. 도덕적 행위를 하는 것이 옳으니까 그것이 설사 내 이익에 배치되디라도 행한다고 생각하는 것이 일반적이다. 그래도 그 이유가 무엇이냐고 더 캐물으면 처벌이나 비난이 두려워서라고 말하거나, 좀 더 생각해 보곤 그런 행위가 궁극적으로 우리에게 이득이 된다고 대답하기도 한다. 이런 답변들을 세련되게 이론화하면, 법칙론적 윤리학이 되거나 공리주의 또는 오늘날 유행하는 게임이론 식의 설명이 될 수 있다.

레비나스의 방안은 다르다. 어떤 면에선 더 원초적인 데서 출발한다. 생각해 보라. 나와 마주한 누군가가 내게 호소하고 부탁하는 것이 내 마음과 행동에 직접적인 영향을 미치는 경우가 많지 않는가. 그래서 종종 이것이 우리가 다른 사람을 돕는 주요한 동기가 되지 않는가. 하지만 이런 면만으로는 부족하다. 우리의 행위를 규제하는 윤리로 작용할 수 있으려면 일회적인 것에 그치지 않을 원리적인 뒷받침이 있어야 한다. 이와 관련해 크게 두 가지 방향을 생각해 볼 수 있다. 그 하나는 호소하는 자의 위상에 의거하는 것이고, 다른 하나는 호소에 응답하는 자의 본성에 의거하는 것이다.

우리에게 더 익숙한 것은 후자다. 인간에게는 원래 타인의 호소에 응하게 하는 도덕적 심성이 마련되어 있다는 것이다. 얼핏 사단四端의 측은지심惻隱之心이 떠오르지 않는가. 애덤 스미스나 데이비드 흄 같은 이들이 내세운 동정심sympathy도 주목할 만하다. 사이코패스 같은 예외가 아닌 이상, 우리에게 이런 종류의 심성이 있다는 사실을 부정하긴 힘들다. 하지만 이와 같이 내적 본성을 상정하는 입장은 그런 본성이 잘 갖추어진 인간과 그렇지 못한 인간 사이의, 또 그런 본성이 잘 발휘되는 상태와 그렇지 못한 상태 사이의 차이를 설명할 수 있어야 한다. 게다가 레비나스의 견지에서 볼 때 그보다 더 큰 문제는, 이러한 내적 본성이 자기 안에 바탕을 둔 동일성에 머무는 것이라는 데 있다. 내적 본성에 따른다는 것은 결국 자기중심주의에서 벗어나지 못하는 것이다. 우리가 연민이나 동정심을 느끼는 것은 대개 우리와 같은 자, 우리와 같은 면모에 대해서가 아닌가.

레비나스가 택하는 길은 다르다. 같은 자가 아니라 다른 자에게 주목한다. 호소에 응하는 자보다 호소하는 자에 무게가 놓인다. 이 호소하는 자는 물리적이고 물질적인 면에서는 약자다. 정치적 권력 면에서도 그렇다. 힘없고 헐벗은 자다. 그러니까 호소하는 것 아니겠는가. 하지만 레비나스에 따르면, 이 호소는 명령이기도 하다. 물리적 강제력을 수반해서가 아니라, 높은 데서 오는 것이기에 그렇다. 왜 높은가? 동일성의 틀을 벗어나 있어서, 무한과 연결되어 있어서다. 이런 자가 바로 타자다. 호소하는 자는 타자이지 동일자가 아니다. 호소의 관계는 대등한 관계나 대칭적인 관계가 아니며, 교호적인 관계도 아니다. 동일자가 호소하는 자가 되고 타자가 호소에 응하는 자가 될 수는 없다. 호소하고 명령하는 자는 항상 타자고, 호소와 명령에 응답하는 자는 항상 동일자다. 나는 언제나 나고 타자가 아니기에, 언제나 호소에 응답하는 책임의 위치에 선다.

이건 불공평하지 않느냐고? 그렇지는 않다. 레비나스에 따르면, 나와 타자의 관계는 불균등하고 비대칭적이지만, 불공평한 것도 부정의한 것도 아니다. 애당초 대등하지 않은 양자에게 균등함을 요구하는 것이 오히려 불공평일 수 있다. 다른 자를 또 하나의 '나'인 동일자로 대하는 것은 진정으로 타자와 관계하는 것이 못된다. 그것은 견줌과 계산의 관계이지 호소와 응답의 관계가 아닌 것이다.

호소하는 자는 무한하고 높은 자다. 이렇게 호소하는 자 쪽에 중점을 두면, 호소에 응답해야 할 필연성 — 어디까지나 '윤리적' 필연성인데 — 을 납득시키기 쉽다. 윤리적 행위의 근거가 나에게 있는 것이 아니라 타자 쪽에 있는 것이니까, 비록 윤리가 선택의 문제라고는 해도 그 선택을 내 맘대로 할 수 있는 것은 아닌 셈이다. 나는 타자의 호소를 명령으로서 받아들여야 한다. 이럴 때, 윤리는 나의 문제를 효율적으로 해결하는 방책이라기보다는 자기중심적 태도를 넘어서는 삶의 자세이자 관계로 자리 잡는다.

인공지능이나 로봇을 레비나스가 말하는 타자로 놓는 것은 적어도 당장은 무리로 보인다. 무엇보다도, 그들을 호소하는 자로 여기기는 곤란하지 않은가. 도리어 흔히 우려하듯, 기계가 인간을 압박하고 인간에게 명령하는 사태가 더 일어날 법한 일이다. 그러나 이것은 확장되고 왜곡된 동일성 내에서 벌어지는 소외의 양상이지, 타자와의 진정한 관계에 해당하지 않는다. 레비나스 식의 윤리가 요구되는 것은 그런 위험을 피하고 극복하기 위해서다. 우리가 형성해 나가는 기계와의 관계마저 폐쇄적인 틀 안에 머물 수 없음을 받아들이는 것이 그 출발점이 될 것이다.

3

타자가 약자이면서 무한한 자라고 보는 견지가 일반적이었던 것은 결코 아니다. 무한과 연결된 존재는 보통 신으로 받아들여졌고, 그런 무한과의 관계에서 우리는 호소에 응답하는 자가 아니라 호소하는 자의 자리에 섰다. 신은 우리의 호소에 응답해 줄 존재였고, 그럴 만한 위력을 지녔다고 여겨졌다. 신은 약한 자도 호소하는 자도 아니었다. 신이 우리를 부르거나 말을 건넨다고 할 때에도, 그 부름은 호명呼名이거나 명령이었지 호소일 수 없었다. 그러한 신은 타자였을까? 신의 초월성이 낯섦으로 다가올 수는 있다. 하지만 그와 같은 타자성은 우리가 신에게 기대었던 만큼, 우리의 정체성의 근거를 신에게서 구하고자 했던 만큼, 우리의 동일성에 의해 오염될 수밖에 없었다.

그러므로 레비나스처럼, 호소하는 자가 타자고 호소에 응답하는 자가 우리라고 놓는 것은 일종의 패러다임 전환이라고 할 수 있다. 그렇다면 이런 전환의 이유는 무엇일까? 그 바탕에는 동일자 세계의 확장과 강화, 또 그것이 일으키는 문제들이 놓여 있다……. 이렇게 다소 뻔해 보이는 설명을 늘어놓으려던 차에, 문득 노래 하나가 떠오른다. 80년대에 불렸던 「민중의 아버지」(김홍겸 작사·작곡,

흔히 「혀 짤린 하나님」이라고 칭했다)이라는 민중가요다.

> 우리들에게 응답하소서, 혀 짤린 하나님
>
> 우리 기도 들으소서, 귀 먹은 하나님
>
> 얼굴을 돌리시는 화상당한 하나님
>
> 그래도 내게는 하나뿐인 민중의 아버지
>
> 하나님 당신은 죽어 버렸나
>
> 어두운 골목에서 울고 있을까
>
> 쓰레기 더미에 묻혀 버렸나 가엾은 하나님

여기서 신은 응답해야 하나 응답하지 못하는 처지다. 그는 힘을 잃었다. 어쩌면 죽었는지도 모를 가여운 존재다. 그러나 응답이 필요한 상황은 여전하다. 그렇다면 이제 누가 응답할 것인가? 우리가, 내가 응답해야 한다는 것이 레비나스의 답이다. 나는 이제 호소하는 자에서 호소에 응답해야 하는 자가 된다.

그렇다고 신이 된다거나 신의 자리를 차지한다는 말은 아니다. 내가 무한일 수는 없지 않은가. 하긴, 무한이 되는 길이 아예 없다고 할 수는 없겠다. 사람들은 한때 무한에서 초월의 면을 제거함으로써 그런 지향을 실현하고자 했다. 스피노자나 헤겔을 떠올려 보라. 이들에게서 무한은 세상의 온갖 유한을 자신의 부분으로 끌어안는 유일한 실체의 특성이었다. 무한을 이렇게 놓을 경우, 유한자로서도 자신을 이 무한자의 일부로 이해함으로써 그것과 합치할 수 있는 길이 열린다.

우리는 별에서 와서 별로 돌아간다. 우리를 구성하는 모든 성분과 우리의 됨됨이, 또 우리를 둘러싼 우주의 모든 것이 물리적인 법칙들에 의해 파악될 수 있다. 이런 생각은 우리의 삶을 무한에 가까운 광대한 우주에서 일어나는 국지적이고 미소한 사건들로 여길 수 있게 한다. 아마 이것이 자연과학적으로 정향된 오늘날의 유력한 세계관일 것이다. 그러나 이런 식으로 물리적 자연에 우리의 존재를 환원적으로 귀속시킨다고 해서 호소와 응답의 문제가 사라지는 것은 아니다.

객관적인 질서 또는 무질서를 상정하고 그 속에 삶을 위치시키는 파악 방식은, 자칫 잘못하면, 우리의 삶이 애당초 세계에 대한 인식에서가 아니라 일종의 응답에서 출발하는 것임을 망각케 할 위험이 있다. 객관적 파악을 지향하는 인식도 사실은 응답으로 짜이는 삶의 한 국면일 따름이다. 응답으로서의 삶이 있어야 인식도 성립할 수 있고 그 인식의 내용으로서 존재에 대한 이해도 자리 잡게 되는 것이지, 그러한 삶과 무관하게 세계에 대한 앎이 펼쳐지는 것은 아니다. 물론 이렇게 이해되는 응답의 범위는 단순히 호소-응답의 틀에 갇힐 수 없는 것으로 보인다.[6] 그것은 자극에 대한 생물학적 반응에서부터 문화적 창조의 고투를 수반하는 응답까지를 포괄할 것이다. 하지만 중요한 것은 이 모든 응답이 다름에 대한 대응이며 그래서 타자를 전제한다는 점이다.

우리는 유한한 자로서 우리 바깥으로부터 제기되는 문제에 응답한다. 내부의 문제도 있지 않느냐고? 글쎄, 그것도 따지고 보면 외부에서 비롯되는 문제일 공산이 크다. 내적인 체계의 불완전성과 한계가 드러나는 것도 대개 외부와의 접촉에 의해서가 아닌가. 이런 점에서 보면, 우리의 호소는 원래 우리가 제기하는 것이라기보다는 우리에게 제기된 문제에 대한 응답의 양상이 아닐까 싶다. 말하자면, 신에 대한 우리의 호소는 우리에게 닥친 문제를 풀기 위한 나름의 응답 방식으로 볼 수 있다는 얘기다. 그렇다면 워낙 응답하는 자는 우리이며, 신은 그러한 우리의 모습이 투영되고 변형된 존재인 셈이다.

스스로가 무한의 일부임을 내세움으로써 무한과의 합치나 통일을 이루려는 시도 역시 우리에게 제기된 문제들에 대한 응답 형태 가운데 하나다. 그러나 이것은 응답의 본질인 타자와의 관계를 지우고 무시해 버리는 방식이라고 할 수 있다. 여기서는 문제 제기와 응답이 동질적인 평면에 놓이며 결국 동일자의 자기 관계 속으로 해소된다. 이런 구도하에서는 대칭적 계산은 가능하겠지만 호소와 응답의 관계가 성립하기는 어려울 것이다.

계산과 인식을 넘어서서 윤리를 정초하고자 한 철학자로 우리는 흔히 칸트를 떠올린다. 하지만 레비나스의 경우와는 달리, 칸트에서 윤리의 근거는 타자적인 것이 아니다. 칸트의 도덕법칙은 내게 지켜야 할 명령으로 다가오긴 하나 호소와는 무관하다. 그 명령은 내가 나에게 내리는 명령일 따름이다. 나는 내 양심을 따라야 할 뿐, 타인의 호소에 응답해야 하는 것은 아닌 셈이다. 이렇게 윤리를 자율적인 주관 내에 두고 이 주관을 보편적인 것으로 설정함으로써 칸트는 근대의 개인주의를 뒷받침하는 데 큰 역할을 한다. 그러나 그 대가는 호소라는 방식을, 특히 호소의 직접성과 타자성을 윤리에서 제거하는 것이었다.

칸트에서는 무한도 주관에 귀속된다. 그것은 "이성의 이념으로, 이성의 요구들을 피안에 투사한 것으로"[7] 취급되기 때문이다. 반면에 레비나스에서 무한은 어디까지나 타자로부터 오는 것이다. 하지만 '무한'이란 일단 관념이며, 그런 한에서 우리의 주관에 깃든 것이 아닌가. 또 그렇다면 이 '무한'은 칸트의 생각대로 일종의 추상일 수밖에 없지 않을까? 이런 점 때문에 레비나스는 무한 관념이 "사유에 대한 존재의 잉여"(17쪽)를 드러내며, "자기로부터 도출할 수 있는 것 이상을" 담은 것(247~248쪽)이고, "적은 곳에 무한히 많이 담긴" 내용(288쪽)이라고 말한다. "의식 안의 무한 관념은 이 의식을 넘쳐흐른다"(303쪽)는 것이다.

레비나스에게서 더 중요한 점은 무한 관념이 지시하는 이 타자의 무한이 우리의 감성을 통해 직접적으로 다가오는 데 있다. 그래야 호소가 가능하지 않겠는가. 그런데 여기에도 문제가 있다. 유한한 우리의 의식에 담기는 무한 관념이 유한을 통해 무한을 지시한다는 어려운 과제를 떠안아야 한다면, 마찬가지로 우리의 감성도 유한의 테두리를 지닌 채 타자와 접촉해야 한다. 칸트는 감성의 한계를 넘어서는 만남이 우리를 압도하는 숭고의 느낌을 불러일으킨다고 보았다. 레비나스의 경우는 어떨까?

레비나스에서 직접적 호소와 직결되는 감성적 통로는 얼굴이다. 그에 따르면, 타자는 우리에게 얼굴로 현현하며, 얼굴로 다가온다. 그러나 이때의 얼굴이 감각적 형상形像을 가리키는 것은 아니다. 동일자적 규정의 틀에 가둬진 한정된 대상으로 취급되어서는 곤란하기 때문이다. 레비나스의 '얼굴'은 무한이 유한을 통해 드러난다는 일견 배리적인 사태를 구현해야 하며, 나아가 윤리적 호소의 언어가 될 수 있어야 한다. 이것이 어떻게 가능할까?

4

벨기에의 다르덴 형제(장-피에르 다르덴, 뤽 다르덴)는 칸 영화제에서 두 번이나 황금종려상을 받은 유명한 영화감독이다. 그들은 다큐멘터리적 기법으로 우리 삶의 윤리적 문제들을 집요하게 다루는 것으로 이름이 높다. 그들의 영화가 레비나스의 철학과 관련이 많다는 것은 평론가들의 지적을 통해서뿐 아니라, 그들 자신의 술회를 통해서도 잘 드러난다.

에마뉘엘 레비나스가 서거했을 때 우리는 촬영 중이었다. 이 영화
는 그의 저서들에 대한 독서에 힘입은 바가 크다. 대면對面에 대한,
최초의 언어로서의 얼굴에 대한 그의 해석. 이 독서가 없었다면 우
리가 로제와 이고르의 차고 장면을, 아시타와 이고르의 차고 사무
실 장면과 기차역 계단 장면을 생각해 낼 수 있었을까? 이 영화 전
체는 결국 대면에 이르려는 시도로 볼 수 있다.[8]

이것은 동생인 뤽 다르덴이 1996년 1월 19일에 적어 놓은 메
모다. 레비나스가 눈을 감은 것은 1995년 12월 25일이고, 여기에서
언급되는 영화는 다르덴 형제가 국제적 명성을 얻는 계기가 된 「프
로메제」(약속, 1996)이다.

뤽 다르덴의 메모 몇 개를 더 소개해 본다.

에마뉘엘 레비나스는 "윤리는 일종의 광학이다"라고 썼다. 얼굴의
광학, 이미지를 조형적造形的인 것으로 환원하여 이미지들이 우상숭
배되는 것을 막는 시선들의 관계. 최초의 말로서의, 최초의 주소로
의 인간의 얼굴.[9]

"[……] 타인이 알려지기조차 전에 대화 상대자로 여겨지는 이 대
면 관계. 우리는 응시를 응시한다. 응시를 응시하는 것, 이것은 스
스로를 포기하지 않는 자, 스스로를 방기하지 않는 자, 오히려 우리

를 바라보는 자를 응시하는 것이다. 이것은 얼굴을 응시하는 것이다"(Emmanuel Levinas, *Difficile liberté*). 이것이 우리가 관객들에게 보여 주려고 하는 로제타의 응시다. 그녀가 얼굴로서 실존하기에 이른다는 것, 그녀가 알려지기에 앞서 대화 상대자라는 것, 그리고 그녀가 결코 알려질 수 없으리라는 것. 우리는 그녀의 과거나 내력이나 행동을 설명하는 정보를 제시하지 않을 것이다. 그녀는 거기에 있다. 얼굴은 극장의 어둠 속에서 그녀를 응시하는 눈들을 바라본다.[10]

「로제타」는 1999년 작품이다. 알코올중독자인 어머니와 함께 컨테이너로 된 간이 주택에서 살며 안정된 일자리를 얻기 위해 분투하는 10대 소녀를 그리고 있다.

다르덴 형제도 물론 영화 화면에 얼굴들을 잡지만 그 이미지가 어떤 고정된 것으로 받아들여지지 않도록 애를 쓴다. 익숙하고 코드화한 것으로 비춰지지 않도록 하려는 것이다. "관객에 이미 보여지고 알려진 이미지, 웃는 얼굴, 공포에 질린 얼굴, 몰두한 얼굴 등의 이미지를 깨는" 일이 중요하다. 거기에 이르지 못한 이미지들에 맞서야 한다. 그런데 이 점이 무척 어렵다. "각 얼굴의 단일함은 더 이상 상투적인 것을 극복하지 못한다. 이것은 끔찍한 일이다."[11]

다르덴 형제의 영화에서는 뒷모습이 유난히 많다. 흔들리는 핸드헬드 카메라가 등장인물의 뒤를 때론 어지러울 정도로 따라다닌다. 긴박한 사실성을 위해서겠지만 전면前面의 상투성을 피하기 위해서이기도 하다. 이들이 보기엔 뒷모습도 얼굴일 수 있다. 어쩌면 그것이 참된 얼굴일는지 모른다. 뤽 다르덴은 그들의 영화에 단골로 등장하는 배우인 올리비에 구르메에 대해 이렇게 쓴다. "올리비에의 등에 대해 말하자면, 내겐 그것을 얼굴로 볼 가능성이, 이 등, 이 목덜미가 말을 하는 것처럼 볼 가능성이 또한 있는 것 같다."[12]

> 너의 등 위에 / 상처 입은 한 몸뚱이의 무게 / 그 심장은 너의 발걸음의 리듬으로 짜인다 / 도로 위의 너의 발걸음 / 벽과 마주한 광장 위의 너의 발걸음 / 멈추지 말라 / 행진하라.[13]

레비나스의 철학에서, 또 다르덴 형제의 영화에서 얼굴은 눈·코·입의 윤곽과 등치되지 않는다. 그렇다고 신체의 특정한 부위가 그것을 대체하는 것도 아니다. 얼굴은 차라리 형태를 부순다고 할 만하다. 그것은 재현하지 않고 표현한다. 재현은 고정된 형태나 의미를 필요로 하지만 표현은 오히려 그러한 것들을 넘어선다. 얼굴의 표현은 감각 가능한 것을 통해 이루어지나, 감각 가능한 것에 매이지 않는다. 감각적 이미지를 고정시키는 것이 아니라 오히려 거기에 구멍을 내고 찢어 끝없는 깊이를 드러내는 것이 얼굴이다.

재현과 표현의 차이는 매우 중요한 사안이다. 재현은 같은 것의 되풀이여서 계산과 예측이 가능한 확실함을 준다. 이것은 현대

산업 문명이 구축한 동일자적 세계의 특징이고 그 성공 비결 가운데 하나다. 하지만 이 재현 가능한 동일성의 영역은 완결적일 수 없고 우리의 삶 또한 그 테두리 내에 갇혀 있을 수 없다. 이 점을 강조해 온 것이 현대 사상의 큰 흐름이고 비판적 줄기다. 차이, 이질성, 타자, 바깥, 사건 등에 대한 관심은 이런 흐름과 줄기가 거쳐 가는 돌기고 매듭이라 할 수 있는데, 표현도 거기에 해당하는 중요한 개념이다.[14] 표현은 재현되지 않는 것의 드러남이어서 늘 다르고 새롭다. 사진이나 필름 파일은 복사되고 재현될 수 있지만, 얼굴이나 작품으로서의 영화는 그렇지 않다. 매번 다르고 새롭게 다가오며, 끝없이 다시 표현될 여지를 남긴다.

재현의 질서를 구축하려는 쪽에서는 이 끝없는 표현 가능성이 불편할 수 있다. 익숙한 것들 안에서 누리는 안락함의 자유를 방해하기 때문이다. 할리우드 영화에 길든 사람들에게 다르덴 형제의 영화가 거북하게 다가오는 것처럼 말이다. "얼굴은 소유를, 나의 능력[권력]들pouvoirs을 거부한다"(291쪽). 사물은 소유할 수 있다. 그러나 타인은 그럴 수 없다. 재현에 의한 포획됨을 거부하는 타인을 소유함의 능력으로 처리하려 한다면, 그때 취할 수 있는 길은 죽임뿐이다. "죽임은 지배하는 것이 아니라 무화하는 것이며 파악을 절대적으로 단념하는 것이다. 살해는 능력을 벗어난 것에 능력을 행사한다"(292쪽).

앞서도 언급한 대로, 이 살해의 유혹을 극복하는 것이야말로 레비나스 윤리의 중심 문제다. 다르덴 형제에게는 이것이 예술의 중차대한 과제이기도 하다.

레비나스는 『어려운 자유』에서 영혼은 (나의 것인) 불멸의 가능성이 아니라 (타인) 살해의 불가능성이라고 썼다. 많은 이들이 예술은 우리의 불멸의 가능성을 드러내는 것이라고, 지속의 단단한 욕망이라고, 운명에-맞섬이라고 인식해 왔다. 과연 예술은 타인에 죽음을 주는 것의 불가능성이 자신임을 발견하는 이 영혼에 열릴 수 있을까?[15]

다르덴 형제의 「아들」(2002)은 이런 면을 잘 드러내 주는 영화다. 자신의 아들을 죽인 아이를 소년원으로부터 받아 가르치게 된 목수 올리비에, 그리고 그의 갈등과 고뇌……. 영화 전편에 흐르는 견디기 어려운 긴장을 거쳐, 긴 침묵과 기다림을 통해 마침내 우리에게 깊게 각인될 말은 (뤽 다르덴에 따르면) 이렇다. "그를 죽이지 마! 넌 그를 죽이지 않았어! 넌 죽이지 않을 거야!"[16]

죽음을 '가능성의 불가능성'이라고 보는 레비나스의 생각[17]이 죽임에 대해서는 윤리적 '가능성의 불가능성'으로, 곧 살해라는 가능한 사태의 윤리적 불가능성으로 이어진다. 레비나스는 이런 윤리를 타자의 직접적 호소를 통해, 얼굴을 통해 드러나는 무한의 높이를 통해 뒷받침하고자 한다. "살해보다 더 강한 이 무한은 이미 타인의 얼굴 속에서 우리에게 저항한다. 이 무한은 타인의 얼굴이고, 본래적 **표현**이며, '너는 살해할 수 없을 것이다'라는 최초의 말이다. 무한은 살해에 대한 무한한 저항으로 능력을 마비시킨다. 이 저항은 지속되는 것이고 없앨 수 없는 것으로, 타인의 얼굴 속에서, 무방비한 그 눈의 완전한 벌거벗음 속에서, 아무런 방비 없이, 초월적인 것이 절대적으로 열리는 벌거벗음 속에서 빛난다"(293~294쪽).

그러나 현실에는 타자의 얼굴에서 무한의 표현을 보지 못하는 사람이, '죽이지 말라'는 호소를 듣지 못하는 사람들이 숱하게 있지 않은가? 아마, 그럴치도 모른다. 하지만 그런 자들이라 하더라도 끝까지 호소에 귀멀고 눈멀 수 있을까? 끝까지 타자를 외면할 수 있을까? 그들도 결국 응답의 자리에 서게 되지 않을까? 더욱이 한층 더 중요한 것은 타자의 개방성이 동일자의 폐쇄성에 대해 우선적이라는 점이다. 바깥에서 불어오는 바람이 있다면, 지금은 창문을 닫아건 채 골방에 웅크리고 있는 자들에게도 희망이 있지 않겠는가.

사랑과 용서

1

"요즘은 기타라는 악기가 무척 답답하게 느껴져요. 미리 질러져 있는 이 칸들이 나를 구속하는 것 같아서 말이죠." 쓸모 있는 것은 곧 잘 잊어 먹고 쓸데없는 것을 간혹 기억하는 내 머릿속 어딘가에 숨어 있다 문득 떠오른 말이다. 그야말로 수십 년 전 어떤 가수가 텔레비전에 나와 했던 인터뷰의 한 대목이다. 자신의 노래에 자부심이 아주 강했던 가수였는데, 이제 대중매체에선 거의 보기 어려우나 아직도 노래를 부르고는 있는 모양이다. 누구라고 하면 좀 나이가 있는 사람들은 다 알겠지만, 내 기억이 얼마나 정확한지도 자신할 수 없는 판에 굳이 이름까지 얘기할 필요는 없겠다.

크…… 그럼, 딴 걸 하면 되잖아. 기타의 프렛 같은 게 없는 악기들이 좀 많아? 하긴 대중가요 가수가 바이올린이나 첼로를 들고 나오긴 좀 그렇지……. 그때 나는 속으로 피식 웃으며 이렇게 생각했던 것 같다. 그런데도 이 가수의 말이 기억에 남은 것은 그 말이 단지 엉뚱하거나 같잖게 여겨져서만은 아닌 듯싶다. 어떻든, 자신에게 미리 주어진 제한과 한계를 넘어서 보려 한다는 것, 이 점이 인상 깊었던 것 아닐까.

한계와 제한이 워낙 나쁜 것은 아니다. 오히려 우리를 편하게 해주는 면이 있다. 질서를 잡아 주는 탓이다. 하려고만 하면 프렛이 없는 기타도 만들 수 있겠으나, 그런 기타는 음정을 맞추기가 무척 힘들 것이다. 팅기는 줄의 길이를 제대로 잡아 주려다 손가락이 상처투성이가 될지도 모른다. 거꾸로 바이올린이나 첼로에 프렛을 만들면 연주가 편하지 않을까 하는 생각도 해봄 직하다. 아닌 게 아니라 비올라 다 감바 같은 비올족 옛 악기들에는 프렛이 있었다. 기타나 류트처럼 줄을 팅기는 악기에는 프렛이 남고 바이올린이나 첼로처럼 주로 줄을 문지르는 악기에는 프렛이 사라진 것을 보면, 팅기는 줄을 제어하기가 더 어려운 것인지도 모르겠다.

피아노도 칸이 질러져 있는 악기에 속한다. 건반 하나하나가 칸에 해당한다. 건반과 연결된 망치가 때리는 현의 길이가 정해져 있어 조율만 잘 해놓으면 음정은 자동적으로 맞는다. 하지만 정해진 음들을 단속적으로 연결하거나 조합할 수 있을 뿐이다. 그 사이의 음들을 연속적으로 누비는 것은 불가능하다. 피아노의 달인쯤 되면, 이런 면이 갑갑하게 여겨질 수도 있을 것이다. 노래하듯 부드럽게…… 이것이 참 어렵다는 얘기를 어느 피아노 연주자에게서

들은 적이 있다. 그런 점에서 보면 사람의 목소리는 무봉無縫의 악기다. 물론 그 악기를 듣기 좋게 연주하기는 어렵다. 나처럼 음치에 가까운 사람이 내는 소리를 듣고 있다 보면, 차라리 그 목구멍에 프렛이나 건반을 장착해 주고 싶은 마음이 들지도 모른다.

요컨대, 칸을 지르고 제한하는 것에는 양면성이 있다. 질서를 부여해서 일을 쉽게 만든다는 점에서는 긍정적이지만, 틀에 가두어 다른 가능성을 막는다는 점에서는 부정적이다. 예로부터 이 두 가지의 길항拮抗은 우리 삶과 세계의 근본적 됨됨이를 다루는 데서 주요한 주제거리였다. 고대 그리스 철학에서는 이 문제가 페라스peras와 아페이론apeiron의 관계로 나타난다. 우리가 아는 세계의 사물과 질서는 흔히 무한정자無限定者라고 번역되는 아페이론이 페라스를 갖게 되어, 즉 한정限定되어 나타난 것이다. 음악의 음정은 그 중요한 예다. 피타고라스가 음계의 본질로 놓은 수적 질서가 곧 페라스에 해당한다.[1]

페라스는 원래 '끝'이라는 뜻의 그리스어고, 아페이론은 거기에 부정을 뜻하는 접두어 'a'가 붙어 만들어진 말이다. 우리는 어떤 것의 끝을 보고서야, 곧 그것이 다른 것과 이루는 경계를 파악하고서야 그것이 무엇인지를 안다. 라틴어로는 이 페라스가 피니스finis고, 아페이론이 인피니스infinis다.[2] 레비나스의 책들에서 줄창 나오는 '유한'fini과 '무한'infini이 바로 이 말들이다. 유한은 어떤 끝과 경계에 의해 구획되고 칸 지어진 동일자同一者로 취급되고 무한은 그런 끝이나 경계 안의 것과는 다른, 그 너머의 타자他者로 여겨진다.

이런 점을 생각하면, 프렛으로 제한된 기타 소리를 갑갑해했던 그 가수는 일면 레비나스적 지향을 보인 것이라 할 수 있지 않을까. 물론 그가 레비나스처럼 타자를 환대하고 타자에 대해 책임을 지는 윤리적 지향을 내세웠다는 얘기는 아니다. 그렇지만, 주어져 있는 질서를 넘어서고자 하는 갈망을 지녔다는 점에서 그는 음악적 영역에서나마 무한 또는 타자에 대한 욕망을 드러내었다고 볼 수 있을 것이다. 견강부회牽强附會인가? 그러나 나로서는 그다지 특별할 것 없는 이 에피소드가 기억에 남아 있는 이유를 좀 억지스럽더라도 이렇게 무한을 향한 욕망의 공유에서 찾고 싶다.

레비나스가 『전체성과 무한』(1961)의 4부 「얼굴 너머」에서 서술하고 있는 바도 딱히 윤리적인 면에 초점이 있다고 말하기는 어렵다. 여기서 그는 어떤 의미에서는 '윤리 너머'의 문제를 다룬다. 이미 여러 번 강조했다시피 레비나스에게서 윤리란 타자를 맞아들이고 타자에게 응답하는 데서 성립하며, 얼굴은 타자가 이렇게 윤리적으로 내게 직접 다가옴을 나타내는 표현이다. 그러므로 '얼굴 너머'라는 표제는 직접적인 대면의 윤리적 관계가 포섭하지 못하는 영역을 겨눈다고 할 수 있다.

이 4부에서 거론되고 있는 주제들은 사랑과 에로스, 번식성 fécondité, 자식됨과 아버지됨, 형제애 따위다. 이 문제들의 대부분은 레비나스의 윤리 중심의 철학이 충분히 무르익기 전인 『시간과 타자』(1947)에서부터 다루어졌던 것들이다. 이전부터 제기되었던 문제들이 이제 타자에 대한 책임이라는 윤리적 사상과 결합되어 재서술되는 것이라 볼 수 있다. 하지만 이 대목이 『전체성과 무한』의 핵심이라 보기는 어렵다. 그런 점은 레비나스가 이후의 작업들 속에서 이 4부의 주제들을 비중 있게 취급하지 않는다는 점을 통해서도 확인할 수 있다.

그렇더라도 이 주제들은 유한과 무한의 관계를 다룬다. 더 정확히 말하면, 유한자의 처지에서 그 한계를 넘어서려는 유한한 방식들을 다룬다고 할 수 있다. 사실, 레비나스의 윤리는 우리가 유한함을 극복할 수 있게 해주지는 않는다. 오히려 우리의 유한함을 절감케 하고, 그에 따른 책임이 더욱 깊어지고 무거워지게 한다. 제아무리 윤리적이라 해도 우리는 유한자의 처지를 벗어날 수 없다. 우리가 스스로를 확장해서 세계를 자기화하려 하고 마치 그런 일이 완성될 수 있는 것처럼 구는 자세를 비판하는 책이 『전체성과 무한』이다. 하지만 그처럼 전체나 무한을 참칭하지 않고서도 무한을 지향하는 방식이 있지 않을까?

하이데거는 우리가 죽을 수밖에 없는 존재라는 점을 우리의 유한함을 드러내는 본질적 특징으로 강조했다. 우리의 삶은 죽음이라는 넘을 수 없는 한계를 지니고 있다는 것이다. 그러나 레비나스는 ── 적어도 『전체성과 무한』의 레비나스는 ── 그렇게 생각하지 않는다. 죽음으로 우리의 삶을 한정하는 것은 마치 프렛이나 건반으로 구획된 하나하나의 음으로 음악을 가두려는 것과 마찬가지다. 각각의 음이 그렇듯 우리 개개인의 삶은 일정한 시간 동안 한정된 파동 가운데 머물다 사라진다. 그러나 스러진 음들은 또 다른 음들로 이어지며, 우리의 삶 또한 그렇다. 음과 음의 어울림이 다른 음들을 낳는데, 우리 삶에서 그런 역할을 하는 것이 바로 사랑이다.

2

"자아는 죽음을 넘어서 자신을 지탱하며, 또한 자기로의 복귀로부터 자기를 회복한다. 이러한 지평이 사랑과 번식성의 지평이다. 여기서 주체성은 이 운동들의 함수로 정립된다."[3] 『전체성과 무한』 4부의 도입부에서 레비나스는 이런 말로 사랑에 대한 논의를 끌어들인다. 이 구절로 보면 레비나스에게서 사랑은 동일성에 귀속되는 것인 듯하다. '자기로 복귀'한다든지 '자기를 회복'한다는 표현이 그런 징표로 보인다. 사랑과 번식을 함께 놓고 있는 점도 레비나스가 사랑을 결국 자기복제를 위한 것으로 보고 있지 않은가 짐작케 한다.

"사랑? 그거 알고 보면, 호르몬의 작용이잖아." 사랑의 열병을 몇 번이나 된통 앓았던 한 친구에게 들었던 얘기다. 열정의 시기가 지나고 나면 꽤 허망하고 후회스럽기도 한 모양이다. 말을 안 해서 그렇지, 비슷하게 생각하는 사람이 적지 않을 줄 안다. 좋다, 그렇다치자. 그런데 그렇다면 그와 같은 호르몬의 작용은 왜 필요한가?

생물체가 짝짓기를 통해 번식을 이루어 내려면 단순히 자신을 고수하는 것 이상의 부담을 져야 한다. 스스로의 경계를 깨뜨리는 정열과 에너지가 필요하다. 생식세포가 서로 만나 합쳐지기 위해서는 자신의 세포막을 찢어야 한다. 더욱이 거기까지 이르는 과정도 험난하다. 동물의 세계에서 짝짓기란 대개 위험을 무릅쓰는 행위다. 개체 자신의 안위만을 도모한다면 그런 모험은 멀리하는 편이 나을 것이다. '사랑의 호르몬'은 이렇게 자기의 경계를 넘는 과감한 시도를 부추긴다.

하지만 이 경계 넘기는 결국 자기 유지나 자기 확장과 연결된다. 물론 이때의 자기는 해당 개체의 경계에 갇히지 않는 자기라야 할 것이다. 생물학적 견지에서는 유전자를 떠올리면 이해하기 쉬울 것 같다. 리처드 도킨스처럼 개체를 유전자의 생존기계로 보면, 사랑은 유전자라는 주체가 자신이 올라타고 있는 운반체를 새 것으로 바꾸고 늘리기 위해 사용하는 기제機制라고 할 수 있다. 각각의 개체는 늙고 시들어 사라지나, 이 개체들이 품고 있던 유전자는 연면히 살아남는다. 유전자도 유한한 존재이지만, 그 자기의 유한함은 개체의 유한함을 뛰어넘는다. 사랑은 그렇게 유한함을 넘어서는 길이다.

이런 면모가 비단 생물학적 차원에만 있는 것은 아니다. 개체의 경계를 넘는 사회적 자기도 존재한다. 가족이나 가문과 같이 혈

연과 결부된 형태뿐 아니라, 회사나 국가 등도 사랑과 관계하는 확대된 자기가 될 수 있다. 요즘 애사심愛社心이나 애국심愛國心 따위를 운위하면 혹 시대에 뒤떨어진 사람 취급을 받을지 모르겠다. 그러나 집단의 결속을 다지는 감정적 유대로서의 사랑의 역할을 완전히 부정할 수 있을까? 각 구성원은 낱낱의 개체로서는 발휘하기 어려운 힘을 집단을 통해 얻는데, 그 대가는 집단에 대한 충성 또는 헌신이다. 이것이 단순한 강요가 아닌 방식으로 성취될 수 있으려면, 각자는 집단 속에 그 자신이 스며 있음을 느낄 수 있어야 한다.

그래서 예로부터 사랑은 타자 속에서 자신을 발견하는 것이라고 여겨져 왔다. 나에게 딱 맞는 짝을 찾는다는 발상에도 이런 생각이 담겨 있다. 딱 맞는 짝이란 확장된 자기의 일부가 아닌가. 플라톤의 『향연』에 나오는 아리스토파네스의 사랑관은 이 점을 잘 드러내 준다. 원래 하나였던 존재를 제우스가 반으로 쪼개 놓아 우리 각자는 잃어버린 반쪽을 찾아 헤매게 된다는 얘기 말이다. 영화 「헤드윅」(2000)에 삽입된 「사랑의 기원」The Origin of Love이라는 노래와 애니메이션은 이 우화를 아주 인상 깊게 오늘에 되살려 놓고 있다.[4]

헤겔 같은 철학자도 사랑을 타자 속에서 자기를 발견하는 사태와 연관지었다. 그러나 사랑은 감정 위주의 계기이므로 확장된 자기를 깨닫는 데에는 이르지 못한다. 오히려 그 속에서 자기를 망각하기도 하는데, 그런 까닭에 희생도 가능해진다. 사랑을 위해 자기 몸을 던지는 경우를 생각해 보라. 그렇게 할 수 있는 이유는 그(녀)

의 아픔이, 가족의 처지가, 국가의 운명이 나의 것으로, 때로는 이 작은 몸뚱이에 갇힌 나보다 더 소중한 것으로 다가오기 때문이 아닌가.

이렇게 보면 사랑은 궁극적으로 자기 위주의 것, 그러니까 이기적인 것이라고 해야 할지도 모른다. 물론 이때의 자기란 확장된 자기다. 이타적으로 보이는 생물체의 행동이 따지고 보면 유전자의 이기성에서 비롯하는 것이라는 도킨스의 설명이나, 희생이란 타자를 통해 자기의 삶을 존립하게 하는 적극적 행위라는 헤겔의 규정[5]은 모두, 이타적이거나 희생적인 사랑의 행위가 그 행위자들 이상의 주체에 봉사하는 것이라고 보고 있다. 그런데 개체들은 사실상 이 주체에 의해 포섭되는 존재이므로, 각자가 잘 몰라서 그렇지 제대로만 파악한다면 개체로서도 이 주체를 자기로 받아들일 수 있다. 그렇다면 결국 사랑은 동일자의 범위 내로 귀착되고 만다.

그러나 이 동일자는 개체의 경계를 넘어서는 동일자다. 여기서 사랑은 개체들 사이의 온갖 간극을 건너지르는 끈이라고 할 만하다. 간극의 험난함이 없다면 사랑하는 자들을 이어 주는 끈끈함이 무슨 소용이겠는가. 사랑의 끈끈함은 때로 에마뉘엘 마크롱과 브리지트 트로뉴에서처럼 나이 차이를 극복하기도 하고, 안재형과 자오 즈민에서처럼 문화 차이를 뛰어넘기도 하며, 로미오와 줄리엣에서처럼 가문의 불화를, 나아가서는 죽음을 넘어서기도 한다. 이렇게 극적인 경우가 아니더라도 사랑이 죽음을 넘어선다는 것은 낭만적

이상의 표현에 그치지 않는다. 부모와 자식 사이의 단속적 연결을 생각해 보라. 이것은 같은 시간을 사는 개체들 사이를 이어 주는 끈이 죽음으로 매듭지어지는 시간적 간극을 극복해 나가는 모습이라고 할 수 있지 않겠는가.

"에로티즘, 그것은 죽음까지 인정하는 삶이라고 말할 수 있다." 조르주 바타유는 이렇게 말하면서 성애性愛에 대한 논의를 시작한다.[6] 그에게서도 사랑은 불연속적 삶을 이어 주는 끈이다. 그런데 흥미로운 것은 그가 이 이어 줌의 근거를 삶과 삶 사이의 간극에서 찾고자 한다는 점이다. 단속적인 삶 자체가 아니라 그사이의 죽음이 연속성의 기반으로 여겨진다. 제아무리 애를 써도 우리들 각각의 삶은 결국 따로 떨어져 있기 마련인데, 그것을 이어 주는 연속적 지평이 오히려 죽음이라는 말이다. 그래서 바타유에서는 사랑이 죽음과 연결된다. 삶을 불연속적인 것으로 만드는 개체의 경계를 열어젖힌다는 점에서 공통점이 있기 때문이다. 그에 따르면, 사랑의 열정은 죽음의 훈영暈影이고, 오르가슴은 작은 죽음이다. 사랑의 순간, 우리는 개체의 경계에서 놓여난다.

하지만 바타유처럼 죽음과 사랑을 연결시킨다고 해서 사랑이 동일성에서 벗어나는 것은 아니다. 죽음이 연속성의 지평으로서 동일성의 차원에 받아들여질 뿐이다. 삶은 죽음이라는 근원적 동일성의 바탕 위에서 단속적으로 등장하는 부분적인 현상들이 된다. 이런 구도하에서는 삶에도 사랑에도 타자가 끼어들 여지가 없다. 하지만 레비나스에게서는 다르다. 자기 유지와 자기 복귀를 특징으로 하는 사랑에도 타자적인 면모가 숨어 있다.

3

레비나스에게서 사랑은 죽음을 넘어서는 것이지 죽음과 이어지는 것이 아니다. 사랑은 동일자 위주의 견지에서 출발하는 것이긴 하나 타자를 추구하는 것인데, 애당초 죽음은 타자가 아니기 때문이다.[7] 레비나스에 따르면, 사랑은 타자를 향유하려는 시도다. "그 용어에서 거의 모순적인 초월적인 것의 향유"(384쪽), 그것이 사랑이다. 그러므로 사랑은 워낙 성취될 수 없는 목표를 안고 있다.

사랑과 관련해 레비나스가 다루는 사안 가운데 특히 인상 깊은 것으로 애무caresse를 빼놓을 수 없을 것이다. 애무를 철학적 논의 대상으로 삼아 이처럼 진지하게 접근한 철학자가 또 있었던가. 소재 자체만으로도 흥미를 끌 만하다. 앞서도 말했다시피 이 애무를 비롯해서 에로스의 면모들은 그의 초기작인 『시간과 타자』에서도 짧게나마 다루어지는데, 기본적인 생각 면에서는 『전체성과 무한』의 서술과 큰 차이가 없지 싶다. 단적으로 말해, 애무란 잡을 수 없는 것을 잡으려는 몸짓이다. 무엇을 잡으려는지 알지두 못하면서 더듬는, 잡을 듯하면 도망가 버리는 어떤 것을 향한 안타까운 갈구다.

"접촉으로서의 애무는 감성이다. 그러나 애무는 감성적인 것을 초월한다. [……] 애무는 아무것도 포착하지 못하는 데서, 자신의 형식으로부터 끊임없이 도망쳐 미래 — 결코 충분치 않은 미래 — 를 향하는 것을 갈구하는 데서, 마치 **아직 존재하지 않는** 듯이 빠져나가 버리는 것을 갈구하는 데서 성립한다. 애무는 **찾고**, 애무는 파헤친다"(389쪽. 강조는 레비나스). "애무는 '존재자'의 지위를 더 이상 갖지 않는 부드러움을 향한다"(391쪽).

부드러움에 대한 레비나스의 서술도 잠깐 인용해 본다. "부드러움은 존재와 비존재의 경계에서 드러난다. 그 존재가 빛살같이 흩어지는 안온한 열기처럼, '무성한 잠들로 젖은 바람결에 나부끼는' 「목신牧神의 오후」의 님프들의 '옅은 살색'처럼, 탈개체화하면서 자신의 고유한 존재의 무게를 경감시키는, 이미 스러짐이고 실신인 것, 자신을 드러내는 와중에서 자기로 도망치는 것, 이런 것이 부드러움이다"(386~387쪽).

표현이 자못 문학적이지만, 주목해야 할 초점은 이 부드러움과 그것에 대한 접촉이 가리키는 바가 미래라는 것이다. 미래야말로 존재와 비존재의 경계에 있고 잡힐 듯하지만 잡을 수 없게 빠져나가는 대상이다. 우리는 그 미래를 더듬고 갈구하는데, 그렇게 현재에 닿아 있는 미래의 모습이 연인의 부드러운 살결이다. 물론 우리가 이런 점을 의식한다는 말은 아니다. 사랑의 접촉은 분명한 앎에 이르지 못한다. 잘 모르는 채 갈구하는 몸짓으로 만지고 부딪히지만 끝내 포획하지 못하는 것이 사랑이 겨냥하는 미래다.

잘 알 수 있는 것인데 우리가 멍청해서 더듬고 헤맨다는 말은 아니다. 오히려 잘 알 수 없는 것이기에 우리가 그런 방식을 취한다고 생각하는 편이 옳겠다. 미래는 원래 불확실함을 담고 있는, 아직 오지 않은 것未來이고, 앞으로 올 것à-venir이지 않은가. 더구나 여기서 초점이 되는 미래는 나와 이어지지만 또한 나를 벗어나는 미래, 자식으로 구현될 미래다. 이런 미래를 우리가 정확히 예측할 수 있는가? 여기에 맞는 대응 방식은 계산적 인식이 아니라, 감성 또는 감정으로서의 사랑일 것이다.

감성이나 감정은 잘 모르는 것에 대응하는 기제機制다. 느낌이란 앎에 비해 애매하고 포괄적이다. 우리가 확실하다고 여기는 기준에 따라 정리되는 것이 인식이라면, 그런 식으로 깔끔하게 재단되지 않지만 우리에게 미치는 영향을 받아들이고 반응하는 방식이 감성이다.[8] 칸트는 아예 우리 주관의 능력 가운데 받아들임을 담당하는 부분을 감성Sinnlichkeit이라고 놓고, 그것 자체가 지닌 형식적 질서가 사유의 질서와 결합하여 우리의 인식이 성립하는 바탕이 된다고 보았다. 하지만 그도 인식이 포섭하지 못하는 감성적 내용이 우리에게 미치는 영향을 무시할 수 없었고, 적어도 그 일부를 앎의 테두리를 넘어서는 미감美感의 문제로 다루지 않을 수 없었다. 우리는 잘 모르는 상대에 대해서도 아름다움을 느끼고 끌릴 수 있다. 만일 이런 마음의 됨됨이가 없다면 도대체 연애가 가능하기나 하겠는가.

레비나스에게서 감성은 중요하다. 타자를 받아들이는 통로이기 때문이다. 『전체성과 무한』 이후로 감성은 사랑과 결부되기보다는 타자에 대한 수동성과 관련하여 다루어진다. 대표적으로 『존재와 달리 또는 존재성을 넘어』(1974)에서 레비나스는 적지 않은 분량을 할애하여 감성을 타자의 근접성 문제와 엮어 논의하고 있다. 강조점이 더욱 타자 쪽으로 넘어감에 따라 생겨나는 당연한 결과이지 싶다. 이제 주체 자체도, 타자를 받아들이고 타자에 응답하는 과정을 통해 형성되는 것으로 이해된다. 감성은 타자를 대하고 타자를 위하는 계기로서 그 깊이를 더해 가는데, 그럼으로써 감성은 윤리적 차원의 의미작용과 직접 연결되기도 한다.

반면에 『전체성과 무한』에서는 감성이 여전히 동일자의 편에서 조망되며 그래서 주로 향유의 차원에 머무는 것으로 다루어진다. 하지만 이 감성이 자기가 아닌 것을 받아들이는 방식인 한, 여기에 들어오는 것은 타자 또는 타자적인 것이다. 다만 향유적 감성이 이를 동일자 위주로 취급하는 한계에 갇혀 있을 따름이다. 이럴 때 전형적으로 나타나는 타자에 대한 관계가 사랑이다. 사랑을 하면서 나는 타자를 향유하고자 한다. 하지만 타자가 타자인 한, 타자를 향유의 테두리로 포섭하는 것은 불가능하다. 타자는 사랑의 몸짓을, 나의 애무를 매번 빠져나간다.

사랑이 번식으로 이어지는 것은 이 양 측면, 즉 향유의 동일자적 면과 수용의 타자적 면이 시간을 매개로 화해되는 것이라고 볼 수 있다. 이 시간의 간격이 동일자와 타자를 떼어 놓고 또 이어 준다. 나는 나의 자식과 단속적으로 연결되는데, 나의 자식은 나이면서 타자이기도 하다. 여기서 나와 타자의 관계는 윤리적 관계라기보다 존재의 관계다. 타자를 향유하려는 시도인 사랑이 갈구하던 대상은 이렇게 미래의 존재임이 드러난다. 레비나스에 따르면, 이것이 존재의 구조, 번식성fécondité이라는 구조다.

"번식성은 늙음을 생산하지 않고서 역사를 지속시킨다. 무한한 시간은 늙어 가는 주체에게 영원한 삶을 가져다주지 않는다. 아이의 고갈될 수 없는 젊음들로 구획되어 세대들의 불연속을 통하는 것이 **더 낫다**"(408쪽. 강조는 레비나스). 이렇듯 사랑은 개체들 사이의 거리와 시간을 넘어서까지 우리를 타자와 연결한다. 그것은 윤리적 관계에 이르지는 못한 상태임에도 대면적 직접성을 넘어서서 우리를 자식과, 다음 세대와 이어 준다. 이런 점에서 사랑은 윤리보다 덜 그리고 더 나아간다.

4

나는 사랑과 번식성에 대한 레비나스의 이와 같은 논의가 꽤 그럴듯하며 매력적이라고 생각한다. 여기서 그 내용을 자세히 소개하지는 못하지만 벌거벗음, 부끄러움, 외설, 향락 등에 대한 서술들도 흥미롭다. 물론 레비나스는 이 모든 에로스적 현상이 타자에 대한 동일자 위주의 감성적 대응이며 그래서 타자와의 진정한 관계, 즉 윤리적 관계에 이르지 못하는 한계를 지닌다고 본다. 하지만 에로스적 사랑을 통해 우리는 대면적 책임의 윤리가 건너지 못하는 시간의 간격을 넘어 삶의 연장에 다다르지 않는가.

그런데 이런 내용들에 대한 레비나스의 글을 읽다 보면 좀 찜찜한 구석이 있다. 무엇보다 레비나스가 여성을 언급하는 부분이 그렇다. 사랑의 관계에서 여성은 사랑받는 이로 등장한다. 그렇다면 사랑하는 이는? 아무래도 남성으로 전제되어 있다고 보는 것이 옳을 것 같다. 비존재와 존재 사이의 부드러움은 여성적인 것으로 서술된다. 벌거벗고 부끄러워하며 신성함이 들춰내지고 외설에 이르는 것도, 애무가 탐하는, 그래서 침범되지만 결코 침범되지 않는 처녀성도 여성적인 것의 몫이다. 그렇기에 결국 **"'영원한 여성적인 것'은 순결함"**이 된다(390쪽. 강조는 레비나스).

물론 여기서 말하는 여성이나 여성적인 것은 실제 인물로서의 여성을 가리키는 것이 아니라 남성이건 여성이건 누구나 가지고 있는 여성적인 특성을 지시하는 것이라고 볼 수 있다. 그러나 그것을 왜 하필 '여성적'이라고 부르는가?

여성적인 것은 낮보다는 밤에, 빛보다는 어둠에 가깝다. 흐리고 애매하다. 부드럽고 안온하다고는 하지만, 전前 의미적이고 전前 언어적이며 전前 사회적이고 전前 윤리적인 것이라는 한계를 갖는다. 여성적인 것은 부수적이고 주변적인 반면, 남성적인 것이 늘 논의를 이끌어 나가는 듯한 인상이다. 예컨대, 여성인 타자와의 만남을 통해 낳게 되는 자식은 아들fils로 명기되고 있다. 아버지-아들의 관계가 번식성의 요체다. 레비나스가 뜻하고자 하는 바를 최대한 호의적으로 이해해 주고 언어적 관행을 감안한다 하더라도, 이 같은 표현들이 남성 위주의 사고방식과 문화가 투영된 것임을 부인하기는 어렵지 않을까.

나는 레비나스가 유대교의 전통 위에 서 있으며 그 전통이 오늘날의 견지에서 볼 때 남성 우위의 편향을 가지고 있음을 부인할 생각이 없다. 때로 그런 점을 고려하면서 레비나스의 텍스트를 읽어야 한다고 본다. 그런데 이런 종류의 편향에 물들어 있는 것은 비단 레비나스의 사상만이 아니다. 『전체성과 무한』은 나온 지 반세기 이상이 지난 책이지만, 요즘 나오는 문화적 산물들 중에서도 비슷한 발상을 그리 어렵지 않게 찾아볼 수 있다.

얼마 전 부산국제영화제에서 영화 「마더!」(2017)를 보다가도 나는 레비나스를, 아니 여성에 대한 유대-기독교적 사고방식의 끈질긴 영향을 떠올리지 않을 수 없었다. 마침 그 영화의 각본을 쓰고 연출한 대런 아로노프스키가 영화 상영에 앞서 무대 인사를 하러 나왔는데, 그는 이 영화를 특정한 인물을 다룬 것이 아닌 일반적인 관점에서 보아주기를 부탁했다. 「마더!」는 말하자면 우리 모두의 어머니에 대한 영화라는 것이다. 그러나 막상 스크린 위에 펼쳐진 영화의 구도는 구약舊約의 모티브들을 촘촘하게 활용하여 짜여 있었다. 아로노프스키가 내세운 일반성은 이미 특수한 일반성이었던 셈이다.

「마더!」라는 영화가. 어떻게 구약의 요소들을 차용하고 있는지를 여기서 논의하고 싶은 생각은 없다.[9] 내가 문제 삼고자 하는 것은 이 영화에서 드러나는 여성에 대한 기본 시각인데, 그것은 '여성이란 집이다'라는 한 문장으로 요약될 수 있다. 영화의 세트나 인물의 설정이 여기에 맞춰져 있고, 몇몇 대사는 이런 생각을 직접적으로 표현하기도 한다. 영화의 주인공 격인 제니퍼 로렌스는 살림을 할 뿐 아니라 집을 단장하고 수선하기까지 하는 젊은 여성으로 나온다. 하비에르 바르뎀이 분扮한 그녀의 남편은 집안일은 아랑곳하지 않고 창작에 골몰하는 시인이다. 그는 낯선 이들을 집에 들이고 환대하지만 그녀는 불안해한다. 결국 말썽을 일으키는 낯선 이들에 맞서 그녀는 집과 가정을 지키려 분투한다.

그녀는 남편을 사랑하고 자신의 손길이 곳곳에 미친 집을 사랑하며 어렵게 낳은 아이를 사랑한다. 영화는 주로 그녀의 시점에서 진행되므로 관객들은 그러한 그녀에게 감정이입을 하고, 낯선 침입자들과 그들을 용인하는 그녀의 남편을 못마땅하게 여긴다. 안타까움과 당혹감은 그녀가 겪는 어려움과 함께 증폭된다. 침입자들이 벌이는 뻔뻔한 행태들이 광포한 혼란으로 나아가는 까닭에, 우리는 더욱 그러한 동일시에서 빠져나오기 어렵다. 하지만 돌이켜 생각해 보면, 그녀의 태도는 자기의 것을 중심으로 한 구심적求心的인 것이 아니었나 싶다.

여성은 자기에서, 자기 것에서 출발하며 늘 거기로 되돌아온다. 내 집, 내 남편, 내 아이……. 부드러움과 상냥함, 수동적인 다소곳함은 나의 것을 또는 나의 것이 될 것을 맞아들이는 감성적 특질이다. 그것이 본래의 여성다움이다. 때로 그 안온함은 자신의 가정을 지키기 위해, 특히 자신의 아이를 지키기 위해 생명까지 내던지는 격한 용기로 변한다. 하지만 무엇을 이루고 무엇을 유지하려 하는가를 생각해 보면, 그 치열함은 시초의 따뜻함과 전혀 모순되지 않는다. 여성적인 것은 품고 기르고 북돋우지만, 그 사랑은 제한적이며 배타적이다.

자, 이것이 「마더!」가 은연중에 전제하는 여성에 대한 전통적인 견해다. 남성적인 것은 다르냐고? 물론이다. 여성이 특수에 머문다면, 남성은 보편을 지향한다. 여성이 구심적이라면, 남성은 원심적遠心的이다. 「마더!」에서 그녀의 남편이 하는 짓을 보라. 그는 가정에 갇히지 않고 밖으로 나돌며, 낯선 이들을 맞아들여 그들에게서 우정을 구한다. 그는 자신의 언어와 작품을 통해 모두가 우러르는 가치를 얻고자 한다. 그의 본성을 구현하는 것은 안을 감싸는 감성이 아니라 밖으로 퍼져 나가는 이성인 셈이다.

레비나스의 경우도 크게 다르지 않다. 『전체성과 무한』에는, 특히 '기주'에 대한 서술과 '사랑'에 대한 묘사들에는 이와 유사한 사고방식들이 깔려 있다. 여성의 포근함은 집에서 나를 맞아들이는 타자성이지만, 그것은 나를 위한 것이고 나의 동일성을 떠받치는 것이어서 레비나스가 내세우는 윤리에 이르지 못한다. 여성의 맞아 들임은 선별적인 맞아들임이다. 레비나스에서도 여성은 집이다. 밖으로 열린 환대의 집이라기보다는 거둬들임을 위한 수용의 집이라고 할 수 있다.

그러나 성적 구별의 자의성을 떨쳐 놓고 본다면, 구심성은 원심성 못지않게 중요한 삶의 면모다. 안으로 다지지 않고서는 밖으로 펼칠 수 없는 것이 유한한 삶을 이어 가야 하는 우리의 처지다. 도식적으로 말하면, 레비나스에서 구심성은 사랑이고 원심성은 윤리라 할 만한다. 물론 타자에 대한 책임과 등치될 수 있는 윤리적 사랑도 있다.[10] 그러나 그런 사랑도 동일자에서 출발하는 이상, 한편으로 에로스에, 즉 구심적 사랑에 기반하지 않을 수 없다. 게다가 아무리 구심적이라 해도 사랑은 개체의 경계를 넘어선다. 자기를 넘어 자기에 이르게 하는 것, 그렇게 자기를 다른 자기와 이어 주는 힘이 바로 에로스다.

5

"번식성의 비연속적 시간은 절대적 젊음과 재시작을 가능하게 만들어 준다. 재시작된 과거와의 관계를 과거를 향한 자유로운 ── 이것은 기억의 자유와는 다른 자유의 자유로움인데 ── 복귀 속에, 또 자유로운 해석과 자유로운 선택 속에, 완전히 용서된 것으로서의 실존 속에 놓으면서 말이다. 순간의 이러한 재시작은, 즉 번식성의 시간이 죽지 않을 수 없는 존재이자 늙어 가는 존재의 변화에 대해 거두는 이 승리는, 시간의 작품 자체인 용서다"(429쪽).

레비나스는 이렇게 사랑의 결과인 번식을 '용서'와 연결짓는다. 언뜻 잘 이해가 가지 않을지 모르겠다. 레비나스에게 용서란 일어난 잘못을 그렇지 않은 것처럼 되돌림을 뜻한다. "용서는 흘러간 순간에 잘못을 범한 주체에게, 마치 그 순간이 흘러가지 않은 듯이, 마치 그 주체가 잘못을 범하지 않은 듯이 존재하도록 허락해 준다"(429쪽). 여기까지는 그다지 낯설지 않은 얘기다. 우리도 용서라는 말에 그런 함의를 주지 않는가. 용서란 저질러진 잘못을 처리하는 방식이다. 그런데 문제는 여기서 말하는 주체의 잘못이다. 레비나스는 늙음을 그러한 잘못으로 놓는다. 그러니까 용서는 늙음이 일어나지 않은 것처럼 늙음을 되돌리는 길이다.

도대체 늙음이 왜 우리의 잘못인가? 늙는 것도 서러운데 억울하다는 사람이 많을 줄 안다. 하지만 의도적이거나 의식적인 잘못은 아닐지 몰라도 우리의 행위와 우리 몸의 불완전함에서 비롯하는 결과가 늙음임은 부인할 수 없지 않을까. 자신을 원형대로 잘 유지하지 못한 소치니, 굳이 잘못이라 부른다면 그럴 수도 있을 것 같다. 피치 못힐 일이긴 하나 바람직한 일은 아니지 않은가. 불완전함이나 결핍을 우리가 생래적으로 떠안는 죄(원죄)로 이해하는 오래된 전통에서 보자면, 그렇게 이상한 생각도 아닐 법하다.

　오히려 그것보다 더 엉뚱하게 여겨지는 것은 용서를 시간의 작품이라고 보고 있다는 점이다. 이 용서는 우리가 하는 것이 아니며 어떤 다른 유정자有情者의 의도적 행위도 아니다. 또 시간의 작품이라고 하지만, 이때의 시간도 딱히 자연스러운 시간일 수 없다. 차라리 늙고 낡아 가는 것이 자연스러운 시간의 과정이다. "통상적 시간의 관점에서 보면 그것[용서의 역설]은 사물들의 자연적 질서가 전도됨을, 시간의 가역성을 나타낸다"(429쪽). 원래 불가역적인 시간의 진행을 되돌리는 것이 용서다. 이것은 자연 가운데서 생명이 성취한 방식으로서, 시간의 흐름을 거스르는 승리이고, 그런 점에서 생명의 시간으로 빚어진 작품이라고 할 만하다.

　애당초 시간이란 무한하리만큼 펼쳐진 세계의 부분부분을 기억을 통해 담아내는 유한자 없이는 다루어질 수 없는 것이 아닌가. 그렇다고 시간의 질서가 자의적으로 성립한다는 말은 아니다. 시간의 비가역성을, 시간의 화살을 실제로 되돌릴 수는 없다. 다만, 마치 그런 것처럼 다시 새로운 시작을 마련하는 방법을 생명이 구현해 내고 있다는 얘기다. 오래된 생명체가 죽고 새로운 생명체가 태어나는 것은 자연이 허락하는 갱신의 길이고, 이것이 레비나스가 말하는 용서, 즉 일어난 잘못을 일어나지 않은 것처럼 되돌려 회복하는 일이다. 좀 더 가벼운 예로는, 몸에 난 상처가 아무는 것, 피로에 지친 몸이 쉼을 통해 다시 활력을 찾는 것 따위를 들 수 있을 것이다.

우리가 때로 서로에게 베풀고자 하는 용서는 생명이 취하는 이런 방식을 차용하고 흉내 내는 것이라고 할 수 있다. 그렇기에 용서는 마음먹은 대로 잘되지 않는다. 저질러진 잘못은 실제로 무화無化할 수 없다. 없던 일처럼 취급하려 해도 이미 주어진 고통과 상처는 사라지지 않는다. 잊으려 해도 쉽게 잊히지 않을뿐더러, 완전히 잊는다면 그것을 용서라고 할 수는 없을 것이다.[11]

그러므로 용서는 우리가 구하는 것이기는 해도 뜻하는 대로 이룰 수 있는 것이 아니다. 레비나스 식으로 말하면, 용서는 타자의 소관이라고 할 법하다. 우리는 용서받고 싶어 할 뿐 아니라 때로 용서하고 싶어 하며 그렇게 하려 무척 애를 쓰기도 한다. 그러나 진정 용서를 받고 용서를 하게 된다는 보장을 우리 자신에게서 찾을 순 없다. 이창동 감독의 영화 「밀양」은 이런 맥락에서 내가 자주 드는 예다.[12] 전도연이 연기한 주인공 신애는 자신의 아들을 유괴해 죽인 사내를 용서했다고 생각하지만, 실제로는 그렇지 못했음이 드러난다. 어쩌면 우리는 용서할 수 있기 위해서도 그럴 수 있도록 용서받아야 하는 존재인지 모른다.

용서에 대해 우리가 궁극적으로 수동적이라는 점, 용서는 의도에 종속되지 않으며 우리는 다만 용서를 구하고 바랄 수 있을 뿐이라는 점에 주목하면, 용서를 일종의 선물처럼 생각할 수도 있을 것이다. 사실, 용서에 해당하는 서양어pardon, forgiveness는 증여 또는 선물don, gift과 밀접한 관련이 있다. 선물을 강요할 수 없듯이 용서

는 억지로 얻을 수 없다. 타인에 대한 나의 용서조차 그렇다.[13]

레비나스는 우리가 용서의 선물을 징검다리 삼아 무한한 시간으로 나아갈 수 있다고 생각하는 것 같다. 삶은 매끄럽게 연속되는 것이 아니라, 여러 막으로 구성된 연극처럼, 여러 악장으로 짜인 음악처럼 단속斷續된다. "연속성의 단절과 단절을 건너는 연속성"(431쪽)이 삶의 시간성을 이룬다. 우리가 잘못을 범할 수밖에 없고 늙을 수밖에 없으며 죽을 수밖에 없는 존재인 한, 단절은 불가피하다. 그러나 우리는 그 단절과 함께 죽음의 공허 속에 빠지지 않는다. 유한한 음의 울림이 다른 울림으로 이어지듯, 유한의 매듭은 다른 매듭으로 이어진다.

사랑은 이 매듭 내의, 그러나 매듭 너머로 작용하는 힘이다. 그렇다면 용서는 그 힘이 새롭게 다시 작용할 수 있게 해주는 일종의 선물이라고 할 수 있지 않을까. 하지만 내가 보기에, 사랑과 용서라는 이 주제는 레비나스에게서 충분히 개화하지 못했고, 레비나스 철학에서 중심적인 위치를 차지하지도 못했다. 일면 종교적 색채가 짙을 수 있는 용어들이고 또 개체의 초월과 관계하는 개념들임에도 불구하고 그렇게 된 이유는, 그러한 측면들마저도 주로 자기의 확장과 관련해서 다루어지는 바람에, 타자의 우선성을 내세우는 레비나스의 윤리와 직결되기 어려워서였을 것이다.

하긴 사랑과 용서는 굳이 레비나스를 통해서가 아니더라도 여러 가지 방식으로 변주되어 온갖 장르에서 간단없이 등장하고 있다. 그런데 나는 앞서 언급한 아로노프스키의 영화 「마더!」에서 이 두 가지가 꽤 레비나스적 의미로 제시되는 것을 보고 묘하게 반가운 느낌이 들었다. 감성적이고 구심적인 사랑은 이 넓은 세상에서 숱한 시련을 겪을 수밖에 없고, 그래서 결국 깨어지고 파국에 이르기도 한다. 하지만 우리의 삶이 다시 시작하기 위해서는 그런 유한한 사랑이 꼭 필요하다. 그 사랑의 핵이 남아 있는 한, 용서의 새로운 삶은 언제라도 선물처럼 주어질 수 있다……. (혹 앞으로 이 영화를 보시려는 분에게 스포일러가 되지 않을까 우려하는 마음에 이 정도로 막연하게 얘기하는 데 그치는 것을 용서해 주길 바란다.)

환대하는 삶

1

일반적으로 환대歡待란 손님을 대하는 태도다. 기꺼이 손을 맞이하는 주인의 마음가짐과 태도를 보통 환대라 일컫는다. 이런 점에서 환대는 주인과 손님의 구분을 전제한다. 상호 환대도 가능하지만, 그것은 장소와 기회에 따라 번갈아 이루어지는 것이라 보아야 할 것이다. 동시적 상호 환대란 생각하기 어렵지 않은가. 환대는 어떤 자리에 대해 주인의 자격이 있는 자가 그 자리를 방문하는 자를 대對/待하는 호의적인 태도다.

환대가 일종의 덕목이나 가치로 여겨지는 것은 손님을 맞이하는 태도가 부정적일 수도 있기 때문이다. 손님이 환영받지 못하고 심지어 박대당하는 경우도 있다. 손님이 손님인 이상, 잘 대해야 하는 것 아니냐고? 글쎄, 그게 꼭 그렇지는 않다. 어쩔 수 없이 맞아들여야 하는 손님도 있기 때문이다.

황석영의 소설 『손님』(2001)을 보면, 우리 역사에서 한동안 천연두가 '손님'이라는 명칭으로 불렸다는 애기가 나온다. 반갑지 않은 손님이고 자주 찾아와 아주 낯설지도 않은 손님이다. 그래도 손님이었던 이유는 적극적으로 막을 방도가 없어서였다. 막을 수 없는 위력을 낮춰 부를 수 없는 노릇이었을 것이다. 김광태 감독의 2015년 영화 「손님」에서도 손님은 낯설고 반갑지 않은 방문자다. 우리에게 출몰하고 때로 매우 위협적인 영향을 주지만 우리가 제어할 수 없는 타자[1] ── 이런 손님을 우리는 환대하지 않는다.

불청객으로서의 손님, 사실 이건 골칫덩이다. 가능한 한 잘 처리하는 수밖에 없다. 박대해서 쫓아버려 뒤탈이 없다면, 그것도 한 방편일 수 있다. 이른바 진상 손님들도 있지 않은가. 하지만 잘못 하다간 그 대가를 톡톡히 치르는 경우도 드물지 않다. 환대도 박대도 언제나 능사는 아니다. 손님맞이는 녹록지 않다.

그런데 손님맞이보다 더 까다로운 것이 타자에 대한, 낯선 자에 대한 대응이다. 손님도 낯선 자고 타자가 아니냐고? 낯익은 손님도 있고 단골손님도 있지만, 낯선 손님도 많으니, 일면 그렇게 볼 수도 있겠다. 또 어떤 손님이건 주인의 처지를 동일자로 놓는다면 손님은 이와 대비되는 타자라 할 수 있다. 하지만 타자 가운데는 손님이 아닌 이들도 있다. 요컨대, 손님보다 타자의 범위가 훨씬 넓다. 손님이란 좋건 싫건 일단 맞아들임의 대상으로 여겨지는 존재지만, 타자는 그런 식의 한정에 앞선다.

타자他者란 다른 자다. 무엇과 다른가? 나와, 내 집단과 다르다. 그래서 내 뜻대로 안 되고 나 또는 우리를 거스를 여지가 있다. 나름의 자립성이 있다는 말이다. 때로는 이것이 나 또는 우리에게 위협이 될 수 있다. 그런 점에서 타자는 위험하거나 거북한 자다. 소규모의 씨족이나 부족 집단으로 살아가던 시대에는 낯선 자는 적이거나 침입자일 가능성이 많았고, 그래서 경계와 공격의 대상이었다.[2] 타자가 내 집단의 자리를 침탈할 수 있다고 여겨졌기 때문이다. 이런 타자는 손님이 아니고, 당연히 환대의 대상이 아니다.

섣부른 환대는 치명적인 화를 부를 수 있다. 16세기 초 이방인 에르난 코르테스 일행을 환대한 아즈텍인들이 그랬듯이.[3] 유럽인 탐험대나 선교사들에게 독화살을 날려 대는 원주민들을 잔인하고 호전적인 야만인으로 묘사하는 것은 일방적인 서구 영화의 한 장면일 뿐이다. 정복이나 침탈의 의도를 지닌 타자를 오인한 채 환대하는 것은 대가를 찾을 길 없는 어리석은 짓이다. 이런 상황에다 이른바 '무조건적 환대'를 들이대는 — 데리다에 기대어서건 레비나스에 기대어서건 — 것은 가당찮은 일이다.

타자의 스펙트럼은 넓다. 에일리언이나 ET 같은 외계 생물, 침략자나 약탈자, 마땅찮은 손님, 낯선 나그네, 헐벗은 약자, 그리고 때로는 신까지⋯⋯. 손님을 모두 환대하기도 어려운데, 범위를 넓혀 타자를 환대와 연결짓기는 더 어려워 보인다. 그런데 오늘날 우리는 왜 타자의 환대 문제에 주목하는 걸까?

18세기 말 칸트가 환대를 개념화하여 제시했을 때, 그것은 오늘날 운위되는 것과 같은 '타자'에 대한 환대는 아니었다. 칸트에서 환대Hospitalität는 "이방인Fremdling이 다른 땅에 도착함 때문에 적대적으로 대우받지 않을 권리"[4]로 규정되는데, 이것은 모든 국가의 시민이라면 누구나가 누려야 하는 상호적인 권리이다. 누구라도 다른 나라에 가면 이방인이기에, 내가 적대적으로 대접받지 않으려면 내 나라에 온 이방인을 적대적으로 대우해서는 안 된다는 얘기다. 그러므로 이것은 같은 권리를 지닌 동일자들의 일시적 조건에 따른 관계 규정이다.

칸트 식의 환대는 이해하기가 어렵지 않다. 산뜻하고 깔끔해 보이기도 한다. 교환관계가 일반화한 근대 이후의 사회상과 연결짓기도 쉽고, 또 보편성을 내세우는 칸트의 정언명법과 연결하거나, 나아가 기소불욕물시어인己所不欲勿施於人의 정신을 담은 황금률의 한 형태로 정당화해 볼 수도 있다. 하지만 이것은 환대를 둘러싼 오늘날의 문제의식에 미치지 못한다. 레비나스 식으로 말하자면, 상호성이나 대칭성이 아니라 비상호적이고 비대칭적 면모가 타자와의 관계로서의 환대에 핵심적인 면모다.

위험한 타자나 위력적인 손님의 경우도 비대칭적 관계를 이룬다. 근대 이전에 대부분의 인간 집단은 이런 타자나 손님에게 시달렸다. 대칭적이고 상호적인 관계가 인간 삶의 중심축으로 자리 잡게 된 것은 이 같은 시달림으로부터 벗어났다는 점에서는 진전이라고 할 수 있다. 타자의 위협은 인간 집단 내에서의 불균형과 억압적 지배관계를 조장하기도 한다. 그러나 오늘날 타자에 대한 환대를 강조하는 맥락은 이전과는 다른 비대칭성을 통해 또 다른 진전을 요구하는 것 같다.

2

다르덴 형제의 최근 영화로 「언노운 걸」(2017)이 있다. 다르덴 형제는 현대사회의 소외되고 힘없는 사람들을 주로 다루어 온 벨기에 출신의 영화감독이다. 「로제타」(1999)와 「더 차일드」(2005)로 칸 영화제의 황금종려상을 두 차례 수상했다. 스스로 레비나스의 철학에 크게 영향을 받았음을 인정하고 드러내는 사람들이다.[5] 「언노운 걸」은 약간 지나치다 싶을 정도로 레비나스 철학을 형상화한 영화로 보인다.[6]

　주인공 제니(제니퍼)는 벨기에의 소도시에 있는 작은 병원에서 일하는 의사다. 어느 날 저녁 병원문을 닫은 시간에 누군가 다급하게 병원문을 두드린다. 제니는 문을 열어 주지 않았는데, 다음 날 경찰이 찾아와 부근에서 한 여자가 변사체로 발견되었다고 말한다. CCTV를 확인해 보니, 죽은 사람은 전날 병원문을 두드렸던 흑인 소녀였다. 누군지 알 수 없는 소녀의 죽음에 제니는 책임감을 느끼고 그 소녀가 누구인지를 탐문하기 시작한다. 이렇게 영화는 문을

영화 「언노운 걸」의 한 장면

두드리는 호소appel와 그에 대한 응답réponse의 문제로, 낯선 타자를 환대하지 못한 책임responsabilité의 문제로 전개된다.

"죽음의 고독은 타인을 사라지게 하지 않는다. 오히려 그 고독은 적의hostilité의 의식에 머물며, 같은 이유로, 여전히 타인에, 그의 우정에, 그의 치료에 호소하게 한다. 의사는 죽을 수밖에 없는 인간 본성의 한 선험적 요소다. 죽음은 누군가에 대한 공포 속에서 다가오며 또 누군가에 희망을 걸게 한다."[7] 뤽 다르덴은 「언노운 걸」과 관련하여 레비나스의 이 구절을 인용하고 난 뒤, 다음과 같이 쓴다.

모든 죽음——거기에는 '자연적' 죽음이 포함되는데——은 폭력적 죽음이다. 알지 못하는 소녀에게 다가오는 죽음은 객관적으로 폭력적인 죽음이다. 여기에는 그 소녀가 두려워하는 누군가가 등장하며, 또 그 소녀가 희망을 거는 누군가가 등장한다. 의사인 제니퍼는 그 소녀가 희망을 거는 누군가다. 그녀는 이 '죽을 수밖에 없는 인간 본성의 한 선험적 요소'를 구현한다. 그녀는 알지 못하는 소녀의 호소에 응답함이 마땅할 것이다. 그녀는 그렇게 하지 않는다. 그녀는 자신의 행동을 정당화하려는 유혹을 받을 수 있겠지만, 알지 못하는 소녀의 시선은 그런 일이 정당화될 수 없음을 그녀에게 환기시켜 줄 것이다.[8]

이 영화의 흑인 소녀는 레비나스의 타자에 해당한다. 낯설지만 위력적이지 않다. 오히려 핍박받는 약한 자고, 그 약함으로 우리에게 호소하는 자다. 이민자, 망명자, 불법체류자, 한마디로 안정된 자리가 없음에 해당하는 자다. 다른 곳에 근거지를 갖고 우리를 침탈하거나 자신의 자리를 확장하려는 자가 아니다. 정체성조차 확실치 않은, 이름조차 모르는 자다. '언노운'inconnu이야말로 이런 타자에 어울리는 특성이다. 알려지지 않았다는 점이 위협으로 작용하기보다는 우리에게 익숙한 영역에 자리를 잡지 못하고 있음을 드러낸다.

'언노운 걸'은 이름도 알려지지 않은 채 땅에 묻힌다. 사회에 받아들여지지 못하고 사라지는 것이다. 이름이라도 확인하려는 제니의 노력은 죽음 이후에라도 타자를 받아들이고자 하는, 환대로 대하지 못한 타자에게 뒤늦게나마 응답하고자 하는, 그렇게라도 해서 최소한의 책임을 지고자 하는 인간적 시도다. 매장의 장소에 명기되는 이름은 이렇게 자리하게 되는 타자의 흔적이다. 이 흔적은 현재하지 않는 과거의 무無가 아니다. 데리다 식으로 말하면, 그것은 끊임없이 되돌아오며revenant 살아 있는 자들에게 영향을 미치는 유령revenant적 통로다.

갈등이 없을 수 없다. 알력과 충돌, 긴장이 영화의 전개를 이끈다. '언노운 걸'을 밀어내고 잊으려는 경향이, 타자를 배제하려는 시도가 현실의 일부를 이룬다. 소녀를 핍박하고 죽음에 이르게 한 욕망이 자리를 지키려는 완강함으로 계속 작용한다. 그 가닥들을 헤치며 소녀의 흔적을 찾아가는 제니에게도 안정된 자리를 향한 유혹이 묻어 있다. 사실은, 제니에게서 그런 갈등을 충분히 또는 제대로 부각시키지 못한 것이 다르덴 형제의 이 영화가 이전의 작품들만큼 좋은 평을 받지 못한 주된 이유라 할 수 있다. 레비나스적 응답/책임의 중요성과 의미가 전면에 부각되다 보니, 영화의 결말도 얼마간 '도덕적'이 되어 버린 인상이다.

제니는 문을 열어 주지 않은 데 대한 죄책을 느낀다. "늦은 시간에 병원문을 안 열어 준 게 죄는 아니죠." 제니가 더 좋은 자리를 포기하고 동네 병원에 머무르려고 하는 걸 안타까워하는 동료 의사가 하는 말이다. 그렇다. 호소에 응답하지 않는다고 해서, 환대하지 않는다고 해서 법을 어기는 것은 아니다. 문을 열어 주지 않은 행위가 소녀가 죽은 데 대한 직접적 원인도 아니다. 법적 책임을 물을 수 없다. 그러나 문을 열어 주었더라면, 소녀는 죽지 않았을 것이다. 그 점에서 제니는 응답하지 않은/책임지지 않은 책임을 느낀다. 환대하지 않은 책임을 느낀다. 환대는 법적인 의무 이상의 것이다.

아프리카 출신의 소녀가 함의하는 바가 무엇인지는 다소 노골적이다. 다르덴 형제는 「프로메제」, 「로나의 침묵」 등을 통해 동구권 출신이나 아랍 출신 이주자들, 서유럽에 편입되고자 애쓰는 불법 이주민들을 여러 번 다루어 왔다. 아랍 난민을 등장시키지는 않았지만, 오늘의 유럽 상황에서 이 문제를 떠올리지 않기는 어려울 것이다. 난민의 수용을 거부하거나 제한하는 것이 법적 규범에 저촉되는 일은 아닐 수 있다. 그러나 그러한 조처는 많은 이들의 삶에 중차대한 영향을 미친다. 환대의 윤리적 규범은 실정법 이상의 것이다. 권리로서의 법이나 정의 이상의 것이다.'

"가짜 증명서로는 못 해요. 나가 주세요."

"내 오빠한텐 해줬잖아요."

"응급 상황이었어요."

"오빠가 가짜 서류로 했다고 했어요."

"많이 아팠다니까요."

"어디가요?"

"그건 말 못해요. 이제 나가 줘요."

"당신 때문에 사흘이나 일 끊기게 생겼다고!"

"나가요."

"재수 없어."

소녀를 환대하지 못했음에 죄책감을 갖는 제니라고 해서, 모든 요구에 응대하는 것도, 그런 응대를 위해 항상 법을 무시하는 것도 아니다. 병원에 들인 이들을 이렇게 쫓아내기도 하며, 그러다가 봉변을 당하기도 한다. 제니가 도덕적 고결함만으로 뭉쳐진 사람이 아니듯, 무리한 요구를 하는 자들도 이기심과 악덕으로만 채워진 이들은 아니다.

「언노운 걸」이 환대의 주체 역할로 의사를 설정한 것은, 앞서의 인용에서도 보았던 것처럼, 의사라는 (직업이라기보다) 직분이 환대에 걸맞기 때문이다. 상한 자를, 약한 자를 (계산과 규칙에 따라 내치기보다는) 맞아들이고 보살펴야 한다. 오늘날 서구 문명이 그런 일을 해야 한다고 말하려는 것이라면, 다르덴 형제의 훈계(?)가 담긴 이 영화가 거북스러울 만도 하다. 그들은 이제 영화인으로서는 부담스러울 모종의 역할을 떠맡으려는 것처럼 보이기도 한다.[10] 맞아들임을 맞아들이도록, 환대를 환대하도록 호소하기로 (또는 명령하기로) 마음먹은 것일까.

3

환대에는 자리의 문제가 깔려 있다. 주인은 손님을 맞아들인다. 이런 맞아들임은 맞아들이는 자리를 전제한다. 맞아들이는 자리를 지니고 있는 자가 주인이다. 그 자리를 파악하고 자신에 동화시키고 있다는 점에서 그는 동일자이기도 하다. 환대의 주체는 그러므로 동일자로서의 주인이다. 환대의 객체는 타자로서의 손님이 된다. 그런데 여기서 좀 근본적인 질문을 던져 보자. 주인이 주인일 수 있는 근거, 주인이 자리를 차지할 수 있는 근거는 무엇인가? 나는 또 우리는 어떻게 나의 또는 우리의 자리를 차지하고 있는가?

소유권property의 근거는 시대마다 다르다. 우리는 원초적 취득과 양도에 대한 논변들이 허구를 가미한 상황과 논리에 기대고 있음을 안다. 오늘날, 예컨대 기본소득에 대한 논의들은 소유의 정당화 근거를 확충하고 변경해야 할 필요가 있음을 시사하기도 한다. 더 나아가, 우리는 어떠한 소유도 절대적이지 않음을, 소유와 자리에 무상無常함의 면모가 있음을 안다. 하지만 그럼에도 현실의 소유권은 배타적 강고함을 지니고 있음을 또한 안다. 트럼프가 멕시코와의 접경 지역에 치겠다는 장벽을 놓고, 북미의 점령이, 아니 남북아메리카의 점령이 원주민들의 자리를 어떻게 침탈하여 이루어졌는가를 역설해 보아야 별 소용이 없음을 안다.

자리의 상대성을 거론하는 것은 환대의 근거를 내세우는 데는 도움이 된다. 물론, 환대의 강조가 소유의 재편을 요구하는 데 대한 소극적 대응책이라고 생각할 수도 있다. 하지만 환대의 문제의식은 주인의 자리를 일단 전제하면서도 그 자리 너머로까지 나아간다. 맞아들임은 맞아들이는 자가 이미 맞아들여졌음을 환기시키는 까닭이다. 레비나스는 『전체성과 무한』(1961)에서 이 원초적 맞아들여짐을 거주와 여성성의 문제로 놓고 설명한다. 내가 이 땅에 자리 잡고 사는 데에는 나를 품어 주는 안온함이 먼저 있다는 것이다.[11]

레비나스에서 맞아들임accueil은 거둬들임recueil에 우선한다. 거둬들임은 삶에 필요한 요소들을 집 안에 들이는 것으로, 하이데거가 말하는 모음Versammlung에 해당한다.[12] 맞아들임은 물적인 것 또는 존재(론)적 범주라기보다는 거기에 앞서는 윤리적인 행위고 사태다. 근원적인 면에서, 우리의 삶은 이 세계에 받아들여지고 맞아들여졌기에 가능하다. 물론 보기에 따라서는 같은 사태를 우리 의지와 무관하게 우리가 세상에 던져졌다geworfen고 생각할 수도 있다. 이런 차이는 타자를 대하는 태도에도 전이되기 마련이다. 스스로 던져졌다고 여기는 자가 누군가를 맞아들일 기분이 나겠는가?

그렇다고 우리가 맞아들여졌음을 맞아들임으로 갚는다거나 갚아야 한다는 말은 아니다. 받음과 줌의 상대가 같지 않을뿐더러, 이 받음과 줌은 서로 견주어지거나 헤아려지기 어렵다. 오히려 우리 삶의 처지에 따라 맞아들임의 받음과 줌의 면이 달리 강조될 수 있다고 보는 것이 옳겠다. 삶이 힘들고 팍팍할 때 우리는 받고자 하며 줌을 요구하고 호소한다. 사람들에게뿐 아니라, 자연에게, 신에게 그렇게 한다. 이럴 때는 우리가 호소하는 자, 기도하는 자, 감사하는 자가 된다. 경우에 따라 우리는 이 세상이 아닌 곳에 맞아들여지기를, 거둬들여지기를 원하기도 한다. 이런 처지에서는 환대의 문제가 크게 부각되지 않는다. 우리가 스스로 택하고 실행할 수 있는 사안이 못되기 때문이다. 기껏해야 맞아들여지기 위한 맞아들임으로 제한되어 나타난다.

우리를 호소에 응답하는 자로, 맞아들이는 자로 놓는다는 것 자체가 우리의 처지가 꽤 괜찮아졌음을 시사한다. 적어도 잠시 또 부분적으로 내줄 수 있는 자리와 소유가 생겼다는 점을 전제하는 것일 테니 말이다. 우리에게 호소하는 자들은 아직 자리를 얻지 못했거나 자리 밖으로 밀려난 자들일 수 있다. 그러나 여기에 그친다면, 이것은 칸트 식 상호환대의, 대칭적 관계의 변형에 불과하다. 지금 이곳에서 자리를 못 가짐을 임시적이고 잠정적인 상태로 보는 것이기 때문이다. 물론 이런 관점도 가능하다. 상식적인 면에서는 여기에 머무는 것이 무리가 없어 보인다. 하지만 레비나스나 데리다의 관점에서 보면, 그것은 소유권을 지닌 자들의 관계로 폐쇄적 틀을 꾸리는 일이다. 자리의 한계를, 자리의 역사를, 곧 지리의 자리가 지닌 의미를 깨우치지 못한 소치다.

자리는 고정된 것도 영원한 것도 아니다. 자리가 성립하면 그 테두리 밖의 자리 없음도 함께 생겨난다. 레비나스 식으로 말하면, 동일자와 타자가, 유한과 무한이 함께 등장하는 것이다. 여기서 흥미로운 점은 자리 없음이 타자 및 무한과 이어지며 그래서 높음과 연결된다는 데 있다. 이런 연결이 구래의 '무한자=신'이라는 발상에 힘입고 있음을 부인하기는 어렵다. 과거에는 우리가 차지하고 있던 자리가 미소微小한 것이었으므로, 그 자리 바깥을 높이고 그것을 통해 우리의 자리를 뒷받침하고자 했다. 그 자취가 이제 자칫 오만해지기 쉬운 우리 자리의 위상을 제어하는 데 쓰이는 셈이다.

자리의 바깥이 자리의 경계 내부보다 우선한다는 것은 우리가 사는 어떤 경계 내부도 자립적이지 않다는 점을 생각해 보면 쉽게 수긍할 수 있다. 다만, 이 우선함을 굳이 높다고 해야 하는지에 대해서는 석연찮게 여기는 이도 있을 줄 안다. 좋게 보면, 겸손한 자세를 북돋우는 설정이라고 하겠는데, 여기에 무리가 아주 없다고 주장하고 싶진 않다. 우리에게 익숙한 테두리가 한껏 문제를 안은 채로 우리를 제약하고 있음이 사실이고, 그래서 그 테두리 바깥으로부터 끊임없이 새로움을 받아들이려는 개방적 자세가 필요함도 사실이다. 그러나 알다시피 바깥의 위험이 아예 소거된 것은 아니다.

우리의 자리 바깥에 놓인 타자를 높이는 것은 환대의 자세를 부추기고 그 윤리적 정당성을 내세우는 데는 효과적이다. 약한 자의 호소가 꼭 응답을 얻는다는 보장은 없지 않은가. 동정심에 매달리는 것으론 부족하다. 동정심同情心이란 자기에 바탕을 둔 감정이고, 크게 보면 자기중심성과 자기 확장의 변용變容이라는 한계를 갖는다. 이런 점에서 타자 지향적 환대의 윤리에는 동정심 이상의 근거가 필요하다고 보인다. 레비나스처럼 타자를 높음과 연결하면, 타자의 환대는 명령으로 다가올 수 있다. 이 명령은 강제력을 수반하지는 않지만, 도덕적 높이에서 우리를 압박한다.

환대가 윤리적 의무가 되면, 주체의 지위도 달라진다. 레비나스에 따르면, 환대의 주체는 주인에서 볼모가 된다.[13] 원래 주인이란 자리를 매개로 한 것이었으므로 주인과 손님, 나아가 자리를 노리는 적까지가 한데 얽히는 면이 있었는데,[14] 이제 그 자리는 애당초 윤리적 의무와 엮인 곳이 됨으로써 볼모의 터로 작용한다.

다르덴 형제의 「언노운 걸」로 돌아가 보자. 죽은 소녀에게 책임감을 느끼고 죽은 자의 자리를 마련하려는 의사 제니의 모습은 때로 강박적으로 보인다. 그런데 레비나스에 의하면, 우리는 사실 타자에게 강박되어 있다. 언제든 우리 곁에서 우리에게 다가오는 타자를 우리는 결코 궁극적으로 떨쳐 버릴 수 없다는 것이다. 일찍이 타자는 위험이었고 지금도 때로 그럴 수 있다. 아마 우리는 타자 없는 안정되고 평온한 삶을 바랄지 모른다. 그러나 그것은 우리 삶의 조건이 아니다. 타자와 바깥 없는 삶이 불가능하다면, 타자를 환대할 수 있는 삶의 터전과 자세를 마련하려 애쓰는 것이 최선이 아닐까.

정치와 윤리

1

다음번 총장을 노리는 공과 대학의 한 교수가 인문대 교수들 사이에서 화제가 됐다. 그는 공과대 중심의 학교 특성화를 강화해야 하고 취업이 잘되지 않는 학과의 정원은 줄여야 한다고 주장하는 모양이다. 졸업생들이 취직도 못하는데 학생 수를 그대로 두려는 것은 결국 학생들을 볼모로 교수 자릿수를 유지하려는 것이 아니냐는 식의 말도 했다고 한다. 그 사람 안되겠는데. 그거 대자보에 올려야 할 얘기잖아. 대학이 직업학교야? 당장 이런 반응들이 튀어나왔다. 그런데 잠시 생각해 보자. 오늘날 현실에서 대학은 이미 취업을 위한 기관이 아닌가? 학생들은 무엇 때문에 대학에 가는가? 그 공대 교수를 힐난하는 인문대 교수들 역시 자녀의 대학과 학과를 선택하는 데에는 취업 가능성을 가장 중요하게 고려한다. 간혹 돈벌이를 염두에 두지 않고 공부에 흥미를 가지는 학생이 있으면 기꺼

위하기도 하지만 내 자식은 그러지 않았으면 한다. 그 자리에 있던 인문대 교수들은 물론 이런 점을 안다.

이와 같은 사태를 두고 표리부동하다거나 모순적이라고 생각하는 사람은 꽉 막힌 인물일 것이다. 현실은 하나의 층으로 이루어져 있지 않으며, 우리는 이런 다층적 현실을 처리하기 위한 여러 수준과 차원의 마음을 가지고 있다. 흔히 말하는 모순은 층위들을 혼동하거나 단순화할 때 생겨난다. 학문이라는 이름의 활동에서 곧잘 일어나는 곤란이다. 원래 모순이란 그 자체로 존재할 수 없는 부조리함의 이름이 아닌가. 하지만 이 에피소드에서 등장한 현실의 여러 층들이 서로 간섭하지 않는 것도 아니어서, 우리는 이처럼 사태의 복합적인 면이 함께 제시될 때 때로 다소간의 불편함을 느낀다. 이런 불편함을 해소할 산뜻한 방법을 학문적 활동을 통해 찾으려는 것은 아마 어리석은 일이겠지만, 그래도 철학자는 이렇게 어쩌면 뻔하고 또 다른 면에서는 복잡하며 껄끄러운 문제를 새삼 들추어내는 무모함에 다가가 볼 수 있는 부류가 아닐까 한다.

그렇다고 내가 이 자리에서 그런 식의 무모함에 한껏 매달리겠다는 것은 아니다. 나는 다만 이 에피소드를 우리의 주제와 관련해서 주의를 환기시키는 데 써먹고자 할 따름이다. 그 주제가 정치와 윤리라는 어떻게 보면 무지막지無知莫知한 것이다 보니, 그 두 영역의 관계를 일상적으로 드러낼 수 있는 손쉬운 예를 찾고 싶었고, 그 와중에 얼마 전의 대화 장면이 떠올랐던 것이다. 물론 이런 예를 대입한다고 해서 정치와 윤리라는 영역이 금방 선명하게 정리되지는 않는다. 이를테면, 대학을 직업학교 취급하는 데 반발하는 것은 윤리인가, 정치인가? 또는 정치적 윤리인가, 윤리적 정치인가? 그 경계가 분명치는 않지만 윤리와 정치가 섞여 있음은 확실해 보인다. 명분이 앞서고 실리가 뒤따르는 것이라면, 윤리적 정치라는 표현이 유망하지 싶다. 다른 한편, 내 아이는 취업이 잘되는 대학의 학과에 입학시키려는 태도를 문제 삼는 것은 윤리인가, 정치인가? 이것은 일단 정치와 무관한 윤리의 사안인 것 같다. 제도적 문제가 아닌 사적인 태도가 초점이라는 점에서다. 그러나 이 사적 태도가 문제시되는 까닭이 그런 태도가 아이에게 진정으로 좋은 것인가 하는 따위를 생각하는 데서 비롯하는 것은 아닐 것이다. 그렇다면 이것도 결국 사회적 이해관계의 문제이고, 그런 의미에서 숨겨진 혹은 잠재적 정치 문제라고 해야 하지 않겠는가.

무엇이 정치이고 무엇이 윤리이며 그 둘 사이의 관계는 어떤 것인가 하는, 논란의 역사가 겹겹이 쌓인 이 복잡한 문젯거리를 새삼 건드리는 까닭은, 철학 연구를 통해 내가 관여하는 현실에서 이 문제가 여전히 중요한 것으로 부각된다고 보기 때문이다. 그간 나는 주로 레비나스의 철학을 통해 윤리의 중요성을 강조해 왔다.[1] 맑스주의를 위시하여 구래의 진보적 기획이 힘을 잃은 상황에서 적어도 잠정적이나마 방향을 잡아 주는 역할을 윤리가, 특히 레비나스적 윤리가 할 수 있다고 생각해서였다. 그러니까 이 윤리에 대한 기대는 마땅한 정치의 부재나 공백을 전제로 하는 것이었던 셈이다.

사실 레비나스는 그의 주저 『전체성과 무한』의 첫머리에서부터 윤리를 정치 너머의 것으로, 그런 의미에서 정치와 대치되는 것으로 놓고 있다.[2] 자기중심적 이해利害와 결부된 정치로는 도저히 도달할 수 없는 궁극적 평화를 이룩할 수 있는 지평이 윤리라는 것이다. 주지하다시피, 이 윤리의 요체는 타자에 대한 책임, 다시 말해 타자의 호소에 대한 응답이다. 여기서 타자, 곧 다른 자란 낯선 자고 약한 자다. 다름이란 내게 익숙한 같음을 벗어나는 것이기에 그렇다. 또 힘이나 강함이란 이 같음의 영역에서 추구되는 것이기에 그렇다. 정치는 바로 이 힘의 관계에서 성립하지 않는가.

현실적으로 보면 우리는 이 힘의 관계를, 이해와 결부된 힘의 관계를 떠나기 어렵다. 그런 점에서 레비나스의 철학은 현실 초월적 면모를, 더 좋게 말해, 창발적인 면모를 지닌다. 뒤집어 보면, 해결점을 찾기 어려운 현실이 그것을 넘어선 차원인 윤리를 요구한다고 할 수 있을 것이다. 레비나스가 종말론eschatologie을 운위하는 것도 이런 맥락에서 이해할 수 있다.[3] 이처럼 현실 너머의 비전을 요구하는 현실에, 정치 너머의 윤리를 요구하는 정치에 방점을 둔다면, 정치와 윤리의 관계에서 실질적으로 우위에 서는 것은 정치가 될 것이다. 그런데 이것은 레비나스의 주장과는 사뭇 다른 견지다. 비록 대안이 마땅찮은 현실이 출발점이었다 해도, 그 현실을 근거짓는 더 근본적인 차원으로 나아가지 말라는 법은 없다. 윤리와 정치의 관계가 혹시 그런 것은 아닐까?

앞의 에피소드로 돌아가 보자. 이해관계에 주목하면 모든 발언이나 태도가 광의의 정치적인 것으로 보인다. 윤리는 다층적인 현실에 대응하는 매개로서 부각된다. 내 자식은 취업이 잘되는 학교에 보내겠다는 태도뿐 아니라 그것을 암묵적으로 힐난하는 입장 또한 어떤 이해관계에서 비롯하는 것인가를 따져 볼 수 있다. 하지만 그렇다고 해서, 대학이 직업학교가 되어서는 안 된다는 생각의 중요성이나, 그런 생각에 반해 자신의 이해관계를 은연중에 관철하려는 것이 옳지 못하다는 판단의 근본적인 중요성이 사라지는가?

물론 이 예가 레비나스의 윤리와 잘 들어맞는 것은 아니다. 레비나스에서 본연의 윤리는 옳고 그름을 따지는 판단에 앞서는 것이기 때문이다. 타자의 직접적인 호소에 응대하는 것이 그 윤리의 단초고 핵심이다. 비교와 반성은 레비나스 윤리에서 부수적인 것이며, 사실상 정치 영역에 속하는 것이라 할 수 있다. 하지만 그런 차이에도 불구하고 여기서 주목하고 싶은 면은 윤리의 근본성에 대한 시사다. 윤리는 현실의 필요를 지나 어떤 의미로 우리에게 다가오는가? 윤리가 우리 삶을 근거짓는 가장 우선적이고 중요한 차원이라는 레비나스의 주장은 어느 정도나 믿을 만한 것인가? 그의 말대로 윤리가 이해관계를, 또 그래서 정치를 넘어서는 것이라면, 윤리는 정치와 무관해지는 것이 아닌가? 만일 그렇지 않다면, 윤리는 정치에 어떤 영향을 어떻게 줄 수 있는가?

흔히 레비나스 철학의 약점으로 그의 윤리적 주장을 실현할 정치적 기획이나 매개가 부족하다는 점을 들기도 한다. 이런 지적은, 적어도 내 경우처럼 레비나스에 대한 관심이 성공적인 정치적 기획의 부재와 연관되어 있다고 보는 견지에서는, 자못 아이러니컬하게 여겨진다. 그러나 정치적 내용의 부족이 그 철학의 정치적 함의마저 없애 버리는 것은 아니다. 정치 너머 또는 정치 바깥을 지향하는 철학도 그러한 지향을 통해 정치의 변화를 꾀할 수 있고 또 그럼으로써 나름의 정치철학으로 인정받을 수 있다.[4]

이 자리에서 나는 부분적으로 레비나스에 대한 데리다의 해석을 검토함으로써 레비나스 윤리의 정치철학적 의미를 드러내 보고자 한다. 데리다는 레비나스에 대한 중요한 논평자였으며, 레비나스 철학이 변화하고 발전해 나가는 데 큰 몫을 담당했다.[5] 또 데리다는 레비나스에 대한 견해들을 통해 스스로의 활동 방향이나 시각의 변화를 보여 주기도 한다.[6] 레비나스와 데리다 사이의 이와 같은 영향관계를 매개로 정치와 윤리의 관계 문제에 대해 작은 통찰의 실마리나마 얻어 보고자 하는 것이 이 글의 소박한 목적이다.

2

정치가 이해에 따른 힘의 관계들을 조절하는 방식이라 할 때, 그 방식을 규정하는 것은 정치 내부일까, 아니면 외부일까? 건축물에 빗

댄 맑스의 사회구성체 도식에 따르면, 정치는 상부구조에 속하며, 이 정치의 자리에 들어설 수 있는 내용을 한정하는 것은 하부구조인 생산관계다. 생산관계를 너무 좁게 해석하지만 않는다면, 정치를 조건짓는 것이 경제라는 이런 식의 발상은 오늘날에도 여전히 타당성이 있어 보인다. 비록 일방적인 것은 아니라 해도 정치에 미치는 경제의 위력은 우리가 늘 경험하는 것이 아닌가.

그렇지만 경제의 규정력에 대한 상식적인 생각과 맑스주의의 관점 사이에는 간과할 수 없는 차이점이 있다. 정치의 발전 전망과 관련해서다. 정치가 이해관계의 갈등을 처리하는 방식이라면, 이해관계가 기본적으로 어떤 형태인가에 따라 그 방식도 달라지기 마련이다. 맑스주의에서 그 이해관계는 항상적인 것이 아니라 변화, 발전하는 것으로 상정되어 있다. 궁극적으로는 소멸을 향해 간다. 적대적 계급이 사라지는 단계에 이르면 국가가 소멸하고, 이해관계가 상충하는 사회적 집단들마저 사라지는 단계에 도달하면 정치 자체가 소멸한다. 집단적 갈등 해결의 장치와 과정조차 불필요해지는 것이다. 물론 이러한 설정은 생산력의 발전을 통해 재화를 둘러싼 갈등이 기본적으로 해소되리라는 낙관적 전망을 전제로 한다.

내가 여기서 공산주의적 유토피아의 낡은 청사진을 다시 선전하려는 것은 아니다. 정치 영역의 비자립성과 더불어 정치의 부정성과 변화 가능성을 생각해 보자는 것뿐이다. 정치 소멸론은 이해관계와 결부된 정치가 인간의 삶에 필수적이거나 바람직한 것이 아님을 시사한다.[7] 그 자체로 좋은 것이 아니라, 결국 지양되거나 해소되어야 좋을 것이다. 문제는 현실에서 그러한 귀결을 기대하기 어렵다는 데 있다. 앞의 에피소드를 다시 생각해 보자. 그 상황에 대한 가장 좋은 해결책은 취업에 대한 걱정이 필요 없는 사회적 환경을 조성하는 것이다. 이해관계가 충돌할 만한 여지를 해소해 버리는 것이 상책이다. 하지만 그것이 불가능한 현실에서 우리는 어떻게 해야 하는가?

도대체 어떤 방식으로 불가능한가를 따지는 것이 중요할 수도 있다. 당분간 불가능한가, 아예 불가능한가. 발전과 개선이 가능하다면 그것을 위한 여건을 만들어 가려 애쓸 일이다. 그러나 그 길이 너무 멀고 더딜 경우 과정 자체만 내세워서는 호소력을 가질 수 없다. 미래가 어떤 형태로든 미리 와 있을 필요가 있다. 문제가 해소된 상태가 현실에 다른 차원으로라도 끼어들어야 한다. 그 상태에 어울리는 자세나 태도가 지금의 가치 기준으로 취급받는다. 취업 문제에 초연한 모습이, 비록 거기에 허세나 가장이 섞여 있다 하더라도, 그런 갈등 상황 속에서 바람직하고 그럴 듯해 보이지 않는가. 사안에 따라 다르지만, 극단적으로는, 불가능한 미래가 초월적이고 매력적인 세계로 덧붙여져서 때로 천국의 폭풍처럼[8] 현실을 재단하는 기준 행세를 하는 경우도 있다.

레비나스의 윤리도 이런 유형일까? 레비나스의 윤리에는 당장 해결될 수 없는 문제에 대한 극복의 열망과 아울러, 문제가 사라진 상황에 적합한 태도가 미리 제시되고 있는 것이 아닐까? 레비나스 자신의 말에 따르면, 그렇지 않다고 해야겠다. 그는 윤리를 통해 정치뿐 아니라 역사도 넘어선다고 주장하기 때문이다. 레비나스가 이루려는 평화는 갈등과 다툼의 단계적인 해소 과정을 거쳐 달성되는 것으로 여겨지지 않는다. 윤리는 애당초 그런 사안들과는 전혀 다른 방식으로 성립하며, 그런 사안들에 절대적으로 우선하여 성립하는 것으로 상정된다. 레비나스에 의하면, 예상되는 미래를 당겨와서 기억된 과거와 견주어 계산하고 그에 적합한 대응을 내놓는 것은 동일자적 의식의 작동 방식일 따름이다. 레비나스가 말하는 윤리는 그보다 훨씬 근본적인 관계에서, 타자와의 관계에서 성립한다. 여기서는 문제의 해결이 관건이 아니다. 오히려 문제에 놓이는 것, 끊임없이 문제에 놓이는 것이 윤리의 본래적 모습이다. 그래서 레비나스는 타자에 대한 책임은 다하면 다할수록 더 커지고 더 깊어진다고 거듭 강조하지 않는가.[9]

레비나스의 방안에서 우선 주목할 만한 것은 그의 타자 개념이다. 타자란, 특히 레비나스가 곧잘 표현하는 대로 절대적 타자란, 어떤 규정으로도 포착될 수 없는 것이어야 하겠지만, 실제로는 뚜렷한 한정을 받고 있다. 무엇보다 이 타자는 낯설지만 우리를 위협하지 않는 자로, 무한하지만 우리에게 직접 다가오는 자로 그려진다. 비록 자연이라는 생태적 의미로 해석될 여지가 없진 않다 해도,[10] 이 타자는 주로 인간으로서 다뤄진다. 얼굴을 지닌 자, 헐벗은 얼굴로 내게 호소하는 자가 타자Autre고 타인Autrui이다. 이런 점을 감안하면, 레비나스가 정말 타자 자체에서 출발했다기보다는 윤리적 주체를 먼저 떠올리고 그에 맞추어 타자를 설정했다고 보는 것이 맞을 것 같다.[11]

젊은 시절의 데리다는 레비나스가 내세우려 한 타자가 우리가 사용하는 언어나 논리에서 허용될 수 없다고 지적했다.[12] 완전히 다른 것이란 아예 우리의 이해를 벗어나기 때문이다. 무한한 타자라는 것도 문제다. 타자가 정말 무한하다면, 타자, 즉 '다른' 것일 수조차 없다. 다르다는 규정에 의해 한정되는 까닭이다. 레비나스는 지금까지의 서양철학이 동일자의 질서를 제시하고 확장하려는 것이었으며, 그런 의미에서 폭력적인 것이었다고 비판한다. 하지만 그러한 주장을 펴는 레비나스 자신도 유사한 개념과 논리를 사용하지 않을 도리가 없다. 개념적 언어와 추론 없이는 철학이 가능하지 않기 때문이다. 그래서 데리다는 그리스적 로고스를 벗어나겠다는 레비나스의 시도가 실패할 수밖에 없다고 본다. 타자에 대한 무한한 책임을 강조하는 레비나스의 견지도 동일자적 언어에 묶이는 것이 불가피하며, 그러한 한 폭력을 피할 수 없다. 그렇다면 바람직한 것은 폭력 자체를 넘어서려는 무모함이 아니라, "폭력에 대항하는 폭력"[13]에 의해 폭력을 줄이려는 현명한 전략이다.

폭력과 평화, 정치와 윤리를 대치시켜 놓고 보면, 데리다의 방책은 정치 내부에 자리 잡는다고 할 만하다. 그것은 로고스의 텍스트, 규정과 논리의 텍스트에 해당할 것이다. 데리다 식으로 생각하면, 우리가 이 텍스트를 벗어나는 것은 불가능하다. 떠 있는 배 위에서 배를 수리하듯, 활동 가능한 무대에서 있는 재료와 기술로 더 나은 질서와 조합을 구하는 수밖에 없다. 완벽한 조합도 없고 영구적인 조합도 없을 것이지만.

　무리를 무릅쓰고 데리다 식의 이런 방안을 앞의 에피소드에 적용해 보면 어떻게 될까? 우리에게 허용되는 것은 그 문제의 상황에서 어떤 태도를 취하느냐다. 대학을 직업학교 취급하는 총장 후보를 힐난하는 데 동조할 수도 있고, 그런 비난이 피상적이거나 개개인의 실제 행동과 모순적임을 지적할 수도 있으며, 그냥 그대로 침묵할 수도 있다. 어떤 태도를 취하건 그 태도는 다른 태도들에 다소간 영향을 주며(동조나 비판이 아닌 침묵도 그렇다), 그런 점에서 폭력적임을 피할 수 없다. 어떤 태도건 완벽하지 않고, 또 그 태도들의 조합도 마찬가지다. 이 태도들에는 각자의 이해관계가 배어 있을 수 있겠지만, 우리가 거기에 직접 관여할 수는 없는 노릇이다. 만일 누군가가 우리는 이 상황을 단번에 넘어설 수 있는 윤리적 자세를 견지해야 한다고 역설한다면, 이를테면 자녀의 취업 문제나 경제적 이해관계에 초연해야 하며 그런 경우에만 우리가 이 상황을 극복할 수 있다고 주장한다면, 그와 같은 주장도 일종의 주장이며 어떤 태도를 요구하는 것이고 따라서 폭력적임을 지적해야 할 것이다. 그 누군가가 스스로 그런 윤리적 자세를 취하는 것이야 별 문제겠지만, 그래야 한다고 발언하고 주장하는 한에서 그는 정치의 장으로 들어오는 셈이고 빠져나가기 힘든 폭력의 망에 엮이는 셈이다.

그러나 이런 식의 틀로 레비나스의 윤리를 가둘 수 있을까? 확실히 레비나스는 철학적 주장을 펴고 있고, 서양철학의 전통에 따른 용어와 논리를 빌려 쓰고 있다. 하지만 그가 가리키고자 하는 것은 그 틀 바깥이다. 이 틀 안이 정치에 의해, 자리다툼을 하는 경계의 존재론에 의해 지배되고 있다면, 레비나스가 지향하는 바깥은 그런 존재론적 규정 이전의 사태다. 그래서 레비나스는 자신이 『전체성과 무한』에 이르기까지 존재론의 색채를 완전히 탈각하지 못했음을 반성하고[14] 이제 책 제목에서부터 '존재와 달리'를, '존재성 essence 너머'를 내세운다.[15] 자신의 입지점이 기존의 철학적 기반과는 다르다는 점을 더 철저하게 드러내고자 하는 것이다. 아울러 자신의 말이 어떤 망에 갇힌 것으로 받아들여져서는 곤란하다는 점을 부각시키기 위해 '말함'은 '말해진 것'과 등치될 수 없다는 점을 강조한다. 말함은 고정된 의미를 넘어서기에 항상 새롭게 말해져야 하며 그런 생생함 가운데서 받아들여져야 한다.[16]

그런데 데리다는 이런 대응에 크게 만족하지는 못하는 듯하다. 예컨대 그는 「바로 이 순간 이 작업 속에 내가 여기 있습니다」[17]에서 레비나스의 '존재와 달리'나 '말함'도 오염될 수밖에 없다는 점을 드러내려 한다. 규정이나 한계를 넘어선 타자와의 직접적 관계를 제아무리 강조한다 해도 거기에는 그 의도를 배반하는 면모들이 끼어들 수밖에 없다. '바로 이 순간 이 작업 속에 내가 여기 있습니다'라는 표현은 모든 텍스트의 제약을 넘어서서 타자를 직접 응대하려는 레비나스의 윤리적 자세를 보여 주는 것이지만, 따지고 보면 '바로 이 순간'도, '이 작업'도, '나'도 '여기 있음'도 순수하게 성립할 수가 없다. 이미 어떤 질서 속에서 포착되어 나타나기 때문이며, 또 그 질서조차 고정되지 않기 때문이다. 타자와 관계를 맺는 '바로 이 순간'은 지금 이 순간만이 아니며, 타자와 관계하는 '나'는 그때의 그 레비나스만이 아니다. 데리다는 레비나스 자신의 용례가 말과 존재를 넘어서려는 그의 의도를 또한 넘어서고 있음을 보여 주려 한다. 레비나스는 타자와의 관계가 주제화될 수 없다고 주제화하고 또 그 주제화를 부정하는 주제화를 행한다. 레비나스의 시도는 스스로를 지우고 다시 담아내는 비결정성의 끝없는 계열을 벗어나지 못한다.[18]

레비나스에 대해 데리다가 구사하는 이런 전략은 해체론으로 알려진 그의 사고방식을 감안할 때 능히 짐작할 만한 것이다. 데리다의 견지에서 보면, 레비나스가 내세우는 타자와의 직접적 관계는 그가 줄곧 비판해 왔던 무매개적 현전에 대한 집착, 이를테면 목소리에 대한 집착과 크게 다르지 않다. 레비나스의 타자는 얼굴로 다가온다. 그러나 이 얼굴은 시각적이라기보다는 차라리 청각적이다. 얼굴은 우리에게 호소하며 말을 건다. 레비나스는 얼굴을 어떤 형태를 가진 것으로 이해하지 말라고 여러 번 당부한다. 사실, 얼굴이란 타자와의 이런 직접적 관계를 부각시키기 위해 도입된 다분히 감성적인 개념이라고 할 수 있다. 대면적 관계로서의 직접성 — 데리다는 여기에 대해 유보적이다.

　오히려 데리다는 대면적 직접성을 넘어서는 관계가 레비나스에서도 등장하지 않을 수 없다는 점에 주목한다. 이것이 불가피한 이유는 대면의 한계 때문이다. 대면적 관계를 통해 타자를 응대한다 하더라도, 나는 타자의 모든 면과 상대하지 못한다. 나는 유한한데 타자는 무한한 까닭이다. 더욱이 나는 모든 타자와 상대할 수도 없다. 한 번에 한 타자만 대할 수 있을 뿐이다. 그러한 한, 미뤄지는 관계들이 끝없이 남을 수밖에 없다. 내가 대하지 못한 타자도 끝이 없다. 물론 레비나스는 타자의 이런 무한한 면모가 내가 대면하는 타자를 통해 현현한다고 말한다. 지금 만나는 타자의 얼굴 속에는 온 인류가 깃들어 있다는 것이다.[19] 그렇지만 나는 이 모든 타자를 직접 대하는 것이 아니다. 레비나스의 표현대로 그들은 '제삼자'로서 나와 관계할 따름이다. 데리다는 이렇게 대면적 관계에 직접 담기지 못하는 타자의 면모가 레비나스에서 삼인칭으로 나타난다고 지적한다.[20] 일인칭도 이인칭도 아닌 삼인칭. 이것은 내가 직접 마주 대하지 못하는 제삼자의 일반화다. 이런 일반화가 불가피하다는 것은 대면의 윤리를 통해 정치를 넘어서고자 했던 레비나스의 윤리가 실은 정치적 관계를 피해 갈 수 없었다는 점을 함축한다.

　다시 앞의 에피소드를 떠올려 보자. 거기에는 레비나스의 대면

윤리로 풀 수 있는 문제가 있을까? 누군가를 타자로 대한다는 것이 이해관계를 떠나 호소에 응대하는 것이라고 할 때, 이 예에서는 대면관계에 놓일 만한 것이 잘 보이지 않는다. 이해와 결부된 동일자적 면모만 등장하는 것 같다. 이 상황에선 누군가를 타자로 대하고 그의 호소에 응답한다는 장면이 성립하기 어렵다. 총장 후보를 그렇게 하겠는가, 그를 비난하는 교수들을 그렇게 하겠는가, 또는 취업을 원하는 수험생들을, 각자의 자녀들을 그렇게 하겠는가? 어떤 이의 호소를 받아들인다는 것은 다른 이를 배제한다는 것을 뜻한다. 내게 가까운 자, 내게 먼저 다가온 자를 타자로 맞아들일 수밖에 없다고 하는 것은 제대로 된 방안이 아니다. 그것은 여러 타자의 호소가 충돌하지 않을 때나 취할 수 있을 법한 길이다. 그렇다고 이런 상황에서는 윤리가 성립하지 않는다고 할 수는 없다. 직접적인 대면을 내세우는 것만으로는 헤쳐 나가기 어려울 뿐이다. 누구의 어떤 의견과 태도가 다른 것들과 비교해 얼마만큼 옳고 그른지를 따지는 일이 필요하다. 아니, 그런 것이 아니라, 모든 이해관계를 뛰어넘는 윤리적 원칙을 찾아내고 수용하는 게 중요하다고 볼 수도 있다. 이를테면, 대학은 기본적으로 한 사회의 학문과 교양을 떠받치는 역할을 담당해야 하니 취업이라는 단기적 목표에 얽매이면 안 된다든가, 내 자식에 대해서라고 해서 공적으로 내세우는 의견과 나쁜 방식을 적용해서는 안 된다든가 하는 식의 원칙 말이다. 그와 같은 원칙들이 정말 이해관계들을 넘어선 것인지는 논란의 여지가 있지만, 설사 그렇다고 해도 그 원칙들이 내가 대면하고 있지 않은 자들과도 관계하는 것임은 분명하다. 그렇다면 그 원칙들은 삼인칭에 해당하는 것이라고 할 수 있지 않을까.

3

사실, 레비나스가 대면관계를 강조한 것은 역설적으로 대면의 좁은 한계 때문이기도 하다. 대면은 보통 내게 가까이 있는 자에게, 내 가족이나 친구, 이웃에게 해당하는 관계다. 이들을 잘 대하는 것이야 특별할 것이 없는 자연스러운 일이다. 이 자연스러움은 친숙함에, 레비나스 식으로 말하면 동일자적 영역 내부의 친밀함에 기대고 있다. 그 범위를 확장해서 국가·민족·인류에까지 나아가려는 시도도 가능하다. 하지만 동일자적 유대는 중심에서 멀어질수록 약해지기 마련이다. 더구나 이런 식의 방책은 레비나스가 우려하는 전체론으로 귀결될 위험이 있다. 그 같은 전체론은 흔히, 외부에 적이나 이질적 타자를 놓음으로써 확실한 경계선을 긋고 그러한 대비를 통해 내적 동일성을 강화하는 양태를 보인다. 이럴 때 타자는 배척의 대상이지 대면과 맞아들임의 상대가 아니다. 레비나스는 이런 틀을 완전히 뒤집는다. 그는 대면의 직접성에 타자를 결합시킨다. 친숙한 자가 아닌 낯선 자를 면전에 가져다 놓는다. 그러면서 낯섦을 맞아들이는 것이야말로 우리 삶의 근원적 자세임을 역설한다.

내 테두리가 형성되기 이전에 우리는 세상에 놓인다. 세상 속에서 비로소 나의 경계가 지어진다. 내가 아니라 나의 성립 이전의 무한한 세상이 먼저고, 나는 그 세상의 자극과 부름에 대응하고 응답함으로써 성립한다. 부름과 응답, 이것이야말로 삶의 원초적 사태다. 내가 아닌 것을 받아들여 느끼고 거기에 응대함으로써 나의 삶이 꾸려진다. 세상에 대한 파악은 이런 삶 가운데 그 삶에 덧붙여지며 그 일부가 된다. 나의 테두리가 얼마나 단단하고 얼마나 넓혀지든 그것은 내가 아닌 바깥과 견주어질 수 없다. 앎은 세상을 전유하는 중요한 방식이지만 제한된 것이며, 유한한 내 삶의 일부일 뿐이다. 레비나스는 이런 식의 구도를 바탕으로 동일자에 대한 타자의 우위를, 앎에 대한 윤리의 우선성을 설파한다.

앞서도 말했다시피 레비나스의 타자에는 자의적이다 싶은 한정이, 아마 시대적 상황과 요구가 반영된 것일 한정이 있다. 타자를 이방인, 고아 등 낯설고 약한 사람들로 보는 것뿐 아니라 우리가 맞닥뜨릴 수밖에 없는 대면의 자리에 놓은 것 자체가 그런 한정의 일부라고 할 만하다. 낯설고 약한 타자가 무한의 높이에서 헐벗은 얼굴로 내게 다가와 호소하고 명령한다. 내가 보기에, 이러한 설정은 낯섦에 대한 태도 변경을 요구하는 사회 상황을 전제하는 것 같다. 낯섦은 원래 부담스러운 특성이다. 이 부담을 감당할 수 있는 것은, 친숙한 내부가 튼튼하여 그 낯섦을 쉽게 동화할 수 있는 경우거나, 반대로 내적 상태가 취약해서 다소간의 위험을 무릅쓰고서라도 외적인 자극과 도움을 필요로 하는 경우일 것이다. 나는 오늘날 타자에 대한 논의가 대부분, 실제적인 면에서는 전자의 처지에 있으면서 이념적인 면에서 후자를 요청하는 형태로 이루어진다고 생각한다. 오늘의 상황에서 미지의 위협적인 타자를 상정하여 유의미한 논의를 이끌어 내기는 어렵다. 적으로서의 타자는 억지로 그렇게 설정하는 경우가 아니라면 보통 미지의 대상이 아니며, 따라서 레비나스 식으로 보면 타자가 아니라 동일자에 해당한다. 우리에게 타자는 이제 미지의 적으로서보다는, 내부의 공허함이나 빈약함을 넘어설 수 있게 해줄 원천으로서 다뤄지는 것이다.

그렇다고 하더라도 대면적 관계는 제한적이다. 데리다는 레비나스를 거론하면서 이 대면의 한계에 대한 관심을 놓지 않는다. 그것은 레비나스가 세상을 떠난 후, 데리다가 레비나스를 적극적으로 환대하는[21] 모습을 보이기 시작할 때에도 마찬가지다. 윤리와 정치의 문제, 윤리와 정치 사이의 문제는, 레비나스 사후 일주년을 맞아 열린 '얼굴과 시나이'라는 제목의 학회에서 데리다가 행한 강연의 중심 주제였다.[22]

여기서 데리다는 '맞아들임'에 대한 해명으로부터 시작하여[23] 레비나스의 철학에 대한 논의를 풀어 나간다. 그러나 그는 곧 타자에 대한 직접적 맞아들임만으로는 잘 풀리지 않는 문제들을 제기한다. 제삼자의 문제, 정의正義의 문제, 정치의 문제가 그것이다. 이것은 사실 같은 가닥의 문제들이다. 대면적 윤리의 계산 불가능한 양자관계에 이미 비교와 계산의 불가피성이 고개를 들이밀고 있음을 확인케 하는 문제들이다. 대면관계를 중단시키고 배반케 하는 문제, 그러나 또한 윤리적 관계의 조건이 되는 문제들이다. 이 두 가닥의 관계는 서로 얽혀 있다. 대면적 윤리만이 제삼자의 등장과 비교의 필요에 의해 방해받는 것이 아니다. 데리다는 정의와 법과 정치의 끊임없는 자기 배반이 레비나스 식 윤리를 요구하고 있음을 시사한다.[24] 기준·규범·규칙·법 등은 계속해서 그 한계를 노정하고 우리를 배반하지 않는가. 이 배반의 상황을 견뎌 내고 극복하기 위해서는 그 바탕에 조건 없는 열림의 윤리가 필요하지 않은가.

그러므로 데리다에 따르면, 정치는 레비나스 식의 윤리로부터 연역되거나 포섭되는 것이 아니다. 거꾸로도 마찬가지다. 우리를 배반하는 정치의 현실이 대면적 윤리를 요구하는 면이 있다고 해도, 부정의가 반복되는 이해관계의 조정에서 그것의 초월이, 대면의 윤리 자체가 끌려 나오는 것은 아니다. 그렇다면 이 양자 사이의 관계는 어떻다고 보아야 하는가?

데리다는 일단 이 양자가 정초하고 정초받는 방식으로 엮여 있다고 생각하지 말 것을 제안한다. 두 가닥의 얽힘에는 틈이나 공백이 있을 수 있다고 바라보자는 것이다. 데리다는 이런 불확실함을 통해 정치와 윤리를 오히려 새롭게 사고할 수 있으리라고 말한다.[25] 하지만 이것은 따지고 보면, 윤리의 우위를 앞세우는 레비나스의 주장을 조금씩 뒤로 물리는 것이다. 데리다는 레비나스 자신의 사상 변화를 해석하는 가운데, 이런 방향으로 논의를 이끌어 나간다. 이를테면, 레비나스가 주체를 주인으로서보다는 볼모로서 내세우고 또 주체의 선출됨과 함께 대신함을 중요하게 도입하는 것을 역시 대면 윤리의 한계와 연결짓는다. 주체로서의 나는 타자에 의해 주어진 상황에 불러 세워진다는 것, 그렇게 소환된 나는 그 상황에 담보처럼 맡겨질 수밖에 없다는 것, 더욱이 그런 볼모로서의 나는 다른 자들을 대신하게 된다는 것 —— 이러한 설정에는 이미 타자에 대한 관계가 일대일의 관계를 넘어서 적용될 수밖에 없다는 생각이 담겨 있다. 내가 더 할 수 없는 수동성[26]으로 선출되고 소환되는 이 자리에는 나와 대면하고 있는 타자만이 아닌 타자들이 이미 개입해 있고, 나는 이 상황을 통해 그런 타자들을 대신하는 데까지 이른다. 그러므로 여기서는 내가 대면하고 있는 타자에 대한 책임만이 아니라, 타자들에 대한 책임이, 모두를 위한 책임이 성립한다.[27]

데리다는 레비나스에서 이렇게 직접적 대면을 넘어서는 삼인칭적 타자성이 보편적이고 무한한 대면성이라 할 수 있는 삼자성 illeité으로, 나아가 성스러움으로 취급된다고 지적한다.[28] 이 자리에서 충분히 설명하기는 어렵지만,[29] 삼자성이란 제삼자의 잠재적 대면성까지 포함하여 대면 자체를 보편화하고 절대화한 개념이라고 할 수 있다. 그러나 이 삼자성은 유한한 우리가 실제로 마주할 수 있는 것이 아니다. 그런 까닭에 삼자성은 결국 성스러운 것, 신적인 것으로 여겨지게 된다. 하지만 데리다는 이렇듯 자칫 종교적인 길로 나갈 수 있는 대면의 한계 문제와 보편성의 문제의 방향을 약간 비틀어 조금 다른 보편성에 초점을 맞춘다. 그것은 결국 정치적 보편성의 문제다.

주지하다시피 레비나스는 나치로부터 직접적인 피해를 입었던 유대인이다. 또 그는 1946년부터 약 20년간 파리에 있는 유대인 사범학교의 교장을 맡고 있었다. 요컨대, 레비나스는 유대민족과 이스라엘의 문제에 민감할 수밖에 없는 처지였다. 이런 점을 감안하면, 그가 사용한 '선출', '대신함', '볼모', '박해' 등의 개념과 용어가 유대인과 이스라엘을 염두에 둔 것이 아닌지 충분히 의심해 볼 만하다. 레비나스는 시오니즘을 노골적으로 지지하지 않았지만, 여러 차례 이스라엘을 방문했었고, 그의 철학을 통해 은연중에 이스라엘을 옹호한 것이 아니냐는 의혹을 받기도 했다.[30] 하지만 데리다는 레비나스 철학에서 민족적이거나 지역적인 색채가 아닌 보편적 환대의 필요성을 부각시킨다. 얼굴의 맞아들임은 '시나이'[31]에, 특정한 사건이나 지역에 준거할 수 없다. 오히려 이 맞아들임, 즉 환대는 모든 볼모들, 즉 모든 이방인, 이민자, 추방된 자, 망명자, 이주자 등에게, 모든 낯설고 약한 이에게 적용될 수 있어야 한다. 데리다는 선출과 대신함도 보편성과 연결하여 해석한다. 나의 선출과 나의 책임은 유일한 것이지만, 이 "유일한 것은 단일성으로서의 단일성에 대한 경험 자체 속에서 반복될 수 있고 대체될 수 있다".[32] 유일한 것이 반복될 수 있다는 "거의 사유 불가능하고 언급 불가능한 논리"[33]가 환대의 보편적 적용을 위해 요구되는 것이다. 이것은 모든 타자에 대한 보편적 응대를 확보하려 한다는 점에서 레비나스의 윤리를 정치철학적으로 재전유하려는 시도라고 할 수 있다.[34]

물론 데리다는 레비나스가 정치 너머를 지향한다는 점을 무시하지 않는다. 그러나 그렇게 정치 너머를 추구하는 것 자체가 — 비록 그것이 '메시아적 정치'라고 불린다 해도 — 또한 정치라는 점을 지적한다.[35] 나아가 데리다는 '국가 속에서 국가를 넘어'라는 레비나스의 표현을 통해 이 정치 너머가 정치 가운데 있을 수 있다고 해석한다. 일종의 내재적 초월이 가능하다는 것이다. 그것은 대면적 윤리를 허용할 여지를 지닌 정치적 틀(이를테면, 민주주의) 안에 있을 수도 있고, 불확실한 미래로 열린 참여 가운데 있을 수도 있다. 이렇게 하여 데리다는 레비나스의 '정치 너머'가 가리킬 수 있는 초월적 함의를 가능한 대로 덜어 내려 한다. 평화는 정치를 떠나 있는 것이 아니라 이제 정치 가운데 있다. 평화와 정치는 모두 순수하지 않다. 전쟁과 윤리 또한 마찬가지다. 무엇보다, 레비나스가 그토록 되풀이해 강조하는 '죽이지 말라'는 얼굴의 호소는 사실 전쟁과 살해의 사태를 전제하는 것이 아닌가.

4

그렇다면 이렇게 윤리-평화와 정치-전쟁의 두 계열을 가르는 경계를 허물고 데리다가 우리를 데려가려 하는 곳은 어디일까? 그것은 우리가 몸담고 있는 현실의 지점, 윤리가 깃든 정치가 드러나야 할 장소라고 할 수 있다. 낯선 이에 대한 사랑이, 다른 누군가가 아닌 우리 자신의 사랑과 환대가 드러나야 할 곳이다.[36] 그곳은 예컨대, 레비나스를 좇아 거론할 수 있는 예루살렘, 천상이 아닌 지상의 예루살렘이다. 전통적인 맞아들임의 도시이자 피난의 도시로서의 예루살렘 — 여기서, 또는 다른 어디서건, 법 속에서의 법 너머, 국가 속에서의 국가 너머가 실현될 수 있어야 한다. 비교 불가능한 것들을 비교하여 '더 나은' 현실을 도모할 수 있어야 한다.

레비나스 쪽에서 보자면, 이런 식의 '더 나은' 정치적 문명은 만족스러운 것일 수 없다. 이해관계와 폭력을 탈피하지 못한, 여전히 위선적인 것에 불과하기 때문이다. 그러나 데리다는 레비나스가 이 위선에 대비하여 내세우는 '인간성'의 약속이 어떻게 나타날 수 있는지에 대해서 사뭇 회의적이다. 레비나스의 윤리와 정치 사이에서 그는 깊은 침묵을 듣는다. 이 같은 침묵에는 양면성이 있다. 먼저, 이 침묵 또는 응답-없음은 우리 자신의 응답과 결단을 촉구하는 간극을 이룬다. 이런 틈이 없다면 자칫 우리는 알량한 지식과 형식들에 의거한 정치 프로그램의 전체주의적 작동에 휘말릴지 모른다. 그러나 다른 한편, 이 간극을 통해 윤리가 법 없는 자의恣意로 등상할 위험도 없지 않다. 그 경우 이 자의는 윤리의 명분 아래 정치를 통제하고 폭력을 행사하는 권위로 나타날 수 있다.[37] 파시즘이 자기

희생의 윤리를 내세울 수 있다는 점, 강고한 윤리적 원칙과 결합된 종교적 국가가 여전히 위세를 발휘할 수 있다는 점 등이 어렵지 않게 떠오른다.

역시 좀 억지스럽겠지만, 앞서의 에피소드에 빗대어 생각해 보자. 대학을 직업학교 취급하는 것을 비판하면서 정작 자기 자식은 취업을 고려하여 대학을 보낸다는 것은 윤리적 원칙에 어긋난다고 생각하는 사람들이 그런 비윤리적 교수들은 모두 자리를 내놓아야 한다고 강하게 주장한다면 어떻겠는가. 또는 누구나 자식의 안정된 삶을 바라기 마련이니 이런 경우에 윤리적 문제를 제기하는 것은 아무런 의미가 없는 일이고 결국 우리가 해야 할 일은 각자 가장 유리하다고 여겨지는 길을 찾아 나가는 것뿐이라고 다른 이들이 주장한다면 또 어떻겠는가. 윤리와 이해관계를 접목하는 길은 이런 극단들에 있지는 않을 것이다. 보통은 자녀의 취업 가능성을 생각하면서도 그 대학이 바람직한 사회적 역할을 하고 있는지를 부분적이나마 고려하기 마련이고, 대학의 직업학교화 경향을 비판하면서도 자신의 말과 행동이 얼마나 합치하는지를 잠시라도 돌이켜 보기 마련이다. 이런 것을 정치 속에서의 정치 너머의 예라고 하면, 곧 정치 속에서의 윤리의 예라고 하면 너무 저급해 보일까?

이해관계와 관련된 갈등 속에서 윤리적 원칙이 일반화된 모습이 아니라 몇몇 특수한 경우로 돌출하여 자리 잡을 수도 있다. 가령, 어떤 학생이 자신의 취업 문제는 젖혀 두고 빈민운동에 몰두하면서 공부도 그런 활동과 연계하여 나름 열심히 하고 있다고 해보자. 기특한 학생이라고 여기는 사람들이 많을 것이다. 그러나 다른 한편으론, 내 자식이 그런 모습을 보이지 않는 것을 다행으로 여기는 사람들도 꽤 있을지 모른다. 그 사람들이 특별히 비윤리적이어서는 아마 아닐 것이다. 취업이 어려울 때의 곽곽한 삶의 실상을 잘 알고 있고, 또 몇몇의 특별한 노력이 이 세태를 바꾸기란 적어도 당분간은 힘들 것이라고 여기는 탓이리라. 하지만 그런 학생이 드물게나마 있다는 사실 자체가 우리에게 환기시키는 바는 있는 법이다. 이런 것이 또한 정치 속의 정치 너머로서의 윤리라고 할 수 있을까. 이해관계가 지배하는 현실에 포위된 엔클레이브enclave로서의 피난처와도 같은 것이라고 할 수 있을까.

레비나스는 존재성 너머를 거론함으로써 윤리를 이해관계의 현실과 선명하게 대비시킨다. 그렇게 대비되는 윤리의 초월성이 호소력을 갖는 것은 역설적으로 현실을 지배하는 이해관계의 힘이 강고해 보일 때다. 또 그 초월성의 내용은 현실을 역상逆狀으로 반영하는 경우가 많다. 물론 이때의 반영이란 엄격한 대응을 뜻하지 않는다. 데리다의 생각처럼, 정치의 영역과 윤리의 영역은 연역적인 관계를 가지기 어렵고 또 그 경계와 역할이 고정되어 있지도, 항상 선명하게 구분되어 있지도 않다. 초월적 영역에 할당된 내용을 현실에서 투사된 것이라 여길 수 있지만, 그 연관을 분명하게 특정하기는 어렵다. 낯선 자와 대면관계의 결합이라는 레비나스의 발상을 다루면서 언급했던 것처럼, 부정적 현실의 역상뿐 아니라 변화하는 현실의 요구가 그런 내용에 반영되기도 한다. 또 우리는 초월적 성격을 내세우는 윤리라 하더라도 그것이 이해관계의 정치 현실에 다양한 방식으로 개입할 수 있음을 알고 있다. 레비나스는 윤리적 관계가 이해관계를 초월할 뿐 아니라 이해관계에 앞선다고 주장함으로써 자못 강력하게 윤리를 통한 정치 현실의 변화를 도모하는 셈이다. 전쟁과 정치에 대한 초월을 말하지만, 실은 대면적 관계의 확산과 심화를 통해 적대의 제거를 꾀한다고 할 만하다. 그럼으로써 레비나스는 현실을 한껏 윤리 쪽으로 끌어당기고 있는 것이다.

우리가 간단히 살펴보았듯, 데리다는 이 같은 레비나스를 결국 비판적으로 환대한다고 할 수 있다. 레비나스가 내세우는 대면적 직접성의 절대화에 대해서는 거리를 두지만, 타자에 대한 개방성은 적극 받아들인다.[38] 제삼자와 보편성의 문제를 천착한다는 점에서 보면, 데리다가 레비나스를 정치 영역 쪽으로 더 끌어오고 있다고 해도 좋을 듯싶다. 물론 데리다는 그 정치가 어떤 틀에 매일 가능성을 경계한다. '메시아주의 없는 메시아성'[39]이라는 그의 표현은, 현실의 변화에 대한 기대와 함께 그것에 대한 추구가 수반할지도 모르는 폭력성과 형식화에 대한 우려를 잘 드러내 주고 있다. 데리다는 우리가 기대하는 변화가 직접성을 빙자하거나 초월적 권위를 빌린 자의에 의해 지배되지 않을까 걱정한다. 그러나 우리는 그런 위험을 떨치고 새로움에 개방적일 수 있는 지침을 윤리 안에 담아낼 수도 있을 법하다. 내가 보기엔, 레비나스의 철학은 우리가 과연 그런 지침을 활용할 능력이 있는지를 지속적으로 점검해 보도록 하는 하나의 기준 역할을 할 수 있을 것 같다. 레비나스는 경쟁적 이익의 조정이 관건인 정치적 현실 가운데서 우리에게 낯설고 약한 자에 대한 책임을, 더 나아가 우리 스스로의 강함이 아니라 약함의 필요성을 역설하고 있기 때문이다.

"전쟁에 대해 수행하는 정의로운 전쟁에서, 모든 순간에 이 정의 자체로 말미암아, 떠는 것, 더욱이 전율하는 것이 필요하다. 이 약함이 필요한 것이다."[40]

약함을 향한 윤리

인간 향상과 타자에 대한 책임

1

먼저 다음과 같은 인용으로 논의를 시작해 보자.

자유주의 인본주의 신조와 생명과학의 최근 발견 사이에 엄청난 간극이 벌어지고 있다. 우리는 이 간극을 그다지 오래 무시하고 있을 순 없을 것이다. 우리의 자유주의적 정치·사법 제도는 모든 개인이 신성한 내적 본성을 지니고 있으며, 더 나누거나 바꿀 수 없는 이 본성이 세상에 의미를 부여하고 모든 윤리적, 정치적 권위의 근원이 된다는 믿음에 기반하고 있다. [……] 하지만 지난 2백 년에 걸쳐 생명과학은 이런 믿음을 철저히 약화시켰다. 인간이라는 유기체의 내적 작동 방식을 연구하는 과학자들은 거기서 아무런 영혼도 발견하지 못했다. 인간의 행동은 자유의지가 아니라 호르몬, 유전자, 시냅스에 의해 결정된다는 주장을 펴는 과학자들이 점점 늘고 있다. 침팬지, 늑대, 개미의 행동을 결정하는 바로 그 힘 말이다. 우리의 사법 정치 체계는 그런 불편한 발견을 대체로 카펫 밑에 쓸어 넣어 숨겨 두려 노력하고 있다. 하지만 솔직하게 말해서, 우리는 생물학을 법학과 정치학으로부터 구분하는 벽을 과연 언제까지 유지할 수 있을까?

이것은 근래에 많이 읽힌 유발 하라리의 『사피엔스』에 나오는 한 구절이다.[1] 여기서 언급되는 믿음이란 예컨대 미국독립선언문에 나오는 이런 것이다.

우리는 다음의 진리가 자명하다고 믿는다. 모든 사람은 평등하게 창조되었으며, 이들은 창조주에게 생명, 자유, 행복의 추구를 포함하는 양도 불가능한 권리를 부여받았다.[2]

하라리에 따르면, 오늘의 과학적 지식에 비추어 볼 때 이러한 믿음은 거짓이다. 인간은 지금의 형태대로 창조된 것이 아니라 오랜 과정을 통해 진화했고, 권리란 어떤 천부天賦의 것이 아니라 인간 사회의 필요에 따라 설정된 규정일 따름이다. 물론 이와 같은 믿음이 쓸모없는 것은 아니다. 우리는 이런 식의 믿음에 바탕을 두고 기능하는 사회체제를 한동안 유지해 왔으며, 그러한 질서는 아직까지 제법 잘 작동하고 있다. 비록 허구적 상상에 의해 마련된 믿음이라 하더라도 그것이 대규모 협력 행동을 가능케 하고 집단적 질서를 유지할 수 있게 해주는 한, 인류 문명의 핵심 요소로 작용한다는 것이 다름 아닌 하라리의 주장이다. 그러나 그런 믿음이 행세할 수 있는 것은 더 나은 믿음에 의해 대체되지 않는 한도 내에서다. 그리고 이 '더 나은'에는 이 믿음이 얼마나 '사실'에 부합하느냐가 크게 작용한다. 우리는 인간들 사이의 평등을 내세우는 것이 신분적 차별이나 인종주의를 내세우는 것보다 생물학적인 근거 면에서도 훨씬 더 설득력이 있다고 알고 있으며, 이것이 권리의 평등을 뒷받침하는 실질적인 바탕이 된다고 여기고 있다. 그렇지만 이제, 평등하게 창조되었다든가 양도 불가능한 권리를 부여받았다든가 하는 식의 정당화를 위한 치장은, 그것이 내포하는 인간중심주의적 함의와 함께, 오늘날 일반적이 된 과학적 지식과 어울리기 어렵게 되었다.

  그런데 이런 점에 대한 자각은 단순히 생물학적 지식의 진전에 따른 것만은 아니다. 환경문제를 비롯해서 인류가 빚어내고 있는 자못 심각한 곤란거리들이 인간 자신에 대한 반성과 더불어 탈-인간중심주의에 대한 요구를 확산시키는 배경을 이루고 있다. 인간이 특별한 지위와 능력을 지닌 존재라는 오래된 믿음은 그러한 믿음에 바탕을 두고 행해진 일련의 일들이 자칫 파국을 초래할 수 있는 상황 앞에서 건재하기 어렵다. 인간중심주의는 국지적 경쟁관계에서는 불가피했을 자기집단 중심주의의 성격을 이어받고 있다. 자기

집단의 중심성과 우월함을 내세울 때 거둘 수 있는 긍정적인 효과는 그러한 견지로 인해 차별받거나 폄하되는 주변의 처지가 그 집단의 운명과 연계되어 있음이 드러날 때 힘을 잃는다. 자기집단 중심주의에 배어 있는 공격성과 지배 지향은 이제 지구 전체를 자신의 환경으로 삼아 버린 인류의 차원에서는 심각한 부메랑 효과를 낳고 있는 것으로 보인다.

이런 자기집단 중심주의의 경향은 이미 수만 년 전에 형성된 인간의 유전적 소질에 뿌리박고 있다는 지적이 있어 왔다. 예컨대, 우리에게도 '통섭'consilience이라는 발상으로 잘 알려진 생물학자 에드워드 윌슨에 따르면,

> 우리는 구석기시대의 저주Paleolithic Curse에 걸려 있다. 수렵 채집인으로 살아가던 수백만 년 동안은 잘 작동했지만, 지구 전체가 도시화한 과학기술 시대에는 점점 더 방해가 되고 있는 유전적 형질들을 말한다. 우리는 마을보다 더 높은 수준의 사회를 통치할 수단이나 경제정책을 안정적으로 유지할 수 없는 듯하다. [……] 우리는 부족적 갈등에 중독되어 있다. 그것은 팀 스포츠로 승화된다면 무해하고 즐겁지만, 현실 세계의 인종적, 종교적, 이념적 충돌로 표출된다면 치명적이다. 다른 유전적 편향들도 있다. 자기 자신에게 너무 몰입한 나머지 우리는 나머지 생명을 보호할 생각을 않고, 계속 자연환경을 찢어발기고 있다. 우리 종의 대체 불가능한 가장 소중

한 유산을 말이다. 그리고 적정 인구밀도, 지리적 분포, 연령 분포를 겨냥해 인구정책을 펼치는 일은 여전히 금기시된다. [……] 사람들은 자신의 부족민이나 국민이 아닌 이들에게는 관심을 덜 가지며, 같은 부족민이나 국민이라고 해도 한두 세대 전의 사람이라면 관심이 멀어진다. 그러니 동물 종을 배려하기란 더욱 어렵다. [……] 유전적인 인간 본성은 우리의 선행 인류와 구석기시대 인류가 남긴 유전적 유산이다.[3]

이런 관점에서 보면, 오늘날 인간은 일종의 '기능 이상' 증상을 드러내고 있다. 인류의 생물학적 소질이 현대의 상황에 맞지 않는 탓이다. 특히 두뇌 용량의 한계 때문에 일정 규모 이상의 인간관계를 감당하는 데 어려움을 겪는다.[4] 그 간격을 메우는 유력한 방식이었던 자기집단주의는 집단과 집단을 갈라놓고 반목케 하는 부정적 면모를 떨치지 못한다. 이는 전 지구적 협력을 필요로 하는 환경문제나 집단 간의 불균형 해소 문제 등에 큰 장애가 되고 있다. 비교적 단기간에 이룩된 인간 문명이 초래한 급격한 변화와 오랜 진화 과정을 통해 형성된 인간의 자연적 본성 사이에서 빚어지는 불균형이 현대 문명의 중차대한 위기를 낳고 있다는 얘기다. 그렇다면 이 문제를 어떻게 풀어 가야 할까?

위와 같은 입론의 구도를 받아들일 때, 도식적으로 나올 수 있는 해법은 다음 두 가지다. 문명을 본성에 맞추어 조절하거나, 아니면 본성을 문명에 맞추어 바꾸거나. 만일 본성을 변화하기 어려운 것, 인위적으로 변화시킬 수 없거나 그래서는 안 되는 것이라고 본다면, 전자의 길만이 선택 가능할 것이다. 하지만 오늘날에는 후자의 길을 택하고자 하는 사람들도 있다. 이른바 '인간 향상'human enhancement에 의해 본성의 변경을 꾀하는 이들이다.

2

인간 향상에 관한 최근의 한 논의는 인간 향상을 "생물학적인 자연의 운에 의해 한 개인이 갖게 된 신체적, 정신적 기능과 특질들을 현상태보다 더 좋은 상태로 높이려는 일련의 인위적인 개입 행위"라고 정의하고 있다.[5] 그런데 이런 종류의 인간 향상은 개별적인 것이어서, 비록 여기에 따른 개인적 변화가 의학이나 유전학의 발전과 같은 집단적 성과에 의존하는 것이라 하더라도, 직접 인간의 본성 변화까지 거론할 사안에는 미치지 못하는 것 같다.[6] 지금의 논의 맥락에서 더 주목해 보아야 할 것은, 기후변화 및 환경오염이나 핵과 같은 대량살상무기의 위험, 또 미래세대와 동물의 이해관계 등의 문제를 해결하기 위해 '도덕적 향상'이 필요하다고 보고, 이러한 향상을 '생명의학적 수단'을 통해서 이룰 수 있다고 주장하는 다음과 같은 견해다.

우리는 날로 증가하고 있는 생물학 지식, 특히 유전학과 신경생물학 지식이 약리학적 약제나 유전자 변형과 같은 보완적인 도덕적 향상기법을 가져다줄 수 있는지를 탐색해야만 한다고 제안한다. [……] 우리가 과학기술에 의해 사회환경과 자연환경을 급격하게 변형시켜 왔으나, 우리의 도덕적 성향은 사실상 변하지 않은 채로 남아 있기 때문에, 우리가 우리 주변에 만들어 낸 외부 환경에 대처하기 위해 그러한 과학기술을 우리의 본성에 적용하는 것을 고려해야만 한다.[7]

도덕적 판단과 행위가 자연적인 성향에 바탕하고 있어서 그 판단 및 행위의 근본 성격과 스펙트럼이 잘 변하지 않는다는 생각을 오늘날 접하기는 어렵지 않다.[8] 그러나 바로 그렇기 때문에 이 자연적 본성을 인위적 조작으로 개선해야 한다는 발상은, 아직 익숙지 않을뿐더러 좀 거북하게 여겨진다. 그러나 이전에는 고려할 수 없던 가능성이 생겨난 것은 분명해 보인다. 유전적 조작으로 식물이나 동물의 형질이 개선될 수 있다면, 같은 일이 인간에게는 불가능하리라고 여기기 어렵다. 더구나 오늘날의 지식과 기술의 발전은 생물의 단계를 새롭게 이해하여, 자신의 본성을 스스로 설계할 수 있는 생명체의 등장까지 논의할 수 있는 여지를 마련해 주고 있다.[9] 그러나 이러한 조작에는 의도 밖의 결과가 산출될 위험이 자리하는데, 내가 보기엔 이것이야말로 인간 향상 주장이 담고 있는 주요

한 문제점인 것 같다.[10]

무릇 만듦은 인간의, 특히 근대적 인간의 성공 방식이었다. 의도와 계획을 가지고 기존의 재료를 변형하여 직접 주어지지 않은 유용한 것들을 산출하는 행위 ─ 이런 생산적 활동의 확대와 발전은 인간 집단의 번성을 낳았지만, 문명의 자기 파괴적 위험[11]을 초래하기도 했다. 후자는 인간적 만듦의 불완전함에서, 이를테면, 눈앞의 이해관계에 매몰되기 쉬운 근시안적 의도와 결과의 연쇄를 예측하기 어려운 능력의 한계에서 기인한다고 볼 수 있다. 무로부터의 창조가 아닌 한, 만듦의 과정 자체는 폐쇄적일 수 없으며, 만듦에 작용하는 연관관계가 확장되고 복잡해질수록 그 결과를 통제하고 개선하는 일은 힘들어진다. 이렇게 불완전한 만듦의 과정에 인간 자신이 ─ 인간의 현재 상태는 인간의 만듦과 유사한 과정을 통해 형성된 것이 전혀 아닌데 ─ 변형 대상으로 투입된다는 것은 매우 불안한 일이다. 인간의 본성을 변형의 대상으로 놓지 말고 우리의 의지와 무관하게 주어진 것으로, 일종의 선물贈物로 보아야 한다는 마이클 샌델의 주장이 호소력을 얻는 것은 이런 점에서다.

삶을 주어진 선물이라고 인정하는 것은 우리의 재능이나 능력이 전적으로 우리 행동의 결과는 아니며 완전히 우리의 소유도 아니라는 점을 인정하는 것이다. 물론 그 능력을 개발하거나 발휘하기 위해 노력을 기울이기는 해도 말이다. 또한 세상의 모든 것을 우리가 원하는 용도로 사용할 수 있는 것은 아님을 인정하는 것이다. 삶을 주어진 선물로 인정하면 프로메테우스적 열망을 제한하고 어느 정도 겸손함을 가질 수 있다. 이런 관점은 부분적으로 종교적 감수성에 해당하지만, 그것의 울림은 종교를 뛰어넘는다.[12]

인간 본성이 구석기시대의 저주에 걸려 있다고 한탄하는 에드워드 윌슨조차 인간에 대한 조작 가능성과 관련해서는 "생물학적 인간 본성을 신성한 수탁물로서 보호하자는" '실존적 보수주의'의 입장을 내세운다.[13] 그에 따르면, 인간의 생물학적 됨됨이는 오랜 기간에 걸친 적응의 산물이고, 우리가 의도적으로 선택한 것이 아니며, 줄곧 갈등에 시달리면서 당면한 문제들을 헤쳐 나가야 하는 마음을 지닌, 불완전한 것이다. 인간은 자신이 지구의 주인인 듯 여기지만, 사실은 긴 생태의 역사를 통해 서로 얽혀 있는 지구 동식물 상相의 일부일 뿐이다. 이러한 자기 이해로부터 얻을 수 있는 교훈은 "우리가 신이 아니라는 것이다. 우리의 감각이나 지능은 아직 무엇인가를 충분히 알 수 있는 수준에 도달하지 못했다. 그리고 지구의 살아 있는 환경을 변덕스럽게 파괴하고 자신이 저지른 짓거리에 흡족해하는 형태의 가짜 신 놀이를 우리가 계속한다면, 우리에게 안전한 미래란 없을 것이다".[14] 이런 견지에서 보면, 우리에게 필요한 것은 무모한 '의지적 진화'가 아니라, 겸손한 자세로 우리 문명의 횡포를 반성하고 그 방향을 바로잡아 가는 일이다.

3

내가 보기에도 인간의 본성을 바꾸려는 '위험'한 시도를 하는 것보다는 문명을 '개선'하려는 노력을 기울이는 편이 온건한 방책으로 비친다. 다만, 그 개선의 노력이 사태의 악화를 막을 수 있어야 하며, 파국의 가능성을 줄일 수 있어야 할 것이다. 만일 구래의 방식을 고집하다가 돌이킬 수 없는 결말을 맞을 공산이 아주 크다면, 위험 부담이 있더라도 새로운 시도를 해보는 것이 불가피하지 않겠는가. 본성의 변화를 통한 도덕적 향상의 길을 배제해서는 안 된다는 주장이 힘을 얻는 주된 이유는 여기에 있다고 할 수 있다.

핵 과학자들이 발표하는 지구종말시계가 매년 자정에 임박한 시각을 가리키고 있고 환경전문가들이 발표하는 환경위기시계의 시침도 지구상의 모든 지역에서 밤 9시, 10시 너머에 머물러 있는 상황에서,[15] 오늘의 위기가 과장되어 있다고 말하기는 쉽지 않다. 그렇다 보니 도덕적 인간 향상 주장에 대한 비판도 현실 진단을 문제 삼기보다는 그러한 입장이 잘못된 해법을 제시하고 있다는 데 맞추어진다. 인위적 본성 조작이 자율성과 같은 인간의 도덕적 가치를 훼손한다는 견해가 대표적이다.[16] 또, 도덕적 인간 향상을 주장하는 자들이 위기의 원인을 도덕적 본성의 문제로 과잉 단순화하여 사회의 구조적 문제를 도외시하고 있다는 비판[17]도 일면 타당해 보인다. 그러나 설득력 있는 대안을 내놓지 못한다면 이러한 비판만으로 이들의 주장을 봉쇄하기는 어렵지 않을까 싶다. 도덕적 인간 향상론자들은 기존의 본성과 그 가치가 절대적인 것은 아니며, 이것을 스스로의 결단에 의해 조정하는 일이 자율성을 해치기는커녕 오히려 자연적 한계를 넘어 새로운 인간적 가치를 만들어 나가는 것이라고 주장한다. 그리고 이들은, 개인의 이기심과 집단의 이해관계에서 출발하는 한, 자유민주주의를 위시한 어떠한 사회 제도나 정치체제로도 위기 극복을 기대할 수 없다고 보고 있다. 사회구조의 한계도 궁극적으로는 인간 본성의 한계와 연결되어 있다고 여기는 셈이다.[18]

이러한 논란이 금세 해결될 수는 없을 것이다. 생명의학적 수단을 인간에게 적용하여 도덕적 향상을 꾀하는 일이 당장 이루어지기는 어렵겠지만, 인간과 동물, 심지어 인간과 기계 사이의 경계가 ─ 관념 면에서나 실질적 조작 가능성의 면에서나 ─ 무너지고 있는 것이 현실인 만큼, 또 오늘의 위기가 뚜렷한 해결의 전망 없이 지속되고 심화되는 것이 현실인 만큼, 그 같은 방책을 도입하거나 최소한 진지하게 검토해 보려는 시도가 쉽게 사그라들 것 같지는 않다. 그런 점에서 나는 여기에 대응하는 유력한 길 가운데 하나가 이와 같은 발상이 문제 삼는 인간 본성의 한계를 극복하는 다른 방도를 제시해 보는 일이 아닐까 생각한다. 이것은 일단, 인간의 자연적 소질에 바탕을 둔 도덕적 성향이 오늘의 확장되고 변화된 사회적 환경에 잘 맞지 않는다는 점을 인정하는 데서 출발한다. 무엇보다, 낯설고 먼 상대와의 관계가 문제다. 진화심리학자 폴 블룸에 따르면, "친족에 대한 도덕성의 진화를 추동하는 힘은 유전적 겹침genetic overlap(유전자 공유)이며, 내집단에 대한 도덕성을 추동하는 힘은 상호 이익의 논리인 반면, 낯선 사람에 대한 도덕성을 추동하는 힘은 …… 없다. 낯선 사람의 행위를 선함과 못됨으로 판단할 수 있지만 그들을 위한 자연적 이타성, 그들을 친절히 대하려는 선천적innate 욕망은 우리에게 없다".[19] 하지만 우리의 문명은 이런 상대를 윤리적 고려의 대상으로 삼으려 노력해 왔지 않은가?

우선 떠오르는 것은 칸트 식의 보편적 도덕법칙이다. 혹자는 묵자墨子의 겸애兼愛로까지 거슬러 올라가려 할지도 모르겠다. 그러나 이런 경우 흔히 제기되는 것은 현실적인 추동력의 문제이다. 도덕적 인간 향상론자들은 이 점을 짚고 있다.

기후와 환경문제 해결은 전적으로 기술적인 것이 아니다. 대중들에게 있어서 도덕적으로 행동하려는 의지가 강하게 성장하지 않는한, 민주적 정부 형태에서 정치적 해결도 가능하지 않다. 이러한 문제들은 사람들이 즉각적으로 누구인지 얼굴을 알아볼 수 있는 범주를 넘어서는 타인들에 대해 너무 적은 관심을 갖는 것, 특히 많은 숫자의 타인들에 대해 관심을 갖지 않는 것, 그리고 즉각적인 미래에 너무 몰두하는 것, 그들의 행위 생략과 집단적 기여에 대해 너무 책임감을 느끼지 않는 것과 깊이 관계되어 있기 때문이다.[20]

보편적 도덕법칙을 따라야 한다고 말하는 것으로는 충분치 않다. 도덕법칙을 따르는 것이 윤리적으로 가치로운 것이라고 아무리 강조해 본들, 실제의 행위로 옮겨지지 못한다면 무슨 소용이겠는가. 선의지의 현실적 박약함은 오히려, 그런 문제점을 보완하는 쪽으로 인간의 본성을 변화시켜야 한다는 주장에 힘을 실어 줄 공산이 크다.

낯선 타인이라 해도 모든 사람을 공평하게 대우해야 한다는 원칙이 중요하게 부각된 것은 근대 이후 크게 달라진 삶의 방식을 반영한다고 할 수 있다. 그러나 낯선 자에 대한 감성적 거리는 쉽게 극복되지 않는 까닭에, 세계시민사회라는 이념적 목표를 내세운 칸트도 사람들이 낯선 자를 적대할 위험을 고려하지 않을 수 없었다. 이를 극복하기 위해 칸트가 내놓은 방책은 인간애Philanthropie처럼 막연하고 불확실한 감정에 기대는 것이 아니라, 상호적 권리, 즉 '남의 땅에서 적대적인 취급을 받지 않을 권리'인 환대Hospitalität; Wirtbarkeit를 확립하는 것이었다.[21] 이렇게 권리 내지 법Recht을 세계적 차원에서 보편화함으로써 문제를 풀 수 있다면, 그렇게 하는 것이 도덕적 본성의 한계를 넘어서고 보완하는 유력한 방편일 수 있다. 실제로 우리는 법과 권리를 그런 방식으로 활용하려고 노력해 왔다. 하지만 거꾸로, 제도화된 규범으로서의 법이나 권리의 한계를 문제 삼을 때 우리는 다시 윤리적·도덕적 기초를 거론하게 된다. 환경문제를 해결하기 위한 국제적 법규나 조약이 맺어지기 어렵고 맺어진 후에도 잘 깨지거나 준수되지 않는 이유는 무엇인가? 또 '환대'가 그 말 자체의 함의대로[22] 상거래적 권리의 상호성 이상을 요구받는다면 그 이유는 무엇인가? 칸트 식 해법은 감성적 경향성과 무관하게 '실천이성'에 입각한 보편성을 내세움으로써 법칙적 당위를 제도화하는 근거를 마련하고자 한다. 그러나 실제로는 당위의 실천이 감성적 처지에 의해 크게 영향받는다는 사실을 부인하기 어렵다.[23] 그와 같은 면을 배제한 법칙적 당위는 그 원천을 도덕적 주체의 내부에 두건 외부에 두건 호소보다는 강제적 명령의 성격을 띠게 되고, 그것을 뒷받침할 힘이 약화되거나 사라지면 곧 그 효력을 잃어버리기 십상이다.[24]

여기서 나는 이런 종류의 딜레마, 즉 보편적 원리와 감성적 호소력 사이의 딜레마와 대결해 볼 수 있는 시도의 한 예로 레비나스의 철학을 거론해 보고자 한다. 레비나스는 낯선 자, 타자에 대한 관계를 윤리의 중심으로 놓으면서도 얼굴을 통한 직접적 호소를 또한 내세우는 까닭이다. 낯선 자에 대한 감수성 —— 이것이야말로 레비나스 철학의 강점이라고 할 만하다.[25]

4

낯선 자와 직접적이고 감성적으로 관계하기 위해서는 낯선 자를 내 곁으로 끌어와야 한다. 그래서 '타자는 곧 이웃'이라는 레비나스의 특이한, 그러나 현대적 삶의 조건을 나름으로 반영한 명제가 성립한다. 타자는 내 옆에 다가와 있으며 내게 얼굴로 호소한다. 레비나스는 이 '얼굴'이 감각적 형태 이상의 것이라고 보지만,[26] 그 직접성의 면은 강조해 마지않는다.[27] 아울러 그는 이렇게 직접적으로 다가오는 타자의 위상을 한껏 높여, 타자의 호소에 거부할 수 없는 무게를 싣고자 한다. 낯선 자는 다른 자고 그 다름은 나의 유한함을 넘어서 있으므로, 타자는 무한과 연결된다. 그런데 이 무한함은 스스로를 고집하고 확장하려는 동일자적 위력 저편의 것이어서, 오히려 약함, 가난함, 벌거벗음 등과 이어진다. 말하자면, 타자는 내게 익숙한 동일자의 영토에 자리가 없는 자로서, 오히려 내 땅과 내 자리 너머의 무한함을 벌거벗은 얼굴로 드러낸다고 할 수 있다. 그 무한함은 동일자 내의 기준으로 보면 기껏해야 빈한한 막막함이겠지만, 그 기준 자체를 초과해 있다는 점에서 보면 지고함일 수 있다. 그래서 나는 어떤 강제에 의해서가 아니라, 그 높이와 함께 다가오는 타자의 호소에 응답하지 않을 수 없다. 이것이 타자에 대한 나의 책임이……

　이런 식으로 요약될 수 있는 레비나스의 견해가 어쩌면 꽤 자의적인 설정으로 비칠지 모르겠다. 하지만 나는 이것이 이미 타자와 깊게 얽혀 있는 우리 삶의 상황에 감성을 맞춰 보려는 시도로 이해될 수 있다고 생각한다. 우리의 감성을 순전히 자연적 본성에 속하는 것으로, 일종의 진화론적 선험의 지평으로 여길 필요는 없다.

억지로라도 그렇게 보려면 문화의 가변성과 다양성을 비감성적인 요소들로 환원하거나 사소한 것으로 치부해야 할 텐데, 인간 향상론자들조차 그런 식의 입장을 취하기는 쉽지 않을 것이다. 우리의 도덕적 감성에 비탄력적인 부분이 존재한다고 하더라도, 감성의 수용 대상과 작용 방식이 모두 제한되고 고정되어 있다고 여겨야 하는 것은 아니다. 우리가 중요하게 받아들이는 요소나 국면이 달라짐에 따라 비탄력적 부분이 연결되고 작동하는 방식도 변화할 수 있고, 그래서 도덕적 감성에 전반적인 변화가 생길 수 있다. 레비나스는 우리가 맞아들이고 받아들여야 하는 것이 타자임을 부각시킴으로써 이러한 변화를 꾀한다고 하겠다.

사실, 레비나스도 감성을 처음부터 같은 방식으로 다루고 있는 것은 아니다. 타자의 수용이야 그의 일관된 관심사지만, 또 타자의 얼굴에 대한 강조를 통해 감성적 효과를 거두고 있는 것도 그의 철학에서 나타나는 지속적인 특징이지만, 레비나스의 첫 번째 주저라 할 수 있는 『전체성과 무한』(1961)에서만 해도 감성이 타자와의 관계에서 중심에 놓인다고 보기는 어렵다. 오히려 감성은 비인격적인 요소들과의 관계인 향유의 맥락에서 주로 언급되고, 인격적 타자 곧 타인autrui의 맞아들임은 감성을 넘어서는 윤리의 차원에서 이루어지는 것으로 서술되고 있다. 이런 점은 무한 '관념'의 역할이 중시된다든지, '명령'이나 '가르침'이 부각된다든지 하는 점과 어울려, 레비나스가 '윤리'를 '형이상학'과 등치시키는 데 기여한다.[28] 타자와의 관계인 윤리를 여전히 동일성 위주로 움직이는 정치나 역사의 차원과는 아예 다른, 일종의 창발적인 차원으로 놓고자 하는 것이다. 이와 관련하여 이른바 '형이상학적 욕망'이 무한을 향한 욕망이자 타자를 향한 욕망으로서 내세워지는데, 내가 보기에 이와 같은 용어법은 일상적 욕망의 추동력을 초감성적인 영역으로 옮겨 놓는 '감성적' 역할을 하는 것으로 비친다. 요컨대,『전체성과 무한』에서의 레비나스는 '얼굴'이나 '욕망' 등을 통해 간접적으로 감성에 기댄다고 할 수 있다.

반면에,『존재와 달리 또는 존재성을 넘어』(1974)에서는 감성 자체가 타자와 관계하는 주된 통로로 등장한다. 이제 "감성은 타자를 향한 노출"[29]이 된다. 레비나스는 감성의 수용성과 수동성을 극단적으로 강조하는데, 이것은 나라는 주체 자체가 타자와의 관계에 의해 비로소 성립하며 따라서 나에게는 이미 타자와의 관계가 파고들어 와 있음을 드러내기 위해서이다. 이 점은『전체성과 무한』에서 동일자로서의 '분리'가 전제되고 그러한 동일자로서의 나와 타자와의 관계가 문제 삼아졌던 것과 대조적이다. 이와 같은 변화는 무엇보다, 타자에 대해 응답해야 하는 내 책임성의 근거를 확실히 하기 위한 것이라고 할 수 있다. 내가 애당초 자립적이 아니며 타자에 의해 삼투되어 있다면, 타자와 맺는 관계란 정녕 회피할 수 없는 것 아니겠는가. 이와 같은 처지는 그 기원을 따질 수 없는 과거부터 마련된 것이어서, 레비나스는 이를 '전前기원적'이고 '무無

아르케적'이라고까지 형용하고 있다.[30] 이렇게 맺어진 통시적 관계의 깊이를 통해 나는 타자에 강박되어 있으며, 그런 의미에서 나는 타자의 볼모otage이기도 하다. 이전에는 동일자로서의 내가 주인의 입장에서 타자를 맞아들이고 내 자리를 내어주는 '환대'가 윤리적 차원에서 내세워졌다면,[31] 이제는 나 자신이 이미 타자에 사로잡혀 있고 내 자리에 이미 타자가 들어와 있음이 감성을 통해 강조되고 있는 셈이다.[32] 이런 점에서 나는 타자를 '대신'한다고 말할 수 있다. 감성은 이 대신함substitution의 의미까지를 수용한다.

이렇게 해서 레비나스는 우리 감성의 범위를 확장한다. 지금 내게 다가온 타자의 얼굴에 응답하는 책임이 일대일의 관계를 기본으로 한다면, 이미 내게 파고들어 와 있고 그래서 내가 대신하고 있는 타자와의 관계는 거기에 그치지 않는다. 대면적 타자의 무한성은 이제 헤아릴 수 없이 누적된 관계들의 무한함을 바탕으로 하는 것으로 이해된다. 이때의 감성은 표면적이고 즉각적인 층위에서 일어나는 직접적 수용이나 감정적 반응 이상의 깊이와 폭을 지닌다. 여기서 성립하는 책임은 단순히 눈앞의 타자에 대한 것이 아니라 무수한 타자'들'에 대한 것이며, 단순히 이타적인 의지나 '자연적 자비심' 또는 사랑 따위에 그치는 것이 아니라[33] 모든 타자에 대해 응답할 수 있는 바탕을 이루는 것이다. 요컨대, 우리의 감성은 애당초 타자와 맺은 관계에 의해 형성된 까닭에, 타자에 대한 책임의 근거를 갖추고 있다. 나는 이미 타자들을 대신하게 된 자기이고 볼

모이다. 이런 점에서는 랭보의 표현대로 "나는 타자다".[34]

5

이제 도덕적 본성의 문제로 돌아가 보자. 레비나스의 견해를 다루면서 우리는 인간 본성에 대한 논의의 차원을 자연적 또는 자연과학적 층위에서 문화적 층위로 옮겨 놓았다고 할 수 있다. 레비나스처럼 생각하면, 인간의 본성은 — 만일 그런 것이 있다 해도 — 타자와의 관계에 의해 성립하는 것이기에 고정된 것일 수 없다. 단지, 자기중심적이고 자기확장적인 동일자 위주의 경향이 스스로를 고정된 본성으로 여기고 있을 따름이다. 물론 레비나스도 이런 경향이 강고해 보이는 현실을 인정하지만, 타자와의 관계가 궁극적으로 회피할 수 없는 더욱 근본적인 것이라고 생각하기에, 책임의 윤리가 이를 — 그 과정이 쉽지는 않겠으나 — 극복할 수 있다고 여긴다. 타자와의 관계가 그 관계를 맺는 주체의 됨됨이를 형성한다는 것은 오늘날 영향력이 큰 진화론적 관점에서 보더라도 충분히 납득할 수 있는 견해다. 언뜻 생각하면, 진화론은 생존이라는 결과와 생명체의 자기중심성(집단선택과 연관된 자기집단 중심성을 포함하여)을 연결짓는다는 점에서, 타자에 비대칭적인 우위를 두는 레비나스의 발상과 어울릴 수 없을 법하다. 하지만 오늘날처럼 인류 전체와 지구 환경 사이의 관계가 문제인 상황에서는, 또 인류 집단 내에서도 낯선 자들과의 얽힘 관계가 큰 비중을 갖는 상황에서는, 진화론적 견지에서도 타자의 중요성에 대한 환기와 재평가가 긴요할 수밖에 없다. 인류 및 인류의 문명보다 우선하는 것이 지구이고 자연이며, 나와 내가 속한 소집단보다 우선하는 것이 낯선 자들을 포함하는 인류 공동체다. 문제는 이렇게 자기중심성에 대한 반성과 맞물려 제기되는 타자와의 관계에 대한 변화 요구가 과연 윤리적 차원, 문화적 차원에서 실현될 수 있는가 하는 점이다. 여기에 긍정적으로 답할 수 있으려면, 앞서 보았듯 도덕적 인간 향상론자들이 인간의 자연적 본성으로 취급하는 영역에 관여할 수 있는 여지를 문화의 차원에서 확보할 수 있어야 할 것이다. 나는 이를 위해 외적 또는 내적 강제를 부과하는 방식보다는 레비나스의 경우에서처럼, 타자를 위할 수 있는 감성적 근거를 마련하려는 시도가 더 설득력이 있다고 생각한다.

그런데 레비나스 식의 이러한 설정에는 일방적인 면모가 없지 않은 듯하다. 무엇보다, 타자가 나를 위협하지 않고 내게 도움을 청하는 자로, 그럼으로써 나의 동일자적 한계를 넘어서게 하는 자로 여겨진다는 점이 그렇다. 낯선 자로서의 타자가 지닌 위험성은 고려 밖에 둔 채, 타자에 대한 책임과 그 긍정적 의의만 강조하는 모양새다. 타자와의 관계로 말미암아 비로소 내가 형성된다는 점을 인정한다 해도 사정은 다르지 않다. 이 타자와의 관계가 적대적이지 않을 것이라는 보장은 없으며, 따라서 나의 됨됨이에 방어적이

고 공격적인 면이 두드러지지 말라는 법은 없지 않겠는가. 물론 레
비나스는 이런 생각이 인과적 계산을 앞세우는 존재론의 지평을
넘어서지 못한 소치라고 볼 것이다.[35] 그러나 레비나스도 타자에 대
한 수동성을 논의하면서 고발·박해·상처 등의 부정적 함의의 용어
들을 쓰고 있다. 이를테면,

> 취약성, 모욕과 상처에 대한 노출 —— 전적인 인내보다 더 수동적인
> 수동성, 대격對格인 것의 수동성, 볼모가 겪는, 박해에까지 이르는
> 고발의 외상外傷, 타자들을 대신하는 —— 볼모에서의 —— 동일성에
> 대해 소송당함. 이런 것이 자기다. 자아의 동일성의 탈퇴 또는 해체
> 다. 이것이야말로, 끝까지 밀고 나가진, 감성이다. 그러니까 주체의
> 주체성으로서의 감성. 타자를 대신함-타자의 자리에 있는 일자-
> 속죄.[36]

이런 어휘들에서 기독교의 분위기를 떠올리는 이들이 많을 줄
안다. 내가 대신하는 타자들의 위상이 무한과 연결된다는 점이 큰
차이이긴 하지만, 레비나스가 말하는 대신함으로서의 감성은 예수
의 대속과 여러모로 비견될 만하다.[37] 어떻게 보면 레비나스는 타자
에 대한 무한 책임을 얘기함으로써 우리 각자에게 신 대신 타사를
심기는 예수와 같은 자세를 요구하는 것 같기도 하다. 자신을 박해
한 자들을 대속하는 예수처럼 우리 각자도 타자에 의해 박해받고

고발되면서까지 타자에게 응답해야 한다는 어려운 짐을 지우는 것이 아닐까? 하지만 이렇게 본다면, 타자를 약하고 벌거벗은 자로 여기는 레비나스의 견지는 어떻게 이해해야 하는가?

레비나스적 발상에 따르면, 강함은 동일자적 속성이다. 자신을 유지하고 확장하기 위해 우리가 추구하는 것이 힘이고 권력이 아닌가. 타자는 그런 지향의 테두리를 벗어나 있다. 이렇게 생각하면, 강함으로 나를 침탈하려는 자는 타자가 아니라 동일자적 면모를 드러내는 것이라고 보아야 한다. 타자가 나를 볼모로 삼는다고 할 때, 그것은 강제력에 의해서가 아니다. 또 타자에 의해 내가 고발되고 박해받는다고 할 때에도, 강압에 의해서 그렇게 된다는 뜻이 아니다. 내가 대신하는 타자들은 약자들이다. 적어도 약함의 면모들이다. 하지만 도대체 약함에 의해 핍박받고 박해받고 사로잡힌다는 것이 과연 가능한가? 이것이 가능할 뿐만 아니라 바로 이것이 인간성을 이룬다고 보는 데 레비나스적 사유의 중요한 특징이 있다. 우리가 정녕 떨칠 수 없는 관계는 강압에 의한 것이 아니라, 타자의 약함에서, 그 상처 입기 쉬움에서, 벌거벗음에서, 죽을 수밖에 없음에서 비롯하는 것이 아닌가. 저항조차 불가능한 것은 힘에 의한 압박이 아니라, 약함으로 파고든 얽힘이고 호소가 아닌가. 때로 외면할 수 있을지 모르지만, 그 끝을 알 수 없는 시간의 깊이로 또 그 경계를 따질 수 없는 낯섦의 폭으로 나를 사로잡는 이 약함의 박해와 고발로부터 벗어나는 것은 궁극적으로 불가능하다. 더욱이 이러한 볼모의 처지는 동정심이나 공감에 따른 것이 아니다. 동정심이나 공감은 나와 가깝고 나와 공통성을 지닌 자를 향하며, 그런 점에서 동일성의 발로이고 동일성의 확장이라고 할 수 있다. 반면, 타자에 강박되어 있음은 내가 아니라 타자로부터 출발한다. 그것은 내게서 멀어질수록 희박해져 가는 원심적인 관계가 아니라, 내게로 파고들수록 무거워지는 구심적인 관계라 할 만하다. 그러나 이때의 무게는 나의 강함으로 모이는 자기중심성의 무게가 아니라, 타자의 약함을 향하는 내 책임의 무게, "죽을 수밖에 없는 자가 죽을 수밖에 없는 자에게 갖는 책임"[38]의 무게다.

6

낯선 이들의 약함을 대신하는 감성과 이들에 대한 무한한 책임 ── 이와 같은 설정이 너무 이상주의적이지 않냐 하는 지적이 있을 수 있겠다. 우리의 됨됨이에 대한 이런 식의 해석은 외적 강제나 내적 강제의 부과 못지않게, 어쩌면 그것보다 더 부담스럽게 다가오지 않을까. 레비나스 자신도 그런 반응을 충분히 의식하고 있는 것으로 보인다. 하지만 그는 "인간적으로 자리를 잡은 것은 결코 그 자리에 갇혀 머물 수 없었다는 점을 상기시키며 유토피아주이리는 비난을 피해 나간다".[39] 사실, 레비나스에게는 '유토피아주의'가 비난의 의미만을 담고 있지 않다. 자리에 대한 집착이 배타적인 동일성 위주의 태도라면, 진정한 의미의 유토피아란 "자리를 가질 수 없음"을 뜻하는 것이기 때문이다.[40] 레비나스가 지향하는 바가 존재성을 넘어서는 윤리라는 점을 생각하면, 그의 견지를 유토피아주의라 부르는 것이 합당한 것일 수 있다. 물론 그렇다고 해서 레비나스가 자리를 둘러싼 다툼의 현실성을 인정하지 않는 것은 아니다. 이 다툼에서 공정함과 정의가 추구되어야 한다는 점도, 심지어 전쟁이 불가피할 수 있다는 점도 받아들인다. 하지만 그 와중에도 윤리의 계기는 작용하고 있어야 한다. 말하자면, 자리다툼의 현실 가운데 자리 없음의 유토피아가 이미 개입해 있어야 한다는 얘기다.[41]

약함에 대한 강조가 낯설고 엉뚱하게 들릴지 모르겠다. 그러나 이 약함을 강함의 쌍 개념 이상의 것으로, 힘의 추구를 넘어서는 차원의 것으로 볼 필요가 있다. 강약을 따지는 관점에서는 이것이 불가불 약함으로 드러나겠지만, 그 바탕에는 우리가 알고 있는 어떠한 강함을 통해서도 장악되거나 극복될 수 없는 것이 깔려 있다. 레비나스가 취약함/상처입기 쉬움vulnerabilité이라고 부르는 것, 우리의 능력과 그 확장 범위를 넘어서며 그래서 우리의 삶을 불확실하게 만드는 것,[42] 결국에는 우리의 죽음과, 죽을 수밖에 없음과 관련되는 것이 그것이다. 그래서 이 약함은 무한과 이어진다. 레비나스가 타자를 무한하면서도 약한 자로, 죽음으로 위협받고 '죽이지 말라'고 우리에게 호소하는 자로 놓는 까닭이 여기에 있다. 그러니까 이런 약함은 '부드러움이 강함을 이긴다'거나 '지는 것이 이기는 것이다' 식의 발상과는 거리가 멀다. 우리가 레비나스를 좇아 받아들일 수 있는 약함은 이기고 지는 경쟁을 넘어선다. 굳이 말하자면 그것은 모두가 질 수밖에 없게 하는 약함인데, 그러나 이 약함은 나의 응답을, 나의 책임을 불러일으키는 바탕이라는 점에서 무력함과는 다르다. 그러므로 이 약함을 논의하는 것은 일방적인 폭력 앞에서 그것을 묵수하거나 방관하도록 부추기는 것과는 상관이 없다. 오히려 이 약함은 동일자적 폭력의 윤곽을 뚜렷이 드러내 줌으로써 폭력에 대한 저항의 기반이 될 수 있다. 나아가 우리는 이 약함에 주목함으로써 그 같은 저항이 폭력이나 강함을 궁극적인 목표로 삼고 있지 않다는 점을 끊임없이 환기할 수 있을 것이다.[43]

이제 논의를 마무리해 보자. 인간 향상의 전망은 레비나스적 관점에서 보면 자기를 확장하려는 동일자적 사유에 속하는 것이고, 따라서 오늘의 전 지구적 문제를 낳은 원인과 동근원적인 것이다. 그와 같은 사유에는 다름에 대한 진정한 고려가 없다. 다시 말해, 장악 불가능한 타자와의 관계로 말미암아 스스로가 형성되고 존립한다는 점을 받아들이지 못한다. 그런 탓에, 자신의 본성마저 계산과 조작의 대상으로 여긴다. 설혹 도덕적 인간 향상론자들의 생각대로 정의감과 이타성의 제고를 이룰 수 있다고 해도, 그러한 감성의 조작은 타자적 바탕을 무시하면서 행해지는 것이어서, 예측 범위를 벗어나는 변화를 책임질 수 없다. 반면에, 감성에 대한 레비나스적 이해의 주안점은 조작 가능성 너머의 수용에 있다고 할 수 있다. 약함은 그 '너머'에 대한 적극적 형용이다. 그것은 얼굴의 벌거벗음을 가리킴과 동시에 응답의 주체에 배어든 타자성을 또한 지시한다. 나는 타자의 약함에 사로잡히고 상처 입는다. 타자와 나는 대칭적인 관계를 맺는 것이 아니기에, 이 취약함은 동일자들의 공감이나 동정심과 다르다. 약함의 윤리, 약함을 향한 윤리는 공감 너머로, 동정심 너머로 열려 있다.

*　*　*

사족을 하나 덧붙이고 싶다. 유명한 SF 작가인 테드 창의 단편소설 「외모 지상주의에 대한 소고: 다큐멘터리」에서는 용모 때문에 생기는 편견을 차단하기 위한 칼리아그노시아calliagnosia 시술 이야기가 나온다. 외모 지상주의에서 생겨나는 부정적 문제들을 없애기 위해, 간단한 처치를 받아 인식을 비롯한 다른 기능에는 전혀 지장 없이 심미적 반응만을 억제하도록 한다는 것이다. 소설은 이 시술의 시행을 제도화하고 일반화하려는 제안을 둘러싸고 벌어진 찬반 논란을 다루고 있다. 외모에 자신이 있는 사람들은 아마 반대할 듯하다. 하지만 외모 때문에 종종 불공정한 대우를 받는다고 생각하는 사람들 중에도 막상 이런 시술을 받는다고 하면 왠지 께름칙해할 이들이 많지 않을까. 그것은 아마, 미와 관련된 부정의함만 매끈하게 잘라서 제거한다는 생각을 받아들이기 어렵기 때문일 것이다.

우리의 감성 일반이 그렇듯이 심미적 작용에는 우리가 의식적으로는 잘 파악하지 못하는 연관들이 숨어 있지 싶다. 테드 창은 「창작노트」에서 칼리아그노시아가 정말로 실용화되는 날이 온다면 적어도 그 자신은 그것을 시험해 볼 생각이라고 밝히고 있는데, 그렇게 말할 수 있는 데는 원하면 언제든 그 시술을 원상복귀시킬 수 있다는 가정이 큰 몫을 하고 있다고 보인다. 하지만 이런 일이 선글라스를 썼다 벗었다 하듯 이루어질 수는 없는 노릇이어서, 이 같은 가정에 따르더라도 한동안은 포괄적인 심미적 차단을 경험해야 할 법하다. 그렇다면 칼리아그노시아 같은 방책 말고 우리 감성의 잠재적 바탕을 활용할 수 있는 다른 시도를 해보는 것이 낫지 않겠는가. 이 경우에는 굳이 그것을 추함을 향한 윤리적 감수성이라는 식으로 부르지 않는다고 해도 말이다.

끝나지 않은 변증법의 모험
우리 시대 변증법의 개방성

1

약간 까다로운 질문으로 논의를 시작해 보자. 변증법에 변증법이 적용될 수 있을까? 변증법 또한 변증법적으로 변화하고 발전하는 것일까? 변증법에 관한 이해는 변증법적 파악에 의해 포착되는 현실의 변증법적 발전 가운데 그 연관의 일부로서 자리하는 것일까? 오늘날 이런 물음에 선뜻 긍정적인 답을 내놓기는 쉽지 않아 보인다. 변증법이 별반 환영받지 못하고 있는 탓이다. 하지만 그렇지 않은 시절도 있었다. 한때 변증법은 변화와 발전의 논리로 주목을 받았고, 그런 각광脚光 속에서 세계를 비추고 자기 자신도 비추었다.

자기 자신까지 비추는 변증법이라면 우리는 먼저 헤겔을 떠올리지 않을 수 없다. 헤겔의『정신현상학』(1807)은 세계를 비추는 앎의 발전 과정을 통해 그 비춤의 방식 자체를 정당화하려는 야심찬 기획이었다. '비춤'이라는 식의 표현이 변증법의 역동성과 잘 어울리지 않는다고 볼 수도 있겠다. 그러나 현상現象, phenomenon이 무엇보다 빛 속에서 나타나는 것을 가리킨다고 할 때, 또 그러한 나타남이 언제나 부분적이고 상대적인 것이라 할 때, 빛을 꼭 즉각적이고 절대적인 인식 지평을 시사하는 것으로 받아들일 필요는 없다. 빛 자체도 광원과 반사물에 따라 항상 특수하게 현상한다. 다른 것을 드러냄으로써 스스로를 드러내는 빛이라 해서 그 빛이 비롯하는 방식이나 과정을 밖으로부터 조망照望할 수 없는 것은 아니다. 맑스의 이데올로기론은 그 빛이 자체 발광發光의 독립성을 갖추지 못한다는 점을 보여 주려 한다. 그러나 이러한 견지 또한 일종의 빛으로서 성립하고 작용하지 않는가? 반영反映, reflection은 흔히 기계적이라는 평을 받지만 반성反省, reflection과 마찬가지로 되비침反照, reflection의 형태다. 맑스의 말대로 헤겔의 변증법이 거꾸로 선 것이라면, 그것을 바로 세웠을 때도 변증법의 기본 얼개는 바뀌지 않는다. 존재를 비추는 의식의 운동이건 의식에 비친 존재의 운동이건 유사한 운동 형식을 보여 줄 수 있다. 어느 쪽에 초점을 두건 이 구상들에서 변증법은 세계의 질서이자 그 질서에 대한 파악으로서 세계의 일부로 자리 잡는다.

여기서 '일부'라는 점에 주목하자. 부분이 어떻게 전체를 파악할 수 있느냐는 해묵은 문제를 해결하는 데는 변증법이 다른 방법에 비해 유리한 면이 있다. 발전의 계기와 단계들을 나누어 파악하고 그 연속적 국면들을 총괄해 낸다고 말할 수 있기 때문이다. 몇몇 법칙으로의 환원을 통한 단순화나 계시 또는 직관 따위를 내세우는 것보다는 이편이 한결 나아 보인다. 한꺼번에 모든 것을 비추는 빛은 신적 존재에게나 어울리겠지만, 우리에게 허용된 한정된 범위의 불빛을 통해서도 부분 부분을 단계 단계로 훑어 나가는 일은 가능하다. 그렇더라도 지나온 국면들을 총괄하기 위해서는 특권적 지점이 있어야 한다. 과거의 국면들을 기억하고 총괄하는 기준 시점時點은 현재일 것이다. 그러나 현재는 매 시대마다 존재한다. 더욱이 그 현재가 역동적 계기들로, 모순적 계기들로 이루어져 있다면, 그 현재에서조차 총괄의 시점視點은 하나로 모아지기 어렵다. 이렇듯 총괄의 지점은 이중적 의미에서 상대적이다. 헤겔이 내세우는 절대지는 이런 상대성을 잠정적으로나마 제거하기 위한 시도라 할 수 있다. 절대지는 말 그대로 절대적인 것이라기보다는, 과거를 총괄하고 그것을 통해 자기를 근거짓는 순환적 전체의 출발점이자 종결점으로 작용한다. 이런 설정에 따르는 대가는 현재의 역동성에 대한 파악이 희생된다는 것이다. 이와 달리, 현재 내에 도사린 싹을 미래의 개화나 결실의 시점에 투사하여 그것을 기준으로 현재를 정당화할 수도 있다. 이 경우, 현재의 계기들은 미래의 기준점을 통해 평가받는다. 계급의식이나 당파성이 부각되는 것은 이런 맥락에서나. 그러나 잠정적 순환 구도를 통해서건 투사된 미래상을 통해서건 총괄적 전체를 상정하는 데는 자의恣意의 위험이 수반되기 마련이다. 모순을 이루는 본질적 계기들을 제시하는 일 또한 그렇다. 변증법이 현실의 필연적 발전 연관을 드러내 준다는 주장은 이제까지의 현실에 비추어 보면 그다지 신뢰할 만하지 못하다. 특히 '필연적'이라는 표현은 꽤 부담스럽다. 하지만 변증법을 통해 현실의 중요한 발전 연관을 대략적으로나마 포착할 수 있으리라는 기대를 가진다면, 그 정도는 받아들일 만하지 않을까.

2

오늘날 변증법을 논하는 데 아도르노나 벤야민이 주목받는 이유는 전체나 필연 따위를 용인하지 않는 그들의 비판적인 접근 탓이 크다. 그래도 여전히 변증법에 남는 것은 물질적·관념적 현실의 동적 연관에 대한 파악일 테지만, 그 파악은 불확실성을 허용하는 개방적 형태를 띤다. '짜임관계' 또는 '성좌'星座로 번역되는 벤야민과 아도르노의 용어 'Konstellation'[1]은 이와 같은 유보적이고 조심스러운 생각을 잘 보여 준다. "별이 빛나는 하늘이, 갈 수 있고 또 가야만 하는 길들의 지도였던 시대, 별빛이 그 길들을 훤히 밝혀 주던 시대는 얼마나 행복했던가." 지금으로부터 한 세기 전 루카치가 『소설의 이론』(1916)의 첫 문장으로 썼던 이 말은 아직도 향수 어린 울림을 간직하고 있다.[2] 그러나 이것은 근대 이전 세계에 대한 낭만적 이미지다. 사실, 막막한 사막이나 바다 한가운데서 미약한 별빛을 길잡이 삼아 나아가는 여정은, 때로 구름에 가려 흔들리고 사라지는 별빛들만큼이나 위태롭고 힘든 것이 아니었을까. 별들의 빛남이야 우주 그 자체의 질서에 속하는 것이겠으나, 무수한 빛의 흩뿌려짐 가운데서 추려지고 엮인 별자리는 우리의 이해를 거친다. 천체도 물론 변화하겠지만, 우리가 경험하는 변화는 대부분 이 천체에 대한 우리 이해의 변화다. 우리는 우주에 대한 우리의 파악이 한계가 있는 것임을 알고 있지만, 그 너머의 질서에 대해서도 추측하고 짐작하며 그러한 생각들을 매개로 탐구를 지속해 나간다. 짜임관계로서의 별자리란 이런 매개들을 통해 엮어지는 것이리라.

변증법이 관여하는 별자리는 주로 사회적 영역의 밤하늘에 뜬다. 사회적 이념이 변증법의 성좌라고 할 만하다. 아득한 곳에서 빛나지만 그 얼개에 대한 파악이 고정되어 있지 않다는 점이 이념이라는 말의 일반적 특성과 어울린다. 변증법은 이 얼개를 짜내는 과정에 값한다. 때로 벤야민처럼 순간의 섬광을 강조할 수도 있지만,[3] 그 경우도 번뜩이는 것은 과거가 모인 자취다. 한 사회에서 변증법에 대한 이해가 자리 잡아 가는 과정을 변증법적으로 포착한다고 할 때, 그 동적 연관이 드러내는 모습 또한 밤하늘의 별빛들로 빚어지는 별자리의 얼개와 유사할 수 있을 것이다. 시선들이 부딪히고 얽혀 빚어낸 이야기가 별자리에 담긴다. 그것을 다시 풀어내는 일도 별자리를 바라보고 거기에 이야기를 보태는 일환이다.

우리의 근대는 서구의 근대를 뒤쫓는 과정이었다. 앞의 근대가 뒤의 근대와 같은 것이 아니라는 점은 한때 우리에게 큰 의미를 가졌던 '근대화'近代化라는 우스꽝스러운 조어造語가 잘 보여 준다. 근대近代란 현재에 '가까운' 시대고 미래가 아니라 과거일 텐데, 근대화가 근대로 된다는 뜻이라면, 이것은 곧 과거로 돌아감을 가리키지 않는가. 이 근대, 이 과거는 우리의 것이 아니라 서구의 것이었다. 서구의 과거가 우리의 미래였다는 말이다. 물론 이런 추세에 대한 저항이 있었다. 근대화가 함축하는 서구적 산업화를 추구하는 계기와 식민지적 종속에 대항하는 자주의 계기가 근대 이후 우리의 역사를 이루는 변증법적 대립의 두 축이라고 할 만하다. 이 대립의 길항작용이 우리 사회가 겪은 그간의 변화와 발전 과정에서 주요한 역할을 했다는 뜻이다. 그렇지만 이 변화와 발전은 크게 보아 서구적 산업화의 과정, 윤구병의 말을 빌리면 '만드는 문화'가 지배적이 되는 과정 속에서 이루어졌다. 변증법이라는 파악 방식 자체도, 반제반봉건反帝反封建이라는 자주의 대표적 규정도 기본적으로 그 안에 놓인다.

위정척사와 개화사상, 그리고 동학사상을 서세동점西勢東漸의 세태에 맞서 전개된 사상운동의 계기들로서 헤겔의 『정신현상학』과 같은 서술 방식에 따라 풀어 보는 것도 흥미로울 것이다. 척사와 개화는 각기 외세에 대한 대응으로서 헤겔 식의 모순을 이룬다. 즉 이 두 축은 그 극한에서 다른 쪽으로 이행할 수밖에 없는 상호의존적이면서도 양립 불가능한 짝이다. 동학은 이런 모순을 타고 넘으며 새로운 공동체의 싹을 틔우는 듯했지만, 그 싹은 외세의 시련을 이겨 낼 만큼 강하지 못했다. 그러나 이런 식의 계기들은, 『정신현상학』에서 「자기의식」 장의 운동이 「이성」 장과 「정신」 장에서 새롭게 변주되듯이, 일제강점기와 해방 후 공간에서도 변화된 형태로 다시 나타난다. 일제강점과 해방이 모두 외적 힘의 지배적 영향 아래 일어났다는 점이 헤겔 식의 변증법을 적용하는 데 제약임은 틀림없다. 그러나 이것은 발전의 논리를 다루는 변증법의 일반적 한계와 닿아 있다. 외적 요인을 내적인 것으로 취급할 수 있도록 단위를 확대하지 않으면 해당 변화를 다루기 어렵다. 맑스의 경우도 마찬가지여서, 외적 요인의 역할이 부각될 때 유물론적 변증법의 무대는 일국적 차원에서 제국주의론이나 세계체제론 같은 형태로 확장되지 않을 수 없다.

여기서 잠시 분단모순이라는 설정을 생각해 보자. 이미 분단모순이라는 조어 자체가 분단의 해소를 의도한다. 그러나 분단을 형성하고 유지하는 힘의 큰 부분이 한반도에 갇혀 있지 않다 할 때, 모순의 단위를 어떻게 설정하여야 하는가? 또 그 모순이 국지적으로 현상하는 분단을 왜 그 국지성을 뛰어넘는 모순의 이름으로 삼아야 하는가? 내적 관계로서의 모순을 산뜻하게 설정할 수 있는 경우는 제한적이다. 알튀세르는 마오쩌둥이 주요모순과 부차모순을 구분한 점을 상찬하면서도 근본모순이라는 발상은 무시해 버렸다.[5] 근본모순은 어떤 단위의 발전을 필연적으로 규정하는 본질적 관계를 전제하기 때문이다. 그런 관계는 복합적 관계의 작동 방식인 중층결정과 어울리지 않는다. 알튀세르가 때로 모순이라는 말로 지칭하는 현실의 관계는 필연적 해소를 전제하지 않는 사실상의 대립이다. 모름지기 모순이란 필연적 발전을 추동하는 것이어야 하며 그렇지 않은 모순은 진정한 모순이 아니라고 생각할 수 있다. 하지만 그 '진정한' 모순은 실재하는 것이라기보다는 우리 사유의 궁지를 드러내고, 그럼으로써 우리 사유의 발전을 이끄는 것이라고 보아야 할 것이다. 실재적 모순이란, 어떤 사태를 파악하고자 할 때 모순되는 규정을 벗어날 수 없는 경우, 그런 방도를 통해서만 그 사태를 지칭할 수 있음을 말하는 데 지나지 않는다.

　모든 차이가 대립에 이르는 것은 아니며 모든 대립이 모순에 이르는 것도 아니다. 헤겔이 이것들을 '필연적' 이행관계로 묶은 것은 개념들 사이의 발전적 연관을 보여 주기 위해서였다. 묶어 엮는 것이 가능하다면 풀어헤치는 것도 가능하다. 해체는 구성의 역방향이다. 게다가 구성은 부분적이고 선별적이어서 늘 잉여를 남긴다. 내부는 언제나 외부에 둘러싸인다. 순수하게 내적 관계 속에서 발전 연관을 구성해 내기 위해서는 외적 요인을 제거하거나 추상해야 한다. 분단문제의 경우, 분단을 유지하려는 축과 그 분단을 없애려는 축의 대립 관계를 한반도의 범위 내에 둘 수 있다면, 한반도 내 사회적 삶의 발전과 분단문제의 해소를 내적 연관 안에서 합치시켜 파악할 수 있을 테고, 분단모순을 운위하기도 한결 쉬워질 것이다. 하지만 현재의 상황에서는 그렇게 하기가 녹록지 않아 보인다.

물론 외적 영향하에서도 내적 발전을 이룰 수 있고, 그에 대한 변증법적 파악도 가능하다. 실은, 내적 발전에 대한 재구성에도 대개 외적 요인들이 끼어든다. 헤겔이 『정신현상학』에서 전개하는 각 국면들은 이런 면모를 잘 보여 준다. 헤겔의 서술에 등장하는 여러 사조와 용어들을 내적 논리의 전개만으로 설명하기는 곤란하다. 외적인 요소가 끼어드는 것은 변증법의 원천이라 할 대화에서도 일반적이다. 대화는 한정된 주제와 문제에서 출발하지만 각 대화자는 대화의 논리를 뒷받침하는 자양분을 각자의 삶에서 들여온다. 대화가 교착된 지점을 뚫고 새로운 차원으로 이행할 때 그 전환점을 마련해 주는 것도 사실 그와 같은 외적 요소일 때가 많다. 추후적 구성은 외적 요소를 논리적 연관하에 통합하는 데 유리한 입지를 마련해 준다. 우연적 측면을 지니는 외적 요소들의 어긋남과 무의미를 최소화하는 방도를 취할 수 있기 때문이다. 미네르바의 올빼미가 괜히 황혼 녘에야 날개를 펴는 것은 아니다. 변증법과 관련하여 우리의 사상사를 재구성해 보는 일에도 추후적 관점과 외적 요인의 개입을 피할 수 없다.

변증법 논의가 우리 사회에 등장하는 것은 일제강점기에서부터지만, 그 흐름을 사상적으로 직조해 볼 만큼 뚜렷한 형태를 드러내는 것은 해방 전후에 걸쳐서다. 이 시기에 펼쳐진 변증법 사상을 명시적인 주제로 삼은 한 논문에서 이규성은, 당시의 철학이 부정적 현실을 극복해야 할 절박함 때문에 불가피하게 변증법적 사유의 특징을 가지게 되었다고 말한다.[6] 그런데 부정적인 것에 대한 부정 또는 부정의 부정이라는 변증법의 특징은 변증법 사상 자체의 전개 과정에도, 또 그 전개 과정에 대한 이해에도 적용해 볼 수 있다.

이규성은 그 논문에서 신남철, 박종홍, 함석헌을 중심으로 논의를 전개한다. 먼저 그는 신남철의 사상을 '비극적 변증법'이라고 규정한다. 가혹한 현실과 마주선 가운데 실천의 당위가 자못 비장하게 내세워지고 있기 때문이다. 이규성은 이러한 모습이 헤겔『정신현상학』의 '불행한 의식'이나 '아름다운 영혼'에 비견할 만하다고 보고 있다. 보편적 기준에 비추어 자신을 단념하고 희생해야 한다는 자세로 나아가는 까닭이다. 여기에 비해 이러한 대립을 내적 반성을 통해 극복하고자 했던 것이 박종홍, 함석헌의 '생명 변증법'의 흐름이다. 박종홍의 장점은 하이데거의 존재론과 신유학의 전통을 매개로 창조적 생명성을 확보하려 한 데 있지만, 문화적 창조를 실천하고자 한 그의 개량주의적 시도는,『정신현상학』에 나오는 계몽적 이성이 자코뱅의 공포정치에 부딪히듯, 박정희의 독재와 만나는 길로 들어서고 만다. 반면에 '씨올'과 '바닥사람'을 내세우는 함석헌은 내적 생명성을 민중적 기반에서 발현시키고자 함으로써, 신남철과 박종홍의 한계를 지양하려는 모습을 보인다. 그런데 몇 년 뒤에 펴낸 『한국현대철학사론』(이화여대출판부, 2012)에서 이규성은 이 전개의 순서를 바꾼다. 박종홍, 함석헌이 먼저 나오고 신남철이 나중에 등장하는 것으로 배열되어 있다. 이때 두드러지는 것은 민주경제에 대한 강조다. 박종홍과 함석헌은 이 문제를 소홀히 했는 데 반해 신남철은 경제해방의 문제에 주목했다는 것이다. 앞의 논문에서는 다루지 않았던 박치우가 신남철 다음에 '실천적 변증법과 반자유주의 논리'라는 표제하에 논의되고 있는 것도 흥미롭다.

같은 계기가 달리 배치되어 발전적 연관 속에서 상이한 의미를 부여받는 일은 드물지 않다. 가령, 헤겔의 경우 『정신현상학』(1807)과 『법철학』(1821)이 보이는 차이에는 달라진 입지와 달라진 현실 파악이 작용하고 있다. 이런 이해의 변화를 어떤 연관 속에서 파악하느냐는 우리의 문제다. 이규성은 향내向內와 향외向外의 계기를 번갈아 강조하면서 그 두 계기의 균형과 합일을 통해 자유를 실현해 나간다는 큰 얼개를 제시한다. 이러한 시도는 반성적 의식과 대상적 의식을 엮어 나가는 변증법적 사유의 전통과 충분히 연결될 만하다. 하지만 그것은 이병수의 지적대로,[7] 물질적 층위에서 꾸려지는 사회적 삶의 연관을 간과하고 사유의 층위에 주목한다는 한계를 지닌 것이 아닐까? 또 그러한 한계는 갈등과 대립을 넘어선 합일이나 조화의 우주론적인 의미 기반에 대한 집착과 관련이 있지 않을까?

얼핏 생각해도 생명과 자유는 변증법에 잘 어울리는 무대고 플롯이다. 배아의 성장과 결실은 사유의 전개 및 반성과 닮았다. 환경에 의존하는 동시에 대립하면서 스스로를 실현해 나가야 한다는 점도 변증법적으로 보인다. 자기실현을 제약하는 장애를 극복하고 한 단계씩 나아가는 국면 국면이 자유의 신장 과정으로 해석될 수 있다. 특히, 이 제약이 제약을 극복하고자 하는 존재와 마찬가지인 존재, 자기실현을 꾀하는 존재로 나타날 때, 변증법적 관계는 진면목을 드러낸다. 대화적 관계는 나와 같은 차원에서 부딪히는 상대방과의 관계고, 차이·대립·모순을 통해 고양된 차원으로 옮아갈 수 있는 관계다. 여기서 자유의 실현이 일방적인 것에 머물지 않으려면, 그 실현의 주체는 공동의 주체, 사회적 주체가 되지 않을 수 없다. 생명은 사회적 생명이 되지 않을 수 없다. 하지만 이 사회적 차원은 개체들이 엮이는 체계로서만 존립한다. 사회적 차원이 그 자체로 생명을 가진다는 말은 유비적 의미를 지닐 뿐이다. 자유 또한 마찬가지다. 한 사회가 누리는 자유란 체계 속에서 가능해지고 제약되는, 개체들의 집단적 활동 범위를 지시한다.

오늘날 생명을 거론할 경우 고려치 않을 수 없는 것은 다원적 진화론의 사고다. 진화생물학, 진화심리학의 설명 방식은 인간에 대한 이해에도 무시 못할 영향력을 행사하고 있다. 변증법과 관련해 무엇보다 중요한 것은 진화론의 반反목적론적 함축이다. 진화론적 견지에서는 정해진 목적이나 발전의 도정이 아니라 진화의 압력이나 진화의 대체적 방향성을 이야기할 수 있을 뿐이다. 생물체가 갖춘 내적 목적성을 내세울 순 있지만, 그것이 유지될 수 있는 것은 환경의 제약을 통해서다. 또 유리한 환경에서라 해도 그런 목적성을 보존해 줄 내적 필연성이 있는 것은 아니다. 자유의 실현을 우주의 원리라고 볼 수는 없을뿐더러, 역사의 보장된 법칙이라고 보기도 힘들다. 이규성조차 이제 "인간사가 자유의 완성으로 가는 내재적 목적을 갖고 있는 것으로 볼 수는 없다"[8]라고 말한다. 자유만이 아니라 그 어떤 이념이나 목적도 마찬가지일 것이다. 목적이란 엄밀히 말해 의식에 의해 설정되는 것이며, 미래를 당겨와 생각하는 의식을 떠나 논의되기 어렵다.[9]

'만드는 문화'는 만듦의 주체와 폐쇄적 목적 설정을 요구한다. 노동력을 포함한 상품뿐 아니라 법과 정치제도 또한 이런 만듦의 산물로 자리 잡는다. 이렇게 설정된 목적 너머로 초래되는 사태는 만듦의 확대 해석을 통해 설명되어야 할 과제가 된다. '보이지 않는 손'이나 '이성의 간지' 등은 이를 위해 확장된 주체의 작용으로 여겨졌다. 변증법은 이러한 확장에 편승해 왔고, 서구의 근대가 늦게 도착한 우리 사회에서는 그러한 편승의 시간표가 더 촘촘하게 짜였다. 그러나 이제 변증법은 만듦의 상상적 확장에 인색해지기를 요구받고 있다. 윤구병은 '만드는 문화'의 대안으로 '기르는 문화'를 제시한다. 기른다는 것은 북돋고 돕고 받아들이는 일이다. '기르는 문화'에서도 목적성이 중요하게 부각될 수 있으나, 그 목적성은 주어진 자연적 질서에 따르는 것이어야 하며, 그것의 실현 여부도 인위人爲로 결정되지 않는다. 그렇다면 기르는 문화는 주체의 부당한 확장을 막아 낼 면역력을 지니고 있을까? 오늘날 다른 단서 없이 그런 희망을 품는 것은 너무 순진해 보인다. '기르는 문화'는 이미 '만드는 문화'에 의해 삼투되어, 그 상당 부분이 만듦의 산물로 존립하고 있는 까닭이다.

'만드는 문화'를 지양하고 등장하는 문화는 아마 '즐기는 문화'라 할 수 있을 것이다. '즐김'은 그 말이 주는 일차적인 이미지와 달리 자족적일 수 없다. 관리와 지배가 확고히 자리 잡은 폐쇄적 영역에는 즐김이 필요치 않다. 즐거움은 내 뜻대로 할 수 없는 외적 요소가 나와 잘 어우러질 때 생겨나는 정서다. 우리는 좋은 날씨나 자연을 즐기고, 놀이를 즐기며, 다른 사람과의 관계를 즐긴다. 대개의 경우 즐김은 절박함이 아닌 여유를 수반하지만, 우연이나 불확실함이 완전히 제거된 즐김은 즐김으로서 유지될 수 없다.[10]

변증법은 과거의 자취들에 대한 해석을 발판으로 현재의 대립이나 모순을 극복하는 길을 찾는다. 오늘날 변증법을 생명 또는 기르는 문화와 결부시킬 때 염두에 두어야 할 것은, 정해진 성장과 결실이라기보다는, 만듦의 폐쇄적 목적성을 넘어서는 불확실함일 법하다. 그러나 이것은 진화의 우연적 변이나 우리의 예측 범위를 벗어나는 자연적 환경의 변화를 수용하는 것만을 뜻하지 않는다. 무엇보다 중요한 것은 우리가 그려 내는 변증법적 얼개가 지시할 목표에 수반되는 불확실성이다. 불확실함은 불편과 위험을 내포한다. 그래서 우리는 불확실함을 줄여 나가려 노력하지만, 우리 삶의 조건에서 가용한 빛줄기들로 주위의 어두움을 완전히 몰아낼 수 없음을 잘 안다. 우리는 때로 희미한 별빛에 의지해 길을 가야 한다. 그동안 지나온 지형들에 대한 기억과 때로 발을 헛디뎠던 경험들이 도움이 된다.

불확실성을 강조하는 것도 시대에 따른 사상의 전개 과정에서 나타나는 한 국면으로 보고 이를 변증법적 지양의 대상으로 생각할 수 있다. 예컨대, 이병창은 포스트모더니즘 사조를 그렇게 평가한다. "포스트모더니즘은 모더니즘이 지닌 폐쇄성과 억압성을 비판하는 데 기여했지만 상대주의의 함정에 빠져 버렸"다는 것이다.[11] 이런 상대주의가 초래하는 확실성의 공백은 그 이면에서 권위에 대한 과도한 열망을 부추긴다. 종교적 원리주의와 이라크 전쟁은 거기에서 비롯하는 현상 형태다. 이병창은 헤겔이 자기 시대의 낭만주의를 극복하였듯이 오늘의 포스트모더니즘을 극복하는 사상이 출현하기를 기대한다. 칸트가 이념과 변증론의 영역을 진위 너머로 밀어 놓았던 것처럼, 구조주의는 차이들의 체계 너머의 사유를 잉여적인 것으로 만들었고, 셸링을 위시한 낭만주의자들이 나름의 직관적 이념들을 추구했던 것처럼, 라캉·들뢰즈·데리다 등의 포스트구조주의자들은 타자·욕망·해체 등을 통해 나름의 이념적 진실을 쫓아간다. 이런 양태는 헤겔이 『정신현상학』에서 절대정신의 성립 직전에 각자 양심에 따라 행동하는 의식들이 빚어내는 혼란상을 서술하던 국면을 연상시킨다. 이제 다시 보편적 기준을 찾으려는 내적 반성이 등장하여 여러 갈래의 이념들을 끌어안아야 할 차례. 그러나 역사의 경험은 이런 화해와 종합을 뒷받침하기 위해 보편적 국가 질서나 경제 질서를 내세우는 것이 위험하다는 점을 알려 준다. 자유의 추구도 그 테두리 밖에 대해서는 폭력적일 수 있음을 우리는 안다. 이병창은 자발적인 욕망의 분출과 타자에 대한 존중을 아우르는 이념을 찾고자 한다. 그것은 이를테면 들뢰즈와 라캉의 결합, "자발성과 공동체, 유희와 사랑의 결합"[12]이다. 그는 남을 돕는 데서 자신을 확인하고 기쁨을 느끼는 공동체를 그 내용으로 제시한다. 욕망의 방향성을 타자를 위하는 데서 구하는 셈이다. 그는 이렇게 목적을 지닌 자발성을 자주성이라 부르는데, 그 용어의 정치적 함의를 감안하지 않고 본다면 거기에는 오히려 윤리성이라는 이름이 더 잘 어울릴 듯싶다.

4

만듦을 행위 모델로 한 근대적 자유를 돌아보는 일은 적어도 철학적 사유 영역에서는 우리에게 익숙해진 지 오래다. 이 만듦에는 정치적 질서와 사회적 의식 내용까지 포함되니까, 근대 세계는 근대적 인간의 산물이고 또 근대적 인간은 근대 세계의 산물이라 할 수 있다. 이 만듦의 순환적 복합체에서 정치적 행위나 이념적 행위의 가닥만을 떼어 내어 따로 방향을 잡아 나가려는 시도들이 더러 있었지만, 그 효과는 신통치 않았던 것 같다. 만듦의 확장은 이제 신경계를 외장外藏하는 단계에 와 있는 듯하다. 우리의 신체 기능과 관련하여 물질적 세계를 개조하는 방식이 그렇게 보인다는 얘기다. 주된 양상은 바뀌었지만 여전히 만듦이 우리 삶의 변화를 주도하고 있다. 그렇다면 변증법은 새로운 만듦에 봉사해야 하는가, 아니면 만듦을 비껴가고 넘어서는 데 봉사해야 하는가?

변증법의 특징이 차이와 대립과 모순을 통해 변화와 발전을 꾀하는 데 있다면, 변증법은 애당초 만듦의 정연한 청사진과는 잘 어울리지 않아 보인다. 변화의 궤도를 타고 발전의 방향과 목표를 투사할 수는 있지만, 그것은 잠정적인 데 머물러야 할 것이다. 변증법이 만듦에 편승했던 것은 그 잠정성을 고정시켜 버린 데 따른 결과가 아니었을까? 그럴 때 변증법은 생각의 시행착오를 통해 목표에 근접해 가는 과정의 논리와 별반 다를 바가 없어진다. 그 시행착오의 과정이 차원의 변경을 겪는다 해도 그것으로는 정당화가 포섭하는 사유의 결들이 다양해지고 두툼해질 뿐이다. 이렇게 보면 변증법의 의의는 개방적 모색에 있다고 할 수 있다. 그렇다고 과감한 투사와 전진이 배제되는 것은 아니다. 오히려 이제까지 변증법적 사유가 보여 준 궤적은 그러한 모험적 시도의 연속이었다고 할 만하다. 또 그 모험들에 대한 반성이 새로운 모험적 시도에 포함되어야 함은 당연하다. 이제 이 글에서 마무리 삼아 소략하게 정리해 볼 문제 설정과 전망들도 그런 모험과 반성으로 짜이는 개방적 변증법에 기여하려는 시도로 이해될 수 있었으면 한다.

먼저, 변증법과 진보의 연관을 어떻게 놓느냐가 우리 삶의 태도와 사상의 변증법적 전개 과정에서 앞으로도 중요하게 작용하지 않을까 싶다. 역사의 진보라는 정향을 가다듬어 고수하고자 하느냐, 아니면 그것을 파국적 이데올로기로서 비판하는 데 중점을 두느냐가 각각 변증법을 이해하는 방식으로 자리 잡을 수 있고, 또 그런 관점들의 길항적 관계 자체가 변증법적 대립의 축을 이룰 수 있다는 말이다. 오늘날 '진보의 폭풍'[13]은 '4차 산업혁명'의 파고를 건너 '포스트-휴먼'의 세계로까지 우리를 떠밀고 있다. 미래는 자못 낯설고 위협적이기까지 한 모습으로 다가온다. 그러나 이제껏 인류의 역사가 그랬듯, 이러한 추세는 우여곡절을 겪으면서도 인간의 삶을 안정시키고 폭력을 경감시키며 자유를 확대하는 방향으로 나아가지 않을까 하는 예상을 해볼 수 있다.[14] 기술의 발전을 통한 생산력의 증대는 고전적 맑시즘의 예상과는 다른 양태로긴 하나 기존의 사회관계와 사고방식을 변화시켜 새로운 삶의 양식을 초래할 것이고, 그러한 변화가 진보 아닌 파국으로 비치는 것은 구태에 매여 있는 시각을 통해서일지 모른다. 하지만 이런 낙관적 관점은 대개, 승리하는 편의 미래를 당겨와 현실을 조망한다는 문제를 안고 있다.[15] 밀려나고 위축되며 소멸하는, 그래서 미래로부터 제거되는 집단과 계층들, 또 그 제한된 미래에서 배제되어 희생되는 무수한 잠재성들에는 눈을 돌리지 못한다. '포스트-휴먼'의 구호가 '포스트-'라는 기생적 표현 뒤에 감출 수 있는 바가 무엇인지에 대해 한껏 예민해질 필요가 있다. 주변화하고 빈곤해지는 다수의 모습들에서 간취되는 가능성은 미래를 진보로 표상하는 것과는 잘 어울리지 않는다.

이런 점을 감안할 때, 우리가 진보의 개념을 놓지 않으려 한다면 그것을 기술이나 생산력의 발전보다는 정치나 사회관계에 초점을 두고 이해하는 것이 불가피해 보인다. 대중적으로 더 친숙한 이 논의 층위에서 진보와 보수, 자유와 안정은 변증법적 대립을 이루는 대표적 가치 쌍이라고 할 수 있다. 우리 사회의 경험으로 보면, 안정이라는 가치가 국가주의와 결합하여 성장 이데올로기와 맞물려 온 탓에, 정치적 보수와 경제 발전이 얽힌 듯이 보이는 시기가 있었다. 하지만 최근에 우리가 목도했듯, 촛불혁명에 의한 박근혜 정권의 몰락은 이런 연결을 반복하고자 하는 행태가 시대착오적인 것임을 확증해 주었다. 반면에 억압에 대한 저항과 탈권위의 움직임이 경제적 집중과 불균등의 완화를 지향하는 것은 당연해 보인다. 오늘날 여기서 특별히 주목할 만한 점은 세대 간 불균형과 노동의 역할 변화다. 정치적 층위의 변증법적 운동에도 변화된 외적 요소나 계기들이 크게 영향을 미치지 않을 수 없다. 이전처럼 이해관계에 따른 당파성에 기대서는 답답한 상황을 돌파할 전망을 갖기 어려운 처지다. 약자에 대한 관심, 숫자로서가 아닌 비중으로서의 소수자에 대한 관심이 요구되는 이유다.

약자와 소수자는 계급혁명의 주체로 취급되기도 어렵고 인정투쟁에서 반전反轉을 가져올 노예로 여겨지기도 어렵다. 약자와 소수자의 문제를 변증법이 다룬다면 대립이나 모순을 이루는 축은 중심에서 맞부딪히는 계기들이 아니라, 주변 및 바깥과 중심 또는 내부가 관계하는 방식들이어야 하지 싶다. 여기서도 힘의 사안이 아예 도외시되는 것은 아니겠으나, 약자와 소수자의 문제 설정은 이들이 강자나 다수자로 전화하는 것도, 약자와 소수자라는 위치가 완전히 사라지는 것도 예기豫期하지 않는다. 밀려남의 내용이야 때에 따라 바뀌겠지만 중심과 배제의 틀이 완고하게 터 잡고 있는 상황에서 외면할 수 없는 문제로 제기되고 부각되는 것이 약자와 소수자일 것이다. 사회의 정치적 제도가 기능하는 한 그에 따른 동일화와 배제가 불가피하다는 인식이 근래에 다시 논의되고 있는 종말론적 문제 틀에도 반영되어 있는 것 같다.[16] 이런 문제와 관련하여 대별되는 관계 방식의 두 방향은 구심적인 것과 원심적인 것, 자기중심성과 타자지향성이라고 할 만하다. 이 양자를 대립 쌍이나 모순 쌍으로 놓고 후자에 무게를 둠으로써 우리의 태도 변화로부터 현실의 발전을 도모할 수 있다. 앞에서 언급한 이병창의 견해도 이 대립 쌍의 길항작용이 드러내는 스펙트럼 가운데 포함될 것이지만, 그 경우는 타자를 향한 욕망에서 무게중심이 여전히 자기에게 있고 또 그때의 타자도 공동체의 틀 안에 묶여 있다는 점에서 타자지향성이 한껏 강조된 형태는 아니라고 보인다. 타자의 우선성을 내세우는 전형적인 입장으로는 레비나스의 견지를 들 수 있을 것이다.[17] 레비나스에 따르면, 우리는 우리가 소유하거나 이해하고 있는 영역 너머의 타자, 그런 점에서 약한 자이지만 또한 높은 자인 타자의 호소에 응답하여야 한다. 이와 같은 타자와의 관계가 우리 삶의 가장 근본적인 면모다. 약자와 소수자는 그들이 동등한 권리를 가지고 있다는 이유에서라기보다는 그 너머에서 다가온다는 더 깊은 이유에서 이미 존중받아야 한다. 이와 같은 생각의 현실 적합성과 관련해서는 여러 의견이 있을 수 있겠으나, 그것이 기존 질서의 한계를 지적하고 환기시킴으로써 개방적인 삶의 태도를 촉구하고 있다는 점은 오늘날 '진보'가 지녀야 할 특성과 관련해서도 중요하게 받아들여져야 할 것이다.

이렇게 논의의 초점을 경제적 층위에서 정치적 층위로, 또 윤리적 층위로 옮겨 가는 것이 관념변증법의 길을 따라가는 것처럼 비칠 수도 있겠다. 하지만 각 층위에서의 변화·발전이 본질적으로 완결되었다고 간주하는 폐쇄적인 관점을 취하지 않는다면, 현재의 처지에서 탈중심적 세계관이나 타자지향적 자세의 중요성을 강조하는 것이 관념론적이라고 평가받을 필요는 없다고 생각한다. 특정 영역의 변화를 결정적인 것으로 놓는 단선적인 논리는 겉보기의 선명성을 무기로 삼지만, 현실과 대결해 온 사상의 변증법적 역사에서 오래전에 지양된 형태에 불과하다. 변증법의 동적 특성은 여러 층위 간의 개방성을 통해서도 발휘되어야 할 것이다.

민주주의를 넘어서

민주주의의 개방성과 불확실성

1

이 글의 제목을 '민주주의를 넘어서'라고 이름 붙인 이유는 무엇보다도, 민주주의의 근거를 다시 한 번 생각해 보기 위해서다. 그러니까 여기서 '넘어서'라는 표현에 담긴 일차적인 의미는 민주주의를 벗어나야 할 극복 대상으로 여기는 데 있지 않다. 민주주의가 그 자체 안에 충분한 근거를 가지고 있지 않다는 점을 부각시키는 일이 더 중요하다. 오늘날 민주주의에 대해 제기되는 요구와 의혹에 응답하려면 이렇게 근거를 문제 삼는 일은 불가피해 보인다. 또 뒤에 보겠지만 이런 시도는 민주주의를 고정된 것으로 취급하지 않으려는 관점을 함축한다.

한편에서 민주주의는 우리가 추구해야 할 당연한 정치적 이념과 제도로 여겨지고 있으나, 다른 한편에서는 이제 실질을 상실한 채 허울로 작용하는 조작적 장치나 이데올로기의 일부로 취급받기도 한다. 숱한 개인과 집단이 민주주의를 정치적 가치로 내세우지만 그 내용은 한결같지 않고 강조점도 다르다. 이런 사태가 민주주의 자체의 내적 복잡성에서 기인한다기보다는 민주주의를 규정하는 외적 조건이나 근거에서 비롯한다고 생각할 만한 소지는 충분하다.

그런데 민주주의가 외적인 근거를 갖지 않는다고 보는 논의들도 있다. 작지만 알찬 책인 『민주주의란 무엇인가』에서 고병권은 이 점을 잘 정리하고 있다.[1] 원래 고대 그리스 때부터 민주정demo-kratia은 군주정mon-archia이나 과두정olig-archia 등과 달리 근거를 뜻하는 '아르케'arche라는 말로 지칭되지 않았다. 아르케가 없다는 것이 플라톤이 공격하듯 부정적인 함의만 갖는 것은 아니다. 무-근거는 무-의존이고, 그런 의미에서 자기-정립이며, 자기-근거일 수도 있는 까닭이다. 어떤 정체政體에 피치자 외부의 근거가 없다는 것은, 통치의 주체와 원리를 피치자 내부에서 찾아 스스로 통치를 해나가는 자치自治와 직결되는 것이라고 새길 수 있다. 무-근거의 실존을 자유라고 이해하는 것과 비견할 만한 일이다.

하지만 '데모크라티아'라는 말에는 '아르케'는 아니라도 힘을 뜻하는 '크라티아'가 붙어 있다. 비슷한 구성을 가진 용어로는 귀족정을 의미하는 '아리스토크라티아'aristo-kratia라는 말이 어렵지 않게 떠오른다. 이런 점을 보면, 원래 '데모스'와 '크라티아'의 결합은 내적인 자명함을 가지고 있는 것이 아니다. 통치의 힘은 민중에 있을 수도 있고 귀족에 있을 수도 있다. '아르케'에 비해 '크라티아'가 원리적인 면보다는 현상 기술적인 면이 강하다 해도, 우리는 마땅히 그 결합 현상의 원인이나 이유를 물어볼 수 있다. 그리고 그 원인이나 이유는 데모크라티아를 설명하는 근거가 될 것이다.

물론 그 근거를 결합 내적인 것으로 생각할 여지는 있다. 이를테면, 귀족정의 경우 귀족이 통치의 힘을 갖는 이유는 그들의 탁월성 때문이라고 답할 수 있다. 만일 귀족이라는 말에서 그 혈연적 의미의 불순성을 제거하고 탁월한 자나 최선자最善者라는 의미만 남길 수 있다면 말이다. 비슷한 방식으로 우리는 '테크노크라티아'techno-kratia라든가 '에피스테모크라시아'epistemo-kratia 따위를 생각해 볼 수 있다.[2] 이렇게 힘을 어떤 능력이나 자질 또는 자격과 연결시킬 때, 이와 같은 결합은 현상 기술을 넘어 당위의 함의마저 가지게 될 것이다.

그렇다면 '데모크라티아'의 경우는 어떤가? '데모스'는 어떤 이유로 힘을 가질 수 있는가? 가장 손쉬운 답은 다수를 거론하는 것이다. 데모스는 다중多衆이고 다수多數다. 소수에 비해 다수가 힘을 가지는 것은 일견 당연하지 않은가? 물론 다른 조건이 같거나 두드러지지 않을 경우에 한에서다. 그러므로 이 답변은 정치체 내부에 구성원들의 동질성을, 즉 평등을 전제하는 듯하다. 하지만 그렇다면 그 가운데 다수와 소수는 왜, 또 어떻게 만들어지는가 하는 의문이 생긴다. 차라리 거꾸로가 맞는 것이 아닌가? 다시 말해, 힘을 가진 다수의 집단이 출현하였으므로 다른 조건이나 이유들보다 수적인 기준이 전면에 부각되는 것이 아닌가?

고병권이나 그가 크게 기대고 있는 랑시에르는 다른 대답을 내놓는다. 그들은 데모스를 수적인 기준의 다수로 취급하지 않는다.[3] 그들이 보기에 데모스에 핵심적인 것은 수가 아니라 어떤 자격이나 자질과 무관하다는 무형상無形相의 성질이다. 그래서 랑시에르는 데모스가 통치하는 민주정의 중요한 특징으로 공직을 맡는 자를 추첨으로 뽑는다는 점을 내세운다.[4] 이때 자질이나 자격이 없음은 통치의 흠이 아니다. 오히려 그것은 통치에 관한 한 어떤 특권도 작용하지 않음을 의미하는 긍정적인 면모다. 이런 정체에서는 모두가 통치자고 모두가 피치자다. 즉 여기서는 통치자와 피치자의 합치, 곧 자치가 구현된다. 이와 같은 민주정에서 통치의 바탕은 무자격, 무근거다. 그럴진대 민주주의의 근거를 밖에서 구할 이유가 어디에 있는가?

그렇지만 이런 논변은 크라티아와 특정하게 해석된 데모스의 결합을 당위적으로 전제하고 요구한다. 이러한 견지가 호소력을 얻는 것은 역설적으로 그러한 결합이 현실에서 통용되지 않는 선에서다. 자격이 없고 능력이 없는 자는 실질적으로 또 때로는 형식적으로도 통치에서 배제되고 있다. 이와 같은 현실과의 대비가 '데모크라티아'를 유토피아적 이념의 자리로 밀어낸다. 아무런 자격이나 자질이 없는 '데모스'는 현실에서 오히려 소수자로, 즉 지배적인 질서에서 셈해지지 않는 배제된 자들로 이해된다. 그래서 데모스의 권리를 요청하는 민주주의는 이제 다수의 지배가 아니라 소수자 정치가 되어 버리며,[5] 나아가 통치 불가능의 차원을 가리키는 이름이 되어 버린다.[6]

여기서 민주주의는 민주주의를 넘어선다. 랑시에르는 이렇게 통치를 넘어선 민주주의를 통치로서의 통상적인 정치나 '치안'police과 구별하고 있다. 현실의 정치는 몫을 나누고 규율하는 기술과도 같은 것이지만, 진정한 '정치'는 그 바탕에 놓인 무자격, 무근거의 평등을 현실화하려는 시도다. 그러므로 이것은 랑시에르 자신이 말하는 민주주의를 확충하려는 노력, 즉 지배적 질서를 뚫고 배제된 것을 드러내며 그것에 자리를 주려는 민주화의 노력이 된다. 랑시에르에 따르면, '정치적인 것'은, 다시 말해 정치적인 문젯거리는 이렇게 '치안'과 '정치'가 부딪히는 지점에서 생겨난다.[7]

고병권이나 랑시에르의 견지는 이처럼 나름의 진취적인 면모를 보여 준다. 기존의 정치질서 내에서 민주주의를 다루는 협소한 틀을 깨려 한다는 점에서, 또 현실 정치에서 배제된 약자와 타자의 면에 주목한다는 점에서 그렇다. 하지만 여기서 반드시 짚고 넘어가야 할 것은, 애초에 그네들이 민주주의에 관한 논의의 출발점으로 삼았던 데모스와 크라티아의 결합에서 결국 크라티아의 면은 경시되고 만다는 점이다. 민주주의는 데모스적 특성의 발현을 중심으로 이해될 뿐이고, 크라티아의 요건이나 특성 따위는 제대로 다루어지지 않는다. 이것은 한편으로 그들이 정치나 민주주의를 자립적인 것으로 취급하고자 한 데서, 그 근거를 내부의 근거 없음에서 찾고자 한 데서 나온 결과가 아닐까?

2

그런데 사실 문제의 진원지는 데모스와 크라티아가 분리되어 보이는 오늘의 현실 자체에 있다. 이제 표현을 우리 현실에 맞게 '민중'과 '힘'이라고 바꾸어 써 보자. 민중과 정치적 힘의 당위적 연결과 실제 사이의 괴리, 이것이 문제라는 말이다. 민주주의라는 이름 아래서 과연 민중은 주인으로서의 힘을, 권력을, 말 그대로의 주권主權을 가지고 있는가? 주권재민主權在民의 형식 아래 그 내용은 무엇으로 채워지고 있는가? 4년마다 또는 5년마다 한 번씩 투표를 하고 얼마 지나지 않아 실망하는 되풀이되는 경험 이외의 어떤 것이 남아 있는가?

이런 면에서 보면 대의제代議制에 대한 문제 제기는 일견 당연해 보인다. 대의제가 허울로 여겨질 때 오늘날의 대의민주주의에 대한 반성은 여러 갈래로 나타날 수 있다. 그 가운데 하나가 대의제와 민주주의를 구분하여 보고 후자에서 다른 가능성을 찾는 길이다. 고병권은 랑시에르를 좇아 그런 길을 택한다. 그들은 대의제가 직접 민주주의를 대신하는 방법에 불과한 것이 아니라고 말한다. 대의제는 오히려 참된 민주주의와 반대되는 것이다.[8]

고병권은 여기서 한 걸음 더 나아가 근대의 대의제가 주권 및 국민의 형성과 그 맥을 같이하는 것이라고 주장한다. 민족국가의 수립은 그 범위를 통일적으로 표상할represent 필요와 불가분하게 연결되어 있었고, 따라서 대표representation 개념은 근대적 주권 개념과 함께 '국민=인민'의 성립을 뒷받침한다는 것이다.[9] 주권이란 국민국가의 통일성과 결부된 것이므로 절대군주에 의해서도 표상될 수 있었다. 이런 면에서 보면, 군주정이냐 민주정이냐의 구별보다 주권과 대표라는 개념이 우선한다. 그렇기에 근대 국민국가가 민주정과 결합할 때 그것은 본래의 민주주의와는 동떨어진 대의제의 형태를 취하지 않을 수 없었다.

여기서 따라 나오는 귀결은, 근대적 주권의 변화 없이는 대의 민주주의를 극복할 수 없다는 것이다. 고병권에 의하면 대의제를 넘어서는 민주주의의 실현이란 주권 너머에서, 국민 너머에서 성립한다. 그 구현 형태로 그는 통치 너머의 코뮨을, 민족 너머의 인터내셔널을, 대의 너머의 식별 불가능한 존재들을 거론한다.[10] 대의라는 매개를 거치지 않고 또는 대의라는 방식의 장애를 뚫고 터져 나오는 대중들의 직접 행동이 그 단초적 모습을 부여 준다. 사안에 따라 거듭되는 우리의 촛불시위나 2011년의 월가 시위 등이 그 예라 할 수 있다.

고병권은 진정한 민주주의에서 '데모스'의 힘, 민중의 힘은 통치의 힘이 아니라 통치로부터 자유로운 삶의 힘이 되어야 한다고 말한다.[11] 통치 불가능성의 차원을 민주주의의 궁극적 기반으로 내세우는 랑시에르와 상통하는 견지다. 이런 입장에서 보면, 크라티아의 면이 경시되고 있다고 한 앞서의 지적은 통치 위주의 틀에 매인 구태의연한 사고방식의 소치로 비칠 것이다. 그러나 랑시에르와 고병권의 시각에는 현실의 조건에 대한 천착을 도외시하는 도피적인 면모가 있다.

고병권은 근대적 주권의 성립이 국민국가의 형성과 결부되어 있다고 주장하면서도 막상 그 형성의 필요성이나 조건은 문제 삼지 않는다. 또 그런 것들이 오늘날 어떻게 변화하였는지에 대해서도 별반 관심을 두지 않는다. 거듭 지적하는 바지만, 정치나 민주주의의 근거나 기반을 자체 내에서만 찾고 있는 모습이다. 그 까닭은 무엇일까? 오늘의 외적 조건이 민주주의에 유리하게 보이지 않는 탓일까? 또는 환원주의적 설명을 기피하는 근래의 일반적 풍조 탓일까? 그러나 기존 질서의 바깥을 향하는 시선이 한 영역 내부만을 주시한다면 그것 또한 자가당착이 아니겠는가?

이런 면에서는 오히려 클라우치의 '포스트-민주주의'에 대한 논의가 현실적이다.[12] 그가 말하는 포스트-민주주의란 신자유주의 시대의 불균등한 힘의 배분에 따라 민주주의가 실질적으로 후퇴하고 있는 정치 상황을 가리키는 용어다. 그에 따르면, 탈-산업사회의 계급구조 변화와 다양한 직업군의 등장으로 기존의 정당 정치가 가졌던 조직적 대의 기능은 약화되었다. 반면, 다국적 기업과 소수의 금융자본에 부가 집중되어 이들의 로비 능력과 여론 조작 능력은 극대화하였다. 이런 불균형 탓에, 기존의 민주주의 제도와 형식은 유지되는 가운데 실질적으로는 민중이 정치에서 사라지는 사태가 나타난다. 즉 자유선거, 복수정당, 공개토론, 인권논의 따위는 여전한 외양을 갖추고 있지만, 정치의 에너지와 활기는 특권을 추구하는 소규모 엘리트와 부유한 집단에게 돌아간다. 노동계급의 후퇴가 낳은 공백을 소수의 자산가와 이들이 고용한 '정치계급'이 채운 것이다.

이러한 논의는 물론 서구 사회를 무대로 한 것이지만, 이제 '포스트-모더니티'가 우리에게 남의 이야기가 아니듯 포스트-민주주의 역시 남의 이야기로만 볼 수 없다. "민주적 절차를 통해 선출된 정부가 반국민적일 수 있다는 역설을 극명하게"[13] 드러낸 우리의 현실은, 민주화 이후 민주주의의 정착을 걱정하는 와중에 이미 들이닥친 포스트-민주주의의 내습이라 할 만하다. CEO 출신 대통령을 서둘러 뽑았던 우리는 삼성을 위시한 재벌의 이해관계에 끌려다니며 그들과 유착한 소수 언론의 선전에 휘둘렸다. 오늘날 우리 사회에서 민주주의의 절박한 문제의 일단은 바로 여기에 있지 않은가?

3

민주주의가 후퇴하기도 하고 변질되기도 하며 심지어 사라질 수도 있다는 사태를 이해하기 위해서는, 나아가 우리가 민주주의에서 어떤 방식의 변화와 발전을 꾀하여야 하는가를 판단하기 위해서도, 민주주의를 그 조건과 연관지어 생각하는 일은 꼭 필요하다. 민주주의의 자립적 상을 내세우는 것은 이념적 목표를 뚜렷이 한다는 의의는 있겠으나, 민주주의의 변화에 대응하는 데 무력하기 쉽다. 일반적으로 말해 민주주의란 민중이 정치적 힘을 갖는 정치형태고 또 그러한 정치형태를 뒷받침하고 이끄는 이념이지만, 모든 정치형태와 이념이 그러하듯 자립적인 것일 수 없다.

여기서 데모스와 크라티아의 연결, 민중과 힘의 연결고리에 대해 다시 생각해 보자. 고병권과 랑시에르가 애써 분리하고자 하는 대의제와 민주주의의 결합은 어떻게, 무엇을 매개로 가능했을까? 고병권도 인정하다시피 대표라는 방식이 반드시 민주주의를 요구하는 것은 아니다.[14] 개념적인 고리를 찾는다면 '대표'보다는 '계약'이 더 적합하다. 알다시피 계약은 근대의 경제행위와 정치행위를 이어 주는 교환의 일반적 방식을 가리키는 핵심 개념이기 때문이다. 이 계약은 보편적 상품경제를 정치와 연결해 주며, 자유주의적 사고방식을 요구하고 촉진한다. 계약이야말로 자본주의 경제와 정치, 그리고 이데올로기를 관통하는 핵심 개념이라고 할 수 있다.

'대표'를 우선하여 생각하느냐 '계약'을 우선하여 생각하느냐의 문제는 사소하지 않다. 정치나 민주주의를 자기 준거에서 보느냐, 아니면 사회의 다른 영역과의 함수관계 속에서 고찰하느냐의 문제이기 때문이다. 이것은 민주주의를 어떤 역사적 맥락에서 다루느냐의 문제이기도 하다. 달리 말해, 오늘날 민주주의를 거론할 때 그것을 우선 자본주의의 정치형태로 보고 접근하느냐, 아니면 통시대적인 정치이념의 면을 중시하면서 접근하느냐의 차이는 크다. 후자의 방식이 무가치한 것은 결코 아니겠으나, 그 경우에도 전자의 방식에 따른 이해가 뒷받침되어야 한다. 그렇지 않으면 논의가 공허해질 위험이 있을 뿐 아니라, 민주주의와 관련해 사회적으로 논란이 되는 중요한 문제들의 요체를 놓칠 공산이 크다.

대표적으로, 여러 면에서 여전히 논란의 중심에 있는 자유주의의 문제를 생각해 보자. 자유주의는 민주주의와 어떻게 연결되는가? 이 점과 관련해 고전적인 예로 흥미로운 것은 요즘도 가끔 논의되는 카를 슈미트의 견해다. 그는 자유주의를 의회제와 직결시키고 이것을 민주주의와 분리하여 보고자 한다. 자유주의와 민주주의는 전혀 다른 맥락에서 비롯한 이질적인 구성물이라는 것이다. 그에 따르면, 자유주의는 개인주의적이고 인도주의적인 도덕관이고 세계관이며, 민주주의는 통치자와 피통치자의 동일성을 전제하는 배타적인 국가형태고 이념이다.[15] 토론과 공개성을 생명으로 하는 근대의 의회제도는 자유주의의 소산이지, 민주주의와는 관계가 없다. 오히려 20세기 초 서유럽의 대중민주주의는 개인들의 차이와 다양성을 넘어서는 동질성을 강요함으로써 자유주의적 의회제도를 위협한다는 것이다.

의회제와 민주주의를 떼어 놓으려고 애를 쓰는 것은 슈미트도 고병권이나 랑시에르와 마찬가지다. 하지만 슈미트가 지켜야 할 보편적인 가치로 내세우는 것은 민주주의가 아니라 의회제고 그것을 뒷받침하는 자유주의다. 고병권이 강조한 '대표'의 문제는 의회제와 연결되기보다는 오히려 민주주의와 결합된다. 대표란 동질성이 구현되는 방식의 하나일 뿐이기 때문이다. 물론 슈미트가 말하는 민주주의 상은 고병권이나 랑시에르가 내세우는 것과 확연히 다르다. 하지만 역사적으로 결합되어 있는 두 가지를 갈라 그 가운데 하나를 독립된 보편적인 것으로 옹호하고 나머지 하나를 역사의 구덩이 속에 던져 버리려는 방식은 서로 닮았다. 슈미트는 자유주의를 자유경쟁, 이기심, 계약 따위와 연관하여 설명하기도 하지만, 이를 보편적 진리에 대한 추구와 연결지음으로써 자유주의에서 그것을 뒷받침하는 역사적 맥락을 지워 버리려 한다.

그러나 민주주의를 특정하게 해석하여 보편화하기 어려운 것과 마찬가지로 자유주의 역시 그렇게 보편화할 수 없다. 슈미트의 주장과는 달리, 역사적으로 볼 때 자유주의가 언제나 설득과 토론을 금과옥조로 삼았던 것은 아니며, 강제와 폭력을 늘 배제했던 것도 아니다.[16] 자유주의에 대한 제대로 된 파악은 그것이 자본주의 경제 질서에 바탕을 두고 생겨나 사유재산과 시장을 옹호하는 역할을 행해 왔다는 점을 떠나서는 이루어지기 어렵다.[17]

　슈미트는 자유주의는 독재와 양립할 수 없는 데 반해 민주주의는 그럴 수 있다고 주장한다. 이것 역시 자유주의를 추상적 원리로 만든 연후에나 가능한 입론이다. 실제의 자유주의는 한정된 범위 내에서 부르주아 민주주의의 일환으로 작용해 왔다. 우리는 민주주의를 계급독재와 배치되는 것으로 보지 않는 맑스주의의 국가 이론을 알고 있다. 여기에 따르면, 민주주의의 형식을 취하는 국가는 다수에 따른 결정을 인정한다는 원리를 받아들이지만 그 원리가 통용되는 것은 원칙적으로 지배계급 내에서다.[18] 그래서 이를테면, 부르주아 내의 자유주의적 민주주의는 사회의 다른 계급에 대한 부르주아의 독재와 양립 가능하다는 것이다. 이것은 참정권이 유산계급에 제한되어 있던 시기를 돌아볼 때 명시적인 설득력을 가지는 주장이다. 프롤레타리아 독재란 이런 부르주아 독재를 뒤집은 것이며, 역시 프롤레타리아 민주주의와 양립 가능하다.[19]

　그러나 어떻든 자유주의는 오늘날 압제와 억압에 반대하는 역할을 하고 있지 않은가? 역시 추상적인 원리로서만 그렇다고 해야할 것이다. 그 원리가 말 그대로 보편적으로 적용되는 것은 아니다. 자유주의를 앞세우는 국가들이 벌여 온 숱한 전쟁들을 생각해 보라. 자유주의가 내세우는 보편성의 참모습과 한계에 대해서는 지금껏 많은 지적이 있어 왔다.[20] 이런 지적은 보편적 인권이나 공정한 절차, 공개적 토론과 투명성의 원리 등 자유주의와 함께 발전되어 온 요소들이 존중받고 확산되어야 한다는 점을 부정하기 위한 것이 결코 아니다. 추상적인 원리를 구체적으로 이용하는 이해관계의 맥락을 도외시할 때 그 원리는 실제의 갈등과 문제를 호도하는 수단이 될 수 있다는 점을 경계하기 위한 것일 뿐이다.

슈미트는 자유주의와 민주주의의 이질성을 강조하지만, 자유주의도 민주주의와 마찬가지로 자립적인 것일 수 없다는 점에는 주의를 기울이지 않는다. 자유주의의 역사는 민주주의보다 더 짧고 그 기반도 더 좁다. 민주주의가 본래 제한적인 연원을 가지고 있으며 사회의 다른 영역과 함께 발전하는 것이라면, 자유주의는 더욱 그럴 수밖에 없을 것이다.[21]

4

슈미트가 우려했던 바와는 달리 자유주의와 민주주의의 결합에서 오늘날 피해를 보고 있는 것은 민주주 쪽이라고 할 수 있다. 앞서 언급한 포스트-민주주의의 논의가 이 점을 잘 보여 준다. 자유로운 개개인의 선택이라는 구실 아래 힘의 불균등이 가리어진다. 자유주의는 민중이 힘을 갖는 방식이 아니라 소수에게 집중된 힘이 민중을 장악하는 통로로 기능한다. 자유로운 거래를 통해 평등한 양(量)과 다수多數의 힘을 과시하는 것은 민중이 아니라 자본이다. 민주주의는 명목상의 정당성을 부여하는 역할로 전락한다. 이런 상황이니 형식상의 주권과 실제의 통치 사이의 관련을 밝히는 것이 민주주의를 둘러싼 논의의 요체라는 지적이 나올 만하다.[22]

자본의 통치와 그 위력은 이제 자본이라는 말이 경제 영역을 넘어 집적된 힘을 일컫는 일반적 명칭으로 통용되게끔 한다. 상징 자본이나 문화 자본이라는 용어 외에 '분노-자본'이라는 말까지 등장한다.[23] 이것은 오늘날 힘의 무게가 확연히 자본에 쏠려 있으며 그것에 맞설 마땅한 상대가 출현하지 못하고 있다는 표징이다. 아직 충분치 못한 이 '분노-자본'이 겨누고 있는 것이 바로 자본의 지배라는 데 아이러니가 있다.

물론 자본주의-자유주의의 승리는 확정적이지 않다. 한동안 기승을 부리던 신자유주의의 패권은 그 일방적 자본의 통치가 초래한 불균등의 심화에 힘입어 세계경제가 공황에 빠져들자 와해되기 시작했다. 자본주의권圈의 부의 편중 현상은 1980년대부터 점점 심해져서 2000년대가 되면 미국의 경우 소득불균형 비율이 1920년대 말 대공황 직전 수준으로 치솟는다. 부족해진 소비수요를 메우기 위해 부추겨진 부채 규모는 날로 늘어났고[24] 이렇게 부풀던 빚더미 소비의 거품에 마침내 작은 구멍이 뚫리자, 2008년 이래 자본주의 세계경제는 미국발 위기가 세계 곳곳으로 전이되고 반복되는 전반적인 불황의 늪에 빠져 있다. 이 불황을 타개하기 위해서라도 악화된 분배구조를 개선할 필요가 있는데, 여기에 대한 요구는 협소한 자유주의의 지평 안에서는 충족되기 어렵다. 민주주의를 자유주의의 틀을 넘어 이해하려는 움직임이 커지는 것은 당연한 일이다.

세계화한 자본주의와 보편적인 자유주의에 대해서는 많은 논의가 있지만, 거기에 대응하여 세계 규모의 민주주의를 이야기하기는 어렵다. 물론 고병권이나 랑시에르 식으로 '주권'과 '인민' 너머의 민주주의, 제도적 국가 밖의 민주주의를 생각하는 일이 불가능하지는 않을 것이다. 근래의 세계화 반대 시위 등을 그런 민주주의의 한 발현 형태로 생각할 수도 있다. 그러나 우리 삶에 큰 영향을 미치는 민주주의의 주요 형태는 아직 국민국가의 정치에 매어 있다. 노동력 이동에 대한 법적인 제약이 사라진 경우에도 지역적 기반을 떠나는 일이 얼마나 힘든 일인가는 유럽공동체의 현실이 잘 보여 준다. 국가의 틀을 넘어서는 요소를 받아들이는 일이 중요하다 해도, 민주주의의 주요 형태는 아직 국가와 관련을 맺을 수밖에 없다.

이렇듯 주로 국가의 틀 내에서, 또 분배구조와 관련하여 우리에게 민주주의의 주요 현안으로 떠올라 있는 것이 복지정책과 관련되는 논의다. 복지의 강화가 반자유주의적이고 그래서 반민주주의적이라는 주장은 이제 힘을 잃고 있으며, 민주주의는 정치가 경제에 관여하는 방식이어야 한다는 목소리가 거세지고 있다.[25] '경제민주주의'도 시장 논리의 보편적인 적용에 그치는 것이 아니라 노동과 소비의 담당자인 민중의 경제적 역할과 권익을 신장시키는 것이어야 한다는 논의가 이어진다.[26] 자본주의하에서도 노동자가 기업의 경영권을 가질 수 있고 또 그래야 마땅하다는 주장도 나온다.[27]

그런데 경제민주주의 논의에서건 포스트-민주주의 논의에서건 관건이 되는 것은 역시 크라티아의 문제, 힘의 문제다. 즉, 민중이 어떤 방식으로 힘을 가질 수 있으며 또 어떤 방식으로 그 힘에서 멀어질 수 있는가가 중요하다. 1인 1표의 권리는 민주주의 제도의 근간을 이루는 형식이지만, 우리는 그 권리가 자본에 의해 매수될 수도, 압제적 분위기와 선전에 의해 유린될 수도 있음을 알고 있다. 또 억압된 상황하에서는 소수의 직접적 행동이 형식적인 잣대로는 가늠할 수 없는 커다란 움직임을 분출시킬 수 있음도 알고 있다.

고대 그리스에서 독재는 상시적인 정치형태가 아니라 비상한 위기에 대처하는 권력행사 방식이었고, 따라서 이것은 민중이 힘을 갖는 민주주의하에서도 나타날 수 있었다. 문제는 일시적인 이 독재권을 부여하고 회수할 수 있는 힘을 실제로 민중이 지니고 있느냐 하는 점이다. 그와 같은 힘은 어디에서 오는 것일까? 고대 그리스에서는 그것이 자유민 각각의 군사적 능력에서 비롯하는 것이었다면,[28] 오늘날 거기에 해당할 수 있는 것은 무엇일까? 경제적 생산에서 차지하는 역할이나 소비자로서 발휘하는 영향력 따위가 그것에 버금갈 수 있을까? 노동의 종말이 운위되는 이 시대에, 잉여인구의 비율이 운위되는 이 시대에, 과연 그럴 수 있을까? 그러나 다른 한편, 오히려 그렇기 때문에 더더욱 자본주의를 뛰어넘는 새로운 사회시스템의 구축이 요구되며, 그래서 더더욱 그것을 뒷받침할 민중의 응집된 요구의 분출이 예기豫期되는 것 아닐까?

　　민주주의와 관련된 철학적 논의의 주요한 일단은 이러한 상황을 둘러싸고 전개되는 듯하다. 뜬금없이 들리는 '신적인 폭력'에 대한 논의[29]나 슈미트의 주권론과 '정치신학'에 대한 관심[30]에는 정치적 주권의 한계에 대한 반성과 더불어 새로운 정치적 질서를 이룰 힘에 대한 기대가 깃들어 있다. 또 다른 한편에서는 기존의 정치형태와 아울러 통치 및 권력 자체를 넘어서고자 하는 모색이 자리 잡는다. 우리는 앞에서 이와 같은 견지를 랑시에르와 고병권의 견해를 통해 살펴보았다.[31] 민주주의에 대한 이해의 근본적인 변환을 촉구하는 이들의 입장에는 민중과 실제적 힘의 결합 가능성에 대한, 또 그런 결합이 낳을 수 있는 결과에 대한 회의적 시선이 깔려 있다. 외적인 근거를 거부하는 이들의 생각에는 오늘날의 상황에 대한 불투명하고 낙관적일 수 없는 전망이 반영되어 있는 것이다. 이런 점에서 보면, 이 두 갈래의 민주주의론 사이의 거리는 그렇게 멀지 않다.

5

이전에는 '민주주의를 넘어서'가 민주주의 소멸론으로 이해될 수 있는 맥락이 있었다. 적대적 이해관계의 소멸, 국가의 소멸, 정치의 소멸로 이어지는 낙관적 진보의 전망 속에서 말이다. 그러나 오늘의 민주주의가 놓인 자리는 그런 처지와 거리가 멀다. 이제 우리는 동요하는 민주주의의 제약 근거와 거기에서 비롯하는 가능성을 이해하기 위해 민주주의를 넘어서 볼 따름이다.

'민주주의를 넘어서'는 그러니까 정치 영역 바깥을 향한 시선이고 그런 의미에서 정치의 개방성을 촉구하는 표현이다. 환원적 설명에 대한 공포나 미시 서사에 대한 집착은 이 개방성과 함께하기 어렵다. 경제 영역을 중시하는 것이 곧바로 경제 환원론에 빠지는 것은 아니다. 불황의 심화가 분배구조의 개선을 통해 민주주의의 기반을 확충하는 기회가 될 수 있는 반면, 그런 개선의 실패나 난망難望함이 독재권력을 끌어들이는 원인이 되기도 한다는 점은 부인할 수 없다.

민주주의와 관련된 요구는 때로 강한 윤리적 색깔을 띠고 제기되기도 한다. 윤리는 특히 정치인에게 투영되는 일반화된 규범을 통해 이해관계와 우회적으로 관계한다. 공인에게 요구되는 공정함, 사심 없음, 사회적 책임감 등의 덕목은 대의제 민주주의에 희망을 걸게 하는 요인이다. 하지만 이러한 윤리적 요구의 힘은 얼마나 세고 얼마나 지속적인 것일까? 그것은 우리가 피하거나 치워야 할 것을 지시하고 빈자리를 마련하는 데 주로 기여하는 한계를 지닌 것이 아닐까?

오늘날 직접적 자치 위주의 민주주의에 대한 발상이 공상적인 것이 될 위험이 더 커진 데에는 우리가 맺는 관계들의 규모 변화가 한몫하고 있다. 적어도 간접적으로 우리는 전 세계를 아우르는 규모의 차원에서 살아 나간다. 이 규모의 확장을 긍정적으로 받아들이건 거기에 비판적으로 대응을 하건, 확장된 관계 자체를 부인할 도리는 없다. 또 어떤 대응을 하건 그 대응 양상의 규모도 문제가 된다. 그러한 한, "대의체제의 형태를 제거하고 직접적인 투명성에 도달하고자 하는 [……] 꿈은 불가능한 것"[32]일지 모른다. 대의체가 늘 소외의 가능성을 안고 있다고 하더라도, 그 소외에 대한 효과적 대응은 또 다른 대의체를 수반하기 마련이다.[33] 재현과 대표에 대한 해체의 노력은 중요하지만, 그 노력의 요체는 모든 재현과 대표를 없애는 데 있는 것이 아니라 그 고정성을 부정하는 데 있을 것이다.

이런 점에서 주목해야 할 것 가운데 하나가 민중의 의사를 모으고 드러내는 데 유용한 새로운 방식들이다. 사람들이 자신들의 의사를 서로 교환하고 토론하며 숙의할 수 있는 직접적인 규모에는 한계가 있다. 그 때문에 우리는 다층적인 토의 방식과 조직들을 마련하지만 항상 그 층들 사이의 소통이 문제가 된다. 소통을 촉구하는 견해들은 대부분 공론장의 활성화와 적극적인 참여 여건의 조성을 내세운다. 시민교육을 통한 공동체적 문화의 육성도 강조되는 단골 메뉴다.[34] 그러나 민중의 다양한 이해와 거기에서 나오는 의견은 언제나 토론과 숙의의 매개를 거쳐서만 표현되고 발휘되어야 하는가? 오히려 이런 절차의 다층성과 복잡함에서 오는 장애들 때문에 여론은 조작될 가능성을 크게 안고 있지 않은가? 오히려 민중의 견해와 의지를 직접적으로 모으고 반영해 내는 방식이 더 민주주의에 맞는 것이 아닐까? 오늘날 소셜 네트워크의 확산과 발전은 이런 가능성을 증폭시키고 있다. 그래서 다소 극단적인 형태의 정식화지만 '숙의 없는 민주주의'를 내세우고 반기는 주장도 나온다.[35] 그러나 이렇게 직접적인 의사들이 표현될 수 있다 하더라도 여전히 중요하게 남는 문제는 그것을 통합하고 관철할 수 있는 힘의 형태가 어떤 것이냐 하는 점이다. 기존의 정당이나 시민단체를 넘어서는 어떠한 가능성이 우리에게 열려 있는 것일까?

후주

철학의 슬픔

1 이종영, 『영혼의 슬픔: 두 개의 삶 사이에서』, 울력, 2014, 9쪽.

2 같은 책, 59쪽.

3 스피노자, 『에티카』, 3부 정리 11의 주석.

4 스티븐 핑커, 『마음은 어떻게 작동하는가?』, 김한영 옮김, 동녘사이언스, 2007, 646쪽.

5 같은 책, 647쪽.

6 Paul Keedwell and Philip Barker, *How Sadness Survived?: The Evolutionary Basis of Depression*, Radcliffe, 2008, p.xii 이하 참조.

7 로버트 트리버스, 『우리는 왜 자신을 속이도록 진화했을까?』, 이한음 옮김, 살림, 2013, 196~197쪽.

8 라캉은 『세미나 X』(불안 1962~1963)의 마지막 부분에서 이 문제를 정리하고 있다. 부산대 인문학연구소의 인문학 담론모임(2012년 11월)에서 이루어진 맹정현의 발표를 참고했다.

9 김동규, 『멜랑콜리아』, 문학동네, 2014, 98~99쪽.

10 실은 김동규는 멜랑콜리의 특징 가운데 중요한 부분을 프로이트의 우울증(멜랑콜리) 해석에 기대고 있다.

11 이하 24쪽까지의 내용은 문성원, 「왜 레비나스 휠릭인가?」, 김혜령 외, 『레비나스 휠릭의 맥락들』, 그린비, 2017의 일부(65~69쪽)와 겹친다.

12 제레미 스탱룸, 『세계의 과학자 12인, 과학과 세상을 말하다』, 김미선 옮김, 지호,

2009, 26~27쪽.

13 같은 곳.

14 마이클 S. 가자니가, 『윤리적 뇌』, 김효은 옮김, 바다, 2009, 196쪽 이하; 마이클 가자니가, 『왜 인간인가?』, 박인균 옮김, 추수밭, 2009, 382쪽 이하 참조.

15 진화론적 견지의 설명에 따르면, 이야기는 소규모로 살아가던 인간이 그 집단의 규모가 커지고 복잡해짐에 따라 당면한 여러 인지적·사회적 문제들을 해결하기 위해 등장한 적응 형태다. 브라이언 보이드, 『이야기의 기원』, 남경태 옮김, 휴머니스트, 2013 참조.

16 데이비드 슬론 윌슨, 『종교는 진화한다』, 이철우 옮김, 아카넷, 2004. 가자니가, 『윤리적 뇌』, 204쪽에서 재인용.

17 대리언 리더, 『광기』, 배성민 옮김, 까치, 2012, 97쪽.

18 "Die philosophen haben die Welt nur verschieden interpretiert; es kommt aber darauf an, sie zu verändern"(Karl Marx, *Thesen über Feuerbach*, 1888).

19 그는 교보문고, 돌베개출판사 등이 각각 마련한 강연들을 했다. 인터넷에서 그 동영상들을 찾아볼 수 있다.

20 조너선 하이트, 『바른 마음』, 왕수민 옮김, 웅진지식하우스, 2014. 이 책의 원저인 *The Righteous Mind*는 2012년에 출간되었다.

21 같은 책, 20~24쪽, 109~110쪽, 150쪽. 인용 쪽수는 인용 순서대로가 아니다.

22 같은 책, 177~178쪽.

23 같은 책, 474쪽.

24 장대익, 「생물학, 진화론, 인간 이해: 인간 본성의 진화론적 이해」, 네이버 열린연단 22강, 2014년 6월 21일, https://openlectures.naver.com/contents?contentsId=48461&rid=248&lectureType=lecture.

25 고(故)이상록선생추모모임 엮음, 『사랑공화국에서 미륵공화국으로』, 백산서당, 2009, 120쪽 이하 참조.

26 박만준, 「철학의 대중화는 가능한가?」, 『대동철학』 69집, 2014, 226쪽.

27 대니얼 카너먼, 『생각에 관한 생각』, 이진원 옮김, 김영사, 2012, 17쪽.

28 같은 책, 104쪽.

29 핑커, 『마음은 어떻게 작동하는가?』, 859쪽.

30 더글러스 T. 켄릭, 『인간은 야하다』, 최인하 옮김, 21세기북스, 2012, 135쪽 이하 참조. 이 책의 원저인 *Sex, Murder, and the Meaning of Life*는 2011년에 출

간되었다.

31 같은 책, 152쪽.

32 「철학자 박이문 "인생의 답 찾아 평생 헤맸지만 결국 답이 없다는 답을 얻었다":
허문명 기자의 사람 이야기」, 『동아일보』, 2014년 7월 14일, http://news.donga.
com/more22/3/all/20140714/65150042/1.

33 박이문, 『둥지의 철학』, 소나무, 2013, 88쪽 이하 참조.

34 같은 책, 110쪽.

35 나는 전에 이런 문제를 보다 상세히 다룬 적이 있다. 문성원, 『해체와 윤리』, 그린
비, 2012, 191쪽 이하 참조.

36 질 들뢰즈, 『시네마 II: 시간 이미지』, 이정하 옮김, 시각과 언어, 2005, 413쪽 이하
참조.

37 질 들뢰즈·펠릭스 가타리, 『철학이란 무엇인가』, 이정임·윤정임 옮김, 현대미학
사, 1995, 303쪽.

38 같은 책, 285쪽. 여기서 '지시관계'의 원래 표현은 'référence'다.

39 한병철, 『피로사회』, 김태환 옮김, 문학과지성사, 2012, 12쪽 이하 참조.

40 한병철, 『투명사회』, 김태환 옮김, 문학과지성사, 2014 참조.

41 "아감벤은 주권사회에서 성과사회로의 이행에 따른 폭력의 공간구조적 변화를
전혀 포착하지 못한다"(한병철, 『피로사회』, 108쪽).

42 같은 책, 77쪽.

43 같은 책, 71쪽 이하 참조.

44 『피로사회』의 우리말 번역본에는 「우울사회」(Gesellschaft der Depression)라는
강연 원고가 같이 번역되어 있다.

45 같은 책, 113쪽.

46 같은 책, 98쪽.

47 http://www.101bananas.com/art/hopper4.3.html 참고. 이곳에선 Robert
Hobbs, *Edward Hopper*, Harry N. Abrams, 1987에 나오는 설명을 인용하고
있다.

48 발터 벤야민, 『독일 비애극의 원천』, 조만영 옮김, 새물결, 2008, 181~182쪽.

49 딜런 에반스, 『라깡 정신분석 사전』, 김종주 옮김, 인간사랑, 1998, 269~270쪽 참
조.

50 조르조 아감벤, 『벌거벗음』, 김영훈 옮김, 인간사랑, 2014, 29쪽. 아감벤의 이 글

은 2006~2007년 이론철학 수업 개강을 위해 준비한 텍스트에서 유래한다. 같은 책, 22쪽 저자 주 참조.

51 같은 책, 29쪽.

행복에 대하여

1 대니얼 카너먼 외, 존 브록만 엮음, 『생각의 해부』, 강주헌 옮김, 와이즈베리, 2015, 482~484쪽.

2 덧붙일 흥미로운 점이 있다. 위의 예에서 피험자들에게 "마리아가 불행할까?"라는 질문을 했을 때에는 두 경우 모두 그렇지 않다는 대답이 나왔다고 한다. 불행한가 아닌가를 문제 삼는 데에는 당사자의 느낌이 중요하지 그 상태에 대한 도덕적 판단이 영향을 미치지 않는다는 것이다. 같은 책, 485쪽 이하 참조.

3 대니얼 길버트, 『행복에 걸려 비틀거리다』, 서은국·최인철·김미정 옮김, 김영사, 2006, 72~73쪽.

4 아리스토텔레스, 『니코마코스 윤리학』, 최명관 옮김, 서광사, 1984, 34쪽, 1095a.

5 블레즈 파스칼, 『팡세』, 425.

6 스티븐 핑커, 『마음은 어떻게 작동하는가』, 김한영 옮김, 동녘사이언스, 2007, 599쪽.

7 "The Desert Elephants", https://www.youtube.com/watch?feature=player_detailpage&v=aHeElJuDfDI 참조.

8 극단적인 예로, 연어는 성체가 되면 온갖 어려움을 무릅쓰고 자신이 태어난 곳으로 거슬러 올라와 알을 낳고 죽지만, 그 알의 부화를 통해 연어들의 삶은 지속된다.

9 스티븐 퀴츠·티렌스 J. 세지노브스키, 『거짓말쟁이, 연인, 그리고 영웅』, 최장욱 옮김, 소소, 2005, 382쪽 이하 참조.

10 같은 책, 396쪽 이하 참조.

11 퀴츠와 세지노브스키에 따르면 "뇌는 과거의 정보를 바탕으로 미래를 예측하는 기계"다(같은 책, 162쪽). 흔히 멍게라고 부르는 우렁쉥이는 태어나면 정착할 곳을 찾아 바닷속을 떠돌다가 정착할 곳을 찾고 나면 자신의 뇌를 먹어 버린다. 더이상 뇌가 필요하지 않기 때문이라고 한다(같은 책, 161쪽 참조).

12 길버트, 『행복에 걸려 비틀거리다』, 45쪽 이하 참조.

13 같은 책, 61쪽 이하 참조.

14 안드레이 타르코프스키, 『봉인된 시간』, 김창우 옮김, 분도, 1991, 280쪽.

15 D. G. Myers and E. Diener, "Who is happy?", *Psychological Science*, vol.6, 1995, pp.10~19. 핑커, 『마음은 어떻게 작동하는가』, 602쪽에서 재인용.

16 같은 곳.

17 「"행복하십니까"… 지난 2년 박근혜 정부 평가는」, MBC 「시사매거진 2580」 예고편, 2015년 1월 4일, http://imnews.imbc.com/news/2015/society/ article/3593847_17657.html.

18 「MBC 창사 갤럽여론조사, 국민 80% 행복하다」, MBC 뉴스데스크, 2001년 12월 2일, http://imnews.imbc.com/20dbnews/history/2001/1884061_19546. html.

19 「한국인의 '행복'(세계 57개국 행복도 비교 조사)」, 한국갤럽조사연구소, 2011년 12월 30일, http://www.gallup.co.kr/gallupdb/reportContent.asp?seqNo=25 2&pagePos=1&selectYear=&search=&searchKeyword=.

20 세계 평균의 경우, '무응답'과 '모름'에 해당하는 33퍼센트를 '행복하다'와 '행복하지 않다'의 비율로 나누어 각각에 할당하면 '행복하다'의 퍼센티지는 79.5가 된다. 같은 식으로 하면 한국은 85.8이다. 물론 이런 방식의 추정은 다른 응답의 비율이 높을수록 더 부정확해진다고 보아야 할 것이다. 한편, 한국리서치의 2015년 초 조사에서는 '행복하다'가 51.1퍼센트, 행복하지 않다는 10.4퍼센트였다. 여기에 해당하지 않는 나머지(38.5퍼센트)를 이 비율로 나누어 합하면 '행복하다' 쪽은 약 83퍼센트가 된다. 같은 조사에서 각 개인의 행복이 아닌 우리 사회의 행복 여부를 물었을 때 나온 결과도 주목할 만하다. "응답자의 34.1퍼센트가 '국민들이 행복하지 않다'고 답했다. '행복하다'는 응답(12.0퍼센트)보다 3배 정도 높은 수치다"(「"우리 사회 행복하다" 국민 10명 중 1명」, 한국인터넷언론인협동조합, 2015년 1월 2일, http://m.kimcoop.org/news/articleView. html?idxno=66027).

21 길버트, 『행복에 걸려 비틀거리다』, 231쪽.

22 로버트 트리버스, 『우리는 왜 자신을 속이도록 진화했을까?』, 이한음 옮김, 살림, 2013, 39쪽 이하 참조. 자신에 대한 과대평가 경향이 두드러진 집단으로는 흔히 교수나 학자들이 거론된다. 이들 대부분(90퍼센트 이상)은 스스로가 자기집단

내에서 평균보다 낫다고 생각한다.

23 대니얼 길버트가 이 점을 잘 정리하고 있다. 그는 현대 미국 사회에서 4만 달러면 부로 구할 수 있는 거의 모든 행복을 살 수 있다고 말한다. 그 이상의 소득이 행복감에 미치는 영향은 미미하다. 카너먼 외, 『생각의 해부』, 25쪽 이하 참조(해당 부분은 길버트의 발표문이다). 또 대니얼 카너먼, 『생각에 관한 생각』, 이진원 옮김, 김영사, 2012, 483쪽 이하 참조.

24 핑커, 『마음은 어떻게 작동하는가』, 600~601쪽. 핑커는 이 대목에서 다음과 같은 짓궂은 언급들도 인용하고 있다. "행복 (명사) 타인의 불행을 생각할 때 생겨나는 흡족한 기분 ─ 엠브로즈 비어스 / 성공만으로는 충분하지 않다. 다른 사람들이 실패해야 한다. ─ 고어 비달 / 곱사등이가 즐거워할 때는 언제인가? 다른 사람의 등에서 더 큰 혹을 보았을 때다."

25 카너먼, 『생각에 관한 생각』, 361쪽.

26 트리버스, 『우리는 왜 자신을 속이도록 진화했을까?』, 216쪽 이하 참조.

27 박경일, 「다른나라 사람 행복곡선은 'U': 500만이 행복한 나라로 ─ 세대별 '행복'」, 『문화일보』, 2008년 4월 2일, http://www.munhwa.com/news/view.html?no=2008040201035230024001.

28 스터얼링 P. 램프레히트, 『서양철학사』, 김태길·윤명로·최명관 옮김, 을유문화사, 1963, 130쪽.

29 「한국 노인 빈곤율 OECD 국가 중 1위, 노인복지에 쓰는 돈은 최하위권」, 『조선일보』, 2013년 3월 23일.

30 「청소년들 "가정에 소속감 못 느껴" OECD 평균 2배」, 『조선일보』, 2014년 11월 20일, http://news.chosun.com/site/data/html_dir/2014/11/20/2014112000196.html.

31 근년에 계속 1위였다가 2015년에는 스위스, 아이슬란드에 이어 3위를 차지했다. 한국은 조사 대상 158개국 중 47위다. 「한국, 행복지수 158개국 중 47위, 1위 스위스」, 『연합뉴스』, 2015년 4월 24일, https://www.yna.co.kr/view/AKR20150424061000009.

32 오연호, 『우리도 행복할 수 있을까』, 오마이북, 2014, 16쪽 이하 참조.

33 같은 책 2부는 이런 점들을 소개하고 있다.

34 '웰-빙'의 문제점에 대해서는 문성원, 「웰빙에서 윤리로」, 『해체와 윤리』, 그린비, 2012, 171~188쪽 참조.

35 밀란 쿤데라, 『참을 수 없는 존재의 가벼움』, 이재룡 옮김, 민음사, 1999, 286~287쪽.

36 「"사랑을 위해 고생하는 게 幸福⋯ 인생 되돌릴 수 있다면 60세로": 최보식이 만난 사람」, 『조선일보』, 2015년 6월 29일, http://news.chosun.com/site/data/html_dir/2015/06/28/2015062802543.html?Dep0=twitter&d=2015062802543.

37 임마누엘 칸트, 『실천이성비판』, 백종현 옮김, 아카넷, 2009, 2권 2장, 특히 207쪽 이하 참조.

인공지능, 무한, 그리고 얼굴

1 고은, 「최근」.

2 원문은 트위터 이용자 '유이'(@LaLuna137)의 2017년 5월 29일 트윗. https://twitter.com/laluna137/status/869212321649893376. 현재는 계정이 삭제되었다.

3 이중원, 「더 인간적인 미래는 가능하다」, 『세상을 바꾸는 시간 15분』 786회, 2017년 7월 11일, http://tv.naver.com/v/1848853.

4 오랑우탄과 관련된 판결은 「"오랑우탄은 '비인간 인격체' 자연으로 돌려보내야" 판결」, 『뉴스1』, 2014년 12월 22일, http://news1.kr/articles/?2012482 참조.

5 Emmanuel Levinas, "The Paradox of Morality: An Interview with Emmanuel Levinas", trans. Andrew Benjamin and Tamra Wright, eds. Bernasconi and Wood, *The Provocation of Levinas: Rethinking the Other*, pp.171~172, Peter Atterton, "Facing Animals", eds. William Edelglass, James Hatley, and Christian Diehm, *Facing Nature: Levinas and Environmental Thought*, Duquesne University Press, 2012, p.35에서 재인용.

6 여기에도 우리가 사용하는 언어상의 문제가 있다. '호소-응답'보다는 'appel-réponse'가 훨씬 탄력적인 적용 범위를 갖는다. '호소'에 해당하는 'appel'은 일반적으로 '부름'이라고 새길 수 있다.

7 에마뉘엘 레비나스, 『전체성과 무한: 외재성에 대한 에세이』, 김도형·문성원·손영창 옮김, 그린비, 2018, 288~289쪽. 이하 같은 책의 인용은 괄호 안에 쪽수만 표

시한다.

8 Luc Dardenne, *Au dos de nos images 1991-1995*, Édition du Seuil, 2005, p.56.

9 *Ibid.*, pp.16~17. 1992년 11월 8일의 메모. 레비나스를 인용한 부분은 레비나스, 『전체성과 무한』, 11쪽에 나온다.

10 *Ibid.*, p.73. 1997년 6월 25일의 메모. 레비나스를 인용한 부분은 Emmanuel Levinas, *Difficile liberté*, Albin Michel, 1976, p.20에 나온다.

11 *Ibid.*, p.129.

12 *Ibid.* 이 책의 제목 'Au dos de nos images'에도 '등'(dos)이 들어간다. '우리의 이미지들의 등 뒤에서' 또는 '우리의 이미지들의 뒷면에서'라고 옮길 수 있겠다.

13 *Ibid.*, p.36. 1994년 2월 16일의 메모.

14 나는 전에 이런 맥락에서 들뢰즈의 표현 개념을 다룬 바 있다. 문성원, 「이미지와 표현의 문제」, 『해체와 윤리』, 그린비, 2012, 216쪽 이하 참조.

15 Dardenne, *Au dos de nos images 1991-1995*, p.42.

16 *Ibid.*, p.123.

17 문성원, 『타자와 욕망』, 현암사, 2017, 137쪽 참조.

사랑과 용서

1 여기에 대한 알기 쉬운 설명으로 조용현, 「음계, 소리의 페라스[태극]를 찾아서」, http://biophilosophy.tistory.com/158 참조.

2 윤구병, 『내 생애 첫 우리말』, 천년의상상, 2016, 147쪽 참조.

3 에마뉘엘 레비나스, 『전체성과 무한: 외재성에 대한 에세이』, 김도형·문성원·손영창 옮김, 그린비, 2018, 382쪽. 이하 이 책에서의 인용은 괄호 안에 쪽수만 표시한다.

4 「Origin of Love Drawings(한글자막)」, https://www.youtube.com/watch?v=aUkSrxWJgfY.

5 여기에 대해서는 남기호, 「헤겔의 '사랑' 개념과 그 철학적 위상 변화」, 『시대와 철학』, 19권 4호, 한국철학사상연구회, 2008, 88쪽 이하 참조.

6 조르주 바타유, 『에로티즘』, 조한경 옮김, 민음사, 2009, 11쪽.

7 여기에 대해서는 문성원, 『타자와 욕망』, 현암사, 2017, 58쪽 이하 참조.

8 감정은 그런 영향에 의해 야기된 내적 상태 또는 거기에 대한 자각이라고 할 수 있을 테니, 넓게 보아 감성적인 것에 포함된다고 해야겠다. 우리말의 '감성'(感性)은 그것에 해당하는 서양어(sensibility/sensibilité/Sinnlichkeit)보다 그 뉘앙스 면에서 좀 더 넓은 느낌(!)이 있다.

9 조금만 주의를 기울이면 이런 점은 쉽게 찾아낼 수 있을 정도로 노골적이다. 그 내용에 대해서는 이동진, 「'마더!' 거대한 이야기를 한 손에 쥐고 폭주하다: 이동진의 어바웃 시네마」, 다음 영화 매거진, http://magazine2.movie.daum.net/movie/40928 참조.

10 『전체성과 무한』의 「독일어판 서문」(1987)에는 레비나스가 이런 윤리적 사랑을 언급하는 대목이 나온다(이 「독일어판 서문」은 레비나스, 『전체성과 무한』, 464~470쪽에 실려 있다).

11 "용서는 용서된 과거를 순화된 현재에 보존하는 데 반해, 망각은 과거와의 관계를 없애 버린다. 용서된 존재는 무고한 존재가 아니다. 그 차이는 무고함을 용서 위에 놓도록 해주지 않는다"(429쪽).

12 문성원, 『해체와 윤리』, 그린비, 2012, 146쪽 참조.

13 이런 점에서 의례적인 정치적 용서를 비롯하여 세간에서 강요되고 거래되는 숱한 용서들은 허식(虛飾)에 불과하다. 자크 데리다, 『신앙과 지식/세기와 용서』, 신정아·최용호 옮김, 아카넷, 2016, 217쪽 이하 참조.

환대하는 삶

1 이 대목은 문성원, 『타자와 욕망』, 현암사, 2017, 93~94쪽에서 따왔다.

2 이 점에 대한 평이하지만 흥미로운 서술로 재레드 다이아몬드, 『어제까지의 세계』, 강주헌 옮김, 김영사, 2013, 1장 참조.

3 유발 하라리는 『사피엔스』에서 이 대목을 간단하고 실감나게 기술하고 있다. 유발 하라리, 『사피엔스』, 조현욱 옮김, 김영사, 2015, 411쪽 이하 참조.

4 I. Kant, "Zum Ewigen Frieden", *Werkausgabe*, vol. XI, Suhrkamp, p. 213, 『영원한 평화를 위하여』, 이한구 옮김, 서광사, 1992, 36쪽. 이한구 교수는 'Hospitalität'를 '우호'라고 옮기고 있다.

5 Luc Dardenne, *Au dos de nos images 1991-1995*, Édition du Seuil, 2005, 특

히 pp.56, 71, 73 등; *Au dos de nos images II 2005-2014*, Édition du Seuil, 2015, 특히 pp.177, 186, 195 등 참조. 다르덴 형제 영화와 레비나스 철학의 관련에 대한 언급으로 문성원, 「얼굴과 윤리」, 『오늘의 문예비평』 2017년 가을호 참조.

6 이 영화에 대한 무난한 소개와 평가로 「[언노운 걸] 무비썸 #44 다르덴 형제의 귀환! 그녀의 이름은 무엇일까요? / 송경원 평론가 리뷰」, https://www.youtube.com/watch?v=vY4igvKOxX4 참조. 예고편은 「언노운 걸」, https://www.youtube.com/watch?v=zLO1Kkfr99E.

7 에마뉘엘 레비나스, 『전체성과 무한: 외재성에 대한 에세이』, 김도형·문성원·손영창 옮김, 그린비, 2018, 352쪽.

8 Dardenne, *Au dos de nos images II 2005-2014*, p.195. 2012년 5월 16일의 메모.

9 자크 데리다, 『환대에 대하여』, 남수인 옮김, 동문선, 2004, 38쪽, 70쪽 이하 참조.

10 이들이 「언노운 걸」 바로 앞에 만든 「내일을 위한 시간」(Deux jours, une nuit, 2014)은 일자리와 관련된 윤리적 문제를 다루고 있는데, 역시 얼마간 교훈적이다.

11 이 안온함과 여성성을 연결시키는 것은 오늘날의 견지에서 적절해 보이지 않는다. 여기에 대해서는 이 책의 앞에 실린 「사랑과 용서」에서 얼마간 다룬 바 있다.

12 자크 데리다, 『아듀 레비나스』, 문성원 옮김, 문학과지성사, 2016, 62쪽 참조.

13 같은 책, 110쪽 이하 참조.

14 같은 책, 114쪽 참조.

정치와 윤리

1 문성원, 『해체와 윤리』, 그린비, 2012 참조.

2 에마뉘엘 레비나스, 『전체성과 무한: 외재성에 대한 에세이』, 김도형·문성원·손영창 옮김, 그린비, 2018, 7쪽 이하.

3 같은 쪽, 9쪽 이하 참조. 나는 근래에 아감벤 등을 통해 벤야민이나 카를 슈미트 유의 종말론에 대한 관심이 부각되는 풍조도 마찬가지의 배경을 지니고 있다고 생각한다.

4 레비나스의 철학을 애당초 정치철학으로서 해석하고자 하는 시도로 Ernst Wolff,

Political Responsibility for a Globalised World: After Levinas' Humanism,
transcript Verlag, 2011 참조. 볼프는 레비나스에서 정치적 수단에 대한 고려가
미비함을 수긍하면서도 타자의 다수성 및 이 다수들 사이의 관계에 대한 관심
이 애초부터 레비나스에게 중요하게 자리 잡고 있다고 보고, 막스 베버, 아펠, 리
쾨르 등을 통해 레비나스에게 부족한 정치적 매개의 내용을 보완하려 한다. 또
Madeleine Fagan, *Ethics and Politics after Poststructuralism*, Edinburgh
University Press, 2013도 레비나스의 철학에서 정치철학적 의미를 부각시키려
는 시도의 예라고 할 수 있다.

5 데리다는 「폭력과 형이상학」(1964)을 통해 『전체성과 무한』에 대한 비판적 논의
를 시작하여 레비나스 철학의 특색과 중요성을 세상에 알렸다. 레비나스의 두 번
째 주저라 할 수 있는 『존재와 달리 또는 존재성을 넘어』(1974)에서 우리는 데리
다의 비판에 대한 레비나스 나름의 응답을 읽을 수 있다. 이 저작에 대한 데리다
의 대표적 논의로는 「바로 이 순간 이 작업 속에 내가 여기 있습니다」(1980)를 들
수 있는데, 이것 역시 레비나스 철학에 대한 논의의 역사에서 빼놓을 수 없는 글
이다.

6 특히 그의 『아듀 레비나스』(1997)는 레비나스와 관련해 정치철학적 문제들을 본
격적으로 제기하고 있는 주목할 만한 저작이다. 여기에는 레비나스의 장례식
(1995년 12월 27일)에서 데리다가 읽은 조사(弔詞)와 함께, 약 1년 뒤 레비나스를
기념하는 학회에서 데리다가 한 개막 강연 「맞아들임의 말」이 실려 있다. 자크 데
리다, 『아듀 레비나스』, 문성원 옮김, 문학과지성사, 2016.

7 아렌트처럼 정치를 경제적 이익에 매이지 않은 인간 본연의 긍정적 활동으로 보
는 견지에서는 이런 생각에 동의할 수 없을 것이다. 그러나 아렌트의 견해는 고대
아테네의 한 모습을 이상적이고 또 다분히 자의적으로 형상화한 것이어서, 현실
과 동떨어져 있다는 점에서는 공산주의의 비전 못지않다. 게다가 아렌트가 말하
는 활동으로서의 정치는 공산주의에서의 탈정치적 삶과 크게 다를 것 같지 않아
보인다. 공산주의적 삶도 다양한 교류를 통해 변화와 창조성을 추구하는 것이 아
닌가. 공산주의와 마찬가지로 아렌트가 모델로 삼은 고대 아테네의 정치도 특수
한 경제적 지반을 가진다. 아렌트의 『인간의 조건』은 실상 그런 조건에 대한 인식
에 게을렀던 것이 아닐까. 한나 아렌트, 『인간의 조건』, 이진우·태정호 옮김, 한길
사, 1996 참조.

8 발터 벤야민, 「역사의 개념에 대하여」, 『역사의 개념에 대하여 / 폭력비판을 위하

여 / 초현실주의 외』, 최성만 옮김, 도서출판 길, 2008, 339쪽 참조.

9 그렇다 해도, 맑스주의의 정치소멸론과 레비나스의 윤리에 의한 정치의 초월 사이에는 통하는 면이 있는 것 같다. 양자 모두 정치에 부정적 가치를 둘 뿐만 아니라, 정치에 의미를 부여하고 조망하는 지점은 정치 자체가 아니다.

10 레비나스의 철학을 자연환경 또는 생태와 관련해서 해석하고 있는 논문집으로 William Edelglass, James Hatley, and Christian Diehm eds., *Facing Nature: Levinas and Enviromental Thought*, Duquesne University Press, 2012 참조.

11 Peter Atterton, "Facing Animals", eds. Edelglass, Hatley, and Diehm, *Facing Nature: Levinas and Enviromental Thought*, p.35 참조.

12 자크 데리다, 「폭력과 형이상학」, 『글쓰기와 차이』, 남수인 옮김, 동문선, 2001, 129~246쪽 참조. 특히 184쪽 이하를 보라.

13 같은 책, 189쪽.

14 레비나스, 『전체성과 무한』, 464~470쪽에 실린 「독일어판 서문」(1987) 참조.

15 『존재와 달리 또는 존재성을 넘어』의 「일러두기」 참조.

16 이런 점들은 데리다의 레비나스 비판이 낳은 성과라고 할 수 있다. 레비나스가 명시적으로 그렇다고 밝힌 적은 없다. 하지만 레비나스가 데리다의 비판을 주의 깊게 읽었음은 분명하고(레비나스가 「폭력과 형이상학」과 관련해 데리다에게 쓴 편지가 Danielle Cohen-Levinas ed., *Lire Totalité et Infini d'Emmanuel Levinas*, Hermann, 2011에 실려 있다. 우리말 번역은 문성원, 『타자와 욕망』, 현암사, 2017, 79~85쪽에서 찾아볼 수 있다. 1964년 10월과 1965년 2월에 쓴 그 두 통의 편지에서 레비나스는 데리다가 하이데거의 강한 영향하에 있다는 인상을 받았음을 피력한다), 내용상 그 비판이 미친 영향은 어렵지 않게 간취할 수 있다. Robert Bernasconi and Simon Critchley eds., *Re-Reading Levinas*, Indiana University Press, 1991의 편집자 서문 참조.

17 Jacques Derrida, "En ce moment même dans cet ouvrage me voici", *Psyché*, Galilée, 1987, pp.159~202.

18 데리다는 'sériature'라는 말을 만들어 쓰는데, 이것은 계열을 나타내는 'série'와 삭제선을 뜻하는 'rature'의 합성어다. *Ibid*, p.189 참조.

19 레비나스, 『전체성과 무한』, 316~317쪽 참조.

20 Derrida, "En ce moment même dans cet ouvrage me voici", p.185 참조. 정확히는 삼인칭대명사 '그'(il)로. 데리다는 이어서 왜 '그녀'(elle)가 아니고 '그'인

지도 문제 삼는다.

21 '환대'(hospitalité)는 레비나스도 사용한 말이지만, 이것이 철학적으로 중요한 개념이 된 데에는 데리다의 역할이 컸다. 데리다도 인정하다시피 레비나스에서는 주도적 용어로 등장하지 않는다. '환대'가 손님을 맞아들이는 주인의 태도를 나타내는 탓에, 타자 우위의 윤리적 관계에는 잘 맞지 않는다고 생각해서였을 것이다. 그런 점에서 '환대'는 데리다에게 더 어울리는 말인 것 같다. 비록 그가 칸트 식의 조건적 환대(서로가 손님이 될 수 있다는 점을 염두에 둔 상호적인 환대)의 밑바탕에는 레비나스 식의 무조건적 환대가 놓여 있어야 한다고 보고 있긴 하지만, 여전히 자신의 사고방식과 입지를 고수하는 주인으로서의 모습을 견지하고 있는 까닭이다.

22 데리다, 『아듀 레비나스』, 47쪽 참조.

23 데리다가 개막 강연을 맡았는데, 이 개막 강연의 제목 자체가 '맞아들임의 말'이다.

24 같은 책, 74쪽 참조.

25 같은 책, 49쪽.

26 레비나스는 "수동성보다 더 수동적인 수동성"이라고 표현한다. 『존재와 달리 또는 존재성을 넘어』의 도처에 나오는 이 표현은 나의 성립 자체가 기원을 따질 수 없는('전-기원적인') 방식으로 타자(들)에 의해 삼투되어 있음을 함축하고 있다.

27 Emmanuel Levinas, *Atrement qu'être ou au-delà l'essence*, Martinus Nijihoff, 1974, p.142 참조.

28 데리다, 『아듀 레비나스』, 121쪽 이하 참조.

29 여기에 대해서는 문성원, 「이웃과 정의」, 『해체와 윤리』, 그린비, 2012, 95쪽 이하 참조.

30 예컨대, Howard Caygill, *Levinas and the Political*, Routledge, 2002, ch.5 참조. 이스라엘에 대해 레비나스가 취한 태도를 평이하게 소개하고 있는 글로, 마리 안느 레스쿠레, 『레비나스 평전』, 변광배·김모세 옮김, 살림, 2006, 454쪽 이하 참조. 그녀에 따르면, 레비나스의 철학은 이스라엘에서 크게 주목을 받거나 호응을 얻지 못했다.

31 모세가 야훼로부터 십계명을 받았다는 산 이름이자 그 산이 있는 반도의 이름. 시나이 반도는 건국 이후 자주 분쟁의 무대가 되었다.

32 데리다, 『아듀 레비나스』, 137쪽.

33 같은 곳.

34 이 재전유가 때로 레비나스에 대한 부정확한, 또는 비틀린 해석을 수반하기도 한다는 점을 지적해야겠다. 대신함을 타자의 대체로 봄으로써 무리를 범하고 있음은 바로 앞에서 보는 바와 같지만, 그 외에도 주체를 볼모로 놓는 대목을 다루면서 주체를 "타자로서, 순수한 타자성으로서" 취급한다든지 '상처입기 쉬움'을 타자의 특성으로 본다든지 하는 부분은 레비나스로서는 분명 수긍하기 어려울 것이다. 같은 책, 207쪽 이하 참조. 이런 식의 다소 자의적인 해석은 역시 대면관계를 넘어서서 보편성을 확보하려는 데리다의 기본 의도 때문에 나오는 것이라 할 수 있다.

35 같은 책, 145쪽.

36 데리다는 세상을 떠난 레비나스에게 보내는 인사인 '아듀'(adieu), 즉 '신-에게로'(à-Dieu)를 매개로 이 신의 의미를 탈종교화하면서 이와 같은 의미를 전달하려 한다. 같은 책, 196쪽 참조.

37 같은 책, 200쪽에서 데리다는 이 같은 위험에 주의를 환기시킨다. 또 자크 데리다, 『법의 힘』, 진태원 옮김, 문학과지성사, 2004, 59쪽 이하도 참조.

38 특히 1990년대 중반부터 데리다가 내놓은 일련의 작업들, 즉 「죽음을 준다는 것」(1992), 『마르크스의 유령들』(1993), 『법의 힘』(1994), 『환대에 대하여』(1997) 등에서 이런 점이 잘 드러난다.

39 데리다, 『아듀 레비나스』, 220쪽; 자크 데리다, 『마르크스의 유령들』, 진태원 옮김, 개정 2판, 그린비, 2014 참조. 특히 후자의 책 381쪽 이하 「용어 해설」에서 진태원은 데리다가 메시아주의 없는 메시아적인 것에 대해 설명한 대담의 한 대목을 번역하여 소개하고 있다. 이 문제에 대한 좀 더 상세한 논의로는 진태원, 「시간과 정의: 벤야민, 하이데거, 데리다」, 『철학논집』 34집, 서강대학교, 2013을 보면 좋다.

40 Levinas, *Atrement qu'être ou au-delà l'essence*, p.233. 강조는 레비나스.

약함을 향한 윤리

1 유발 하라리, 『사피엔스』, 조현욱 옮김, 김영사, 2015, 334~335쪽.
2 같은 책, 162쪽에서 재인용.

3 에드워드 윌슨, 『인간 존재의 의미』, 이한음 옮김, 사이언스북스, 2016, 199~201쪽.

4 인간이 지속적이고 안정적인 관계를 맺을 수 있는 집단의 크기는 150명 정도의 규모라고 한다. 이 숫자는 이를 정량적으로 측정한 로빈 던바의 이름을 따 '던바의 수'라고 불린다. 로빈 던바, 『던바의 수』, 김정희 옮김, 아르테, 2018 참조.

5 김동창, 「인간 향상의 윤리적 쟁점과 도덕교육적 의미」, 『윤리교육연구』 44집, 한국윤리교육학회, 2017, 33쪽.

6 물론 개별적인 변화가 합해지고 이어져서 종(種) 차원의 변화를 가져올 수도 있을 것이며, 이런 변화를 선택하고 추구하는 양태와 관련하여 사회적이고 윤리적인 문제들이 제기될 수 있을 것이다. 여기에 대해서는 같은 글 참조.

7 잉마르 피어손·줄리언 사불레스크, 『미래 사회를 위한 준비: 도덕적 생명 향상』, 추병완 옮김, 하우출판사, 2015, 22~23쪽.

8 예컨대 조너선 하이트, 『바른 마음』, 왕수민 옮김, 웅진지식하우스, 2014 참조. 하이트는 진화 과정을 통해 우리에게 자리 잡은, 6쌍 정도의 보편적인 도덕적 기초(moral foundations)가 있다고 주장한다.

9 맥스 테그마크, 『맥스 테그마크의 라이프 3.0』, 백우진 옮김, 동아시아, 2017 참조. 여기에 따르면, 라이프 1.0은 변화를 오로지 진화에 의존하는 단계이며, 라이프 2.0은 학습을 통해 변화를 이루는 단계, 라이프 3.0은 자신의 신체마저 설계하여 변화시킬 수 있는 단계라고 한다.

10 인간 향상을 비판하는 논의들이 내세우는 논거는 이 밖에도 여럿이 있다. 여기에 대한 간단한 정리로는 신상규, 『호모 사피엔스의 미래』, 아카넷, 2014, 210쪽 이하 참조.

11 이것은 오늘의 문명에만 국한된 것이 아니다. 재레드 다이아몬드, 『문명의 붕괴』, 강주헌 옮김, 김영사, 2005, 2부 참조.

12 마이클 샌델, 『완벽에 대한 반론』, 이수경·김선욱 옮김, 와이즈베리, 2016, 45쪽.

13 윌슨, 『인간 존재의 의미』, 66~67쪽.

14 에드워드 윌슨, 『지구의 절반』, 이한음 옮김, 사이언스북스, 2017, 81쪽.

15 「지구종말시계, 자정 2분 전까지 왔다」, 『한겨레』, 2018년 1월 26일, http://www.hani.co.kr/arti/science/future/829505.html; 「환경재단 '2017 환경위기시계' 발표 … 9시 9분 '위험' 수준」, 『한국NGO신문』, 2017년 10월 10일, http://m.wngo.kr/a.html?uid=99225 등 참조.

16 예를 들어, 추병완, 「도덕적 향상에 관한 신경윤리학적 성찰」, 『윤리연구』 106호,

2016, 72쪽 이하 참조. 여기서는 도덕적 본질을 잘못 이해하고 있다든가, 부적
절한 수단을 사용한다든가, 강제성을 띤다든가 등이 비판의 이유로 제시되지만,
이런 이유들은 자율성을 중심으로 한 인간의 도덕적 가치를 해친다는 데로 수렴
될 수 있을 것이다.

17 같은 글, 77~78쪽 참조.

18 신상규는 인간 향상론자의 관점에서 이에 대한 비판을 조목조목 정리한 다음,
차례로 반비판하고 있다. 신상규, 『호모 사피엔스의 미래』, 4~5장 참조.

19 폴 블룸, 『선악의 진화 심리학』, 이덕하 옮김, 인벤션, 2015, 199쪽.

20 피어손·사불레스크, 『미래 사회를 위한 준비』, 151~152쪽.

21 임마누엘 칸트, 『영원한 평화』, 백종현 옮김, 아카넷, 2013, 132쪽 참조. 이 번역본
에서는 'Hospitalität'를 '우호'라고 옮기고 있다.

22 'Hospitalität'나 'Wirtbarkeit'는 주인이 손님을 맞이하는 태도나 자세를 뜻한다.
'우호'라고 옮기는 경우에도 그 역어에는 상호적 권리 이상의 함의가 들어 있다
고 보인다.

23 블룸, 『선악의 진화 심리학』, 6~7장 참조.

24 칸트도 윤리에서 감성이나 감정의 역할을 무시하지는 않는다. 특히, 윤리적 행위
의 추동력으로 작용하는 것은 도덕법칙에 대한 존경의 감정이다. 그러나 이 존
경은 이성 자체에 의해 불러일으켜져서 자연적 경향성을 억누르는 것으로 나타
난다. 그러한 한, 어떻게 해서 이러한 존경의 감정이 경향성에 바탕을 둔 감정에
대해 우위를 가질 수 있게 되는지를 물을 수 있다. 이와 관련한 논란에 대해서는
고현범, 「보편주의 윤리학과 감정의 관계: 칸트의 존경 감정과 그 영향을 중심으
로」, 『대동철학』 64집, 2013 참조.

25 문성원, 『타자와 욕망』, 현암사, 2017, 91쪽 이하 참조. 한편 박유정, 「공자와 레비
나스: 도덕적 감수성으로서의 윤리학」, 『인문학연구』 50집, 2015는 도덕에서 감
성적 기반을 되살려 보려는 흥미로운 시도지만, 레비나스에서 중요한 감수성이
주체와 공통성을 지닌 자에 대한 것이 아니라, 낯설고 다른 자에 대한 것이라는
점에 주목하지 못하고 있다. 그런 탓에, 본질적으로 자기 확장적이고 위계적인
유가의 윤리적 감성과 레비나스의 타자 수용적이고 타자 우선적인 감성을 구별
하지 못한 채, 도덕적 감정에 호소한다는 면에서만 양자를 평면적으로 연결짓
는다.

26 "타자가 내 안에 있는 타자의 관념을 넘어서면서 자신을 제시하는 방식을 우리는

얼굴이라고 부른다. 이러한 방식은 내 시선 아래에서 주제로 모습을 나타내는 데서 성립하지 않으며, 하나의 이미지를 형성하는 성질의 총체로 스스로를 펼치는 데서 성립하지도 않는다. 타인의 얼굴은 매번 그것이 내게 남겨 놓은 가변적 이미지를 파괴하고 그 이미지를 넘어선다"(에마뉘엘 레비나스, 『전체성과 무한: 외재성에 대한 에세이』, 김도형·문성원·손영창 옮김, 그린비, 2018, 56쪽).

27 "얼굴은 결국 직접적인 것의 개념을 묘사하게 해준다." "직접적인 것, 그것은 대면(face-à-face)이다"(같은 책, 58~59쪽). "얼굴은 직관적 지향의 직선성에 주어진 이미지의 직접성보다 더 팽팽한 무근원적 직접성이다"(Emmanuel Lévinas, *Autrement qu'être ou au-delà de l'essence*, Martinus Nijhoff, 1974, p.115).

28 여기에는 하이데거가 형이상학과 존재론을 대비하고 후자를 내세운 데 대한 반발로 볼 수 있는 면도 있다.

29 Levinas, *Autrement qu'être ou au-delà de l'essence*, p.94.

30 *Ibid.*, pp.13, 94, 116 등 여러 곳.

31 이때의 환대는 칸트가 말하는 상호적 환대와 다르다. 레비나스에 따르면, '나'는 언제나 주체-동일자-주인이고 타자는 언제나 손님-무한자-이방인이라는 비대칭적 관계가 성립하기 때문이다. 여기에 대해서는 문성원, 『배제의 배제와 환대』, 동녘, 2000, 117쪽 이하, 138쪽 이하 참조.

32 데리다는 주체의 이해가 이렇듯 주인에서 볼모로 바뀌는 사태에 주목하고 그 계기들에 대해 상세히 논하고 있다. 자크 데리다, 『아듀 레비나스』, 문성원 옮김, 문학과지성사, 2016, 109쪽 이하 참조.

33 Levinas, *Autrement qu'être ou au-delà de l'essence*, p.142 참조.

34 *Ibid.*, p.151 참조. 레비나스는 랭보의 어구를 인용하면서 "그러나 랭보 식의 소외가 없이"라는 말을 덧붙이고 있다. 그러니까 이 맥락에선 "Je est un autre"에서 3인칭 동사 'est'가 쓰인 까닭을 타자에 의해 내가 형성되었다는 나(Je)의 수동성과 관련짓는 데로 한정해야 할 것 같다. 또 레비나스가 "타자들(autres)을 대신한 자기"라고 복수형을 쓰고 있다는 점도 그 의미를 새기는 데 염두에 두어야 할 사항이다.

35 레비나스에 따르면, 책임은 "이전에 이루어진 어떤 개입에 의해서도 정당화되지 않는다." 그런 점에서 책임은 메타-존재론적이며 메타-논리적이라 할 수 있다. *Ibid.*, pp.129~130 참조.

36 *Ibid.*, p.18.

37 레비나스의 대신함과 기독교의 관점을 비교하는 여러 견해에 대한 최근의 간단한 정리로, Daniel Smith, ""After you, sir!": Substitution in Kant and Levinas", *Journal of the British Society for Phenomenology*, vol.48, no.2, 2017, p.150 이하 참조. 이 글에서는 '내 속의 타자'를 의미하는 레비나스의 대신함이 죄를 사하는 것(칸트의 경우도 여기에 해당된다)과 관련이 없다는 점을 들어 기독교적 견해와의 차별성을 강조하고 있다. 한편, 기독교적 견지에서 레비나스의 대신함을 설명하고 있는 예로는 John Van Den Hengel, "One for All Others", *Église et Théologie*, vol.30, 1999 참조.

38 에마뉘엘 레비나스, 『신, 죽음 그리고 시간』, 김도형·문성원·손영창 옮김, 그린비, 2013, 174쪽.

39 Levinas, *Autrement qu'être ou au-delà de l'essence*, p.232. 강조는 레비나스.

40 Emmanuel Levinas, *Éthique comme philosophie première*, Rivages poche, 1998, p.94.

41 앞의 글 「정치와 윤리」에서 나는 윤리의 유토피아적 측면과 정치적 현실 사이의 관계를 레비나스와 데리다의 논의를 통해 더 주제적으로 다루었다.

42 주디스 버틀러가 '취약함'과 함께 주요하게 사용하는 개념인 '불확실함'(precariousness/précarité)도 레비나스적인 개념이다. 주디스 버틀러, 『불확실한 삶』, 양효실 옮김, 경성대학교출판부, 2008, 5장 참조.

43 취약함과 저항 사이의 관계를 다룬 최근의 논저로 Judith Butler, Zeynep Gambetti and Leticia Sabsay eds., *Vulnerability in Resistance*, Duke University Press, 2016 참조. 이 책에서는 레비나스에 대한 언급이 거의 없는데, 그 이유는 레비나스처럼 수동성을 강조하는 것이 취약함의 논의를 저항적 실천으로 끌어오는 데 크게 도움이 되지 못한다고 판단한 데 있는 것 같다. 이런 점은 취약함 또는 약함에 대한 기존 논의의 한계를 보여 준다.

끝나지 않은 변증법의 모험

1 대체로 아도르노에서는 '짜임관계'(홍승용)로, 벤야민에서는 '성좌'(김유동, 최성만, 심혜련)로 번역되지만, 아도르노에서도 '성좌'로 옮겨진 경우(정석현, 진중권)도 있다.

2 이 인용과 이 문장은 앞의 「철학의 슬픔」에도 나온다.

3 심혜련, 「기술 발전과 시각 체계의 상관관계에 관한 고찰」, 『시대와 철학』 18권 1호, 2007, 18쪽 참조.

4 윤구병, 『잡초는 없다』, 보리, 1998, 99쪽.

5 문성원, 『철학의 시추』, 백의, 1999, 120쪽 이하 참조.

6 이규성, 「한국 현대철학에서의 두 가지 '변증법'과 '사상의 혁명'」, 『시대와 철학』 20권 3호, 2009, 314쪽.

7 이병수, 「한국 근현대 철학사상의 사상사적 이해: 이규성의 『한국 현대철학사론』에 대한 비판적 독해」, 『시대와 철학』 24권 3호, 2013, 73쪽.

8 이규성, 「한국 현대철학사의 방법과 관점」, 『시대와 철학』 24권 3호, 2013, 22쪽.

9 박찬국, 『내재적 목적론』, 세창출판사, 2012는 목적론의 의의를 되살려 보려는 시도다. 여기서 그는 인간만이 아니라 살아 있는 것은 모두 내적 목적을 지니고 있다고 보아야 한다고 제안한다. 그런데 이러한 제안은 무엇보다, "자연에 대한 책임과 존중을 정당화"(548~549쪽)하는 데 그 목적이 있다.

10 이 점에 대해서는 문성원, 「향유와 노동: 여가 문제에 대한 레비나스적 성찰」, 『시대와 철학』 25권 3호, 2014 참조.

11 이병창, 『영혼의 길을 모순에게 묻다』, 먼빛으로, 2010, 5쪽.

12 이병창, 『청년이 묻고 철학자가 답하다』, 도서출판 말, 2015, 355쪽.

13 이 표현은 벤야민에서 따왔다. 발터 벤야민, 「역사의 개념에 대하여」, 『역사의 개념에 대하여 / 폭력비판을 위하여 / 초현실주의 외』. 최성만 옮김, 도서출판 길, 2008, 테제 9번 참조.

14 딱히 변증법적이라고 하기는 어렵지만 통계수치를 뒷받침으로 하여 인류 역사에서 폭력의 감소 과정을 설득력 있게 보여 주고 있는 예로 스티븐 핑커, 『우리 본성의 선한 천사』, 김명남 옮김, 사이언스북스, 2014 참조.

15 발터 벤야민, 「역사의 개념에 대하여」, 테제 7번 참조. 이 글은 역사진보의 관점에 대한 비판으로 여전히 전범이 될 만하다. 미카엘 뢰비, 『발터 벤야민: 화재경보』, 양창렬 옮김, 난장, 2017에는 상세한 해설과 함께 충실한 우리말 번역이 실려 있다.

16 여기에 대한 소개로 김항, 『종말론 사무소: 인간의 운명과 정치적인 것의 자리』, 문학과지성사, 2016 참조.

17 문성원, 『타자와 욕망』, 현암사, 2017 참조. 변증법과 관련하여 레비나스 철학을

직접 거론한 흥미로운 글로는 김상록, 「주노 변증법에서 사제 변증법으로(1): 레비나스의 헤겔 비판에 대한 소고」, 『현대유럽철학연구』 44집, 2017이 있다. 레비나스가 헤겔을 신랄하게 비판하면서도 그로부터 많은 영향을 받았음은 사실이다. 하지만 김상록도 지적하고 있듯이(61쪽) 레비나스는 명시적으로 변증법을 수용하고자 하지는 않았기 때문에, 적어도 자신의 견해를 '사제 변증법'이라고 부르는 것을 기꺼워할 것 같지는 않다.

민주주의를 넘어서

1 고병권, 『민주주의란 무엇인가』, 그린비, 2011, 17쪽 이하 참조.

2 자크 랑시에르, 『민주주의는 왜 증오의 대상인가』, 허경 옮김, 인간사랑, 2011, 104쪽 참조. 최근 장은주는 정의 이념과 관련하여 '메리토크라시'(merito-cracy)라는 개념을 도입하여 논의하는데, 이 말도 능력을 뜻하는 라틴어 'merito'에 그리스어 'kratia'에서 온 'cracy'를 붙여 만든 것이다. 장은주, 『정치의 이동』, 상상너머, 2012, 109쪽 참조.

3 같은 책, 106쪽 이하 참조: 고병권, 『민주주의란 무엇인가』, 19쪽 이하 참조.

4 같은 책, 95쪽. 고대 아테네에서의 추첨제도에 대한 개략적 설명으로는 폴 우드러프, 『최초의 민주주의』, 이윤철 옮김, 돌베개, 2012, 특히 40쪽 이하, 71쪽 이하 등 참조.

5 고병권, 『민주주의란 무엇인가』, 40쪽 참조.

6 랑시에르, 『민주주의는 왜 증오의 대상인가』, 111쪽.

7 자크 랑시에르, 『정치적인 것의 가장자리에서』, 양창렬 옮김, 도서출판 길, 2008, 17쪽 참조.

8 랑시에르, 『민주주의는 왜 증오의 대상인가?』, 119쪽.

9 고병권, 『민주주의란 무엇인가』, 47쪽 이하 참조.

10 같은 책, 77쪽 이하 참조.

11 같은 책, 110쪽 참조.

12 콜린 크라우치, 『포스트-민주주의』, 이한 옮김, 미지북스, 2008.

13 금민, 「국민주권과 포스트민주주의 정치」, 크라우치, 『포스트-민주주의』, 216쪽.

14 이 '대표'는 '반영'(reflection)과 직결되기도 하다. 반영은 이른바 민주집중제의

중심 개념이긴 하지만, 그것 역시 민주주의의 필수요소는 아니다.

15 카를 슈미트,『현대 의회주의의 정신사적 상황』, 나종석 옮김, 도서출판 길, 2012, 31쪽 이하 참조. 이 책의 초판은 1923년 독일에서 출판되었다.

16 노명식,『자유주의의 원리와 역사』, 민음사, 1991, 70쪽 참조.

17 같은 책, 78쪽 이하 참조. 근자에 성가를 높이고 있는 경제학자 장하준은 신자유주의뿐 아니라 "자유주의는 근본적으로 시장주의"라고 단언한다. 장하준·정승일·이종태,『무엇을 선택할 것인가』, 부키, 2012, 15쪽.

18 블라디미르 일리치 레닌,『국가와 혁명』, 문성원·안규남 옮김, 돌베개, 2015, 특히 139쪽, 161쪽 등 참조.

19 물론 이때의 민주주의는 자본주의에 기반한 것이 아니므로 자유주의적이지 않을 것이다. 최근에까지 '민주적 프롤레타리아 독재'를 내세우고 있는 이름 있는 인물로는 슬라보예 지젝을 들 수 있다. 슬라보예 지젝,「민주주의에서 신의 폭력으로」, 슬라보예 지젝·조르조 아감벤·알랭 바디우 외,『민주주의는 죽었는가』, 김상운·양창렬·홍철기 옮김, 난장, 2010, 194쪽 참조.

20 나는 이전에 이런 문제를 집중적으로 다룬 적이 있다. 문성원,「현대성과 보편성 (1): 인권, 자유주의, '배제의 배제'」,「현대성과 보편성(2): 자유주의와 공동체주의」,『배제의 배제와 환대』, 동녘, 2000; 문성원,「자유주의와 정의의 문제: 세계화 시대의 자유주의 정의관」,「개인적 인권과 집단적 인권: 자유주의 인권 개념의 한계를 넘어」,『해체와 윤리』, 그린비, 2012 등 참조.

21 자유주의와 의회제를 옹호했던 슈미트는 나치의 집권 후 나치 지지자로 변신한다. 이 과정에 대한 설명은 슈미트,『현대 의회주의의 정신사적 상황』의「옮긴이 해제」참조.

22 조르조 아감벤,「민주주의라는 개념에 관한 권두 노트」, 지젝·아감벤·바디우 외,『민주주의는 죽었는가』, 24쪽 이하 참조.

23 지젝,「민주주의에서 신의 폭력으로」, 181쪽.

24 미국의 총부채 규모는 그 GDP 대비 비율이 지난 세기의 대공황 때를 훨씬 초과해 300퍼센트를 넘어섰다. 세일러,『불편한 경제학』, 위즈덤하우스, 2010, 216쪽 참조.

25 요즘 다음의 교과서적 주장을 정면에서 반박할 수 있는 사람은 많지 않을 것이다. "민주주의는 1인 1표의 평등한 정치 참여의 권리에 기초해 시장의 불평등 효과를 완화하는 힘이며, 따라서 민주주의에서 국가의 역할을 더욱 강화해야 하

고, 민주주의에서 정치의 논리는 복지 및 재분배와 같이 그 이전에 다루지 않았던 문제들을 보다 넓게 포괄하는 것이다"(최장집, 『민주화 이후의 민주주의』, 개정2판, 후마니타스, 2010, 262쪽).

26 "노동자 개인의 권익과 노동조합의 권리를 대폭 향상시키고, 또한(독일의 공동결정제처럼) 종업원 대표자들의 회사 경영 참여를 제도적으로 보장하는 것도 경제민주화이다. 소비자 협동조합의 설립을 지원하여 소비자 권익을 향상시키는 것, 그리고 소농·소기업들이 자율적으로 결성한 협동조합에 대한 정부의 제도적, 금전적 지원을 통해 그들의 경제적 힘을 향상시키는 것도 경제민주화이다. 전기와 철도·지하철, 버스, 우편, 수도처럼 모든 국민의 일상생활에 중요한 재화와 서비스를 제공하는 공기업이나 혹은 그런 공적 서비스를 제공하는 민간기업을 강력하게 규제하는 것도 경제민주화이다. / 민주적으로 선출된 정부가 산업정책과 복지정책 등을 통하여('1원 1표'라는 반민주적인 원리에 기초하게 마련인) '시장'을 규제하여, 기업들이 가능한 한 최대 다수의 최대 행복을 위해, 즉 국민들의 이익에 맞도록 행동하도록 유도하는 것도 경제민주화의 중요한 부분이다. 또한 그 구조와 인맥상, 물가안정과 통화가치 유지 등 금융 중심적 시각에서 경제문제를 파악하게 되어 있는 중앙은행(한국은행)에 대한 민주적 통제를 강화해서 중앙은행이 고용이나 성장처럼 일반 국민에게 더 중요한 문제에 주의를 기울이도록 하는 것도 경제민주화이다"(장하준·정승일·이종태, 「"재벌개혁 만능론은 반민주적 행위": [한국 경제 성격 논쟁] 정태인·이병천의 비판에 답한다⟨2⟩」, 『프레시안』, 2012년 5월 30일). 한국은행의 역할에 관한 대목은 재벌개혁론과 함께 논란의 대상이지만 나머지 부분들은 이 『프레시안』 논쟁에 참여하고 있는 경제학자들이 모두 인정할 수 있는 내용이 아닌가 싶다. 철학자의 눈으로 볼 때는 '최대 다수의 최대 행복' 부분이 걸리기는 한다. 경제적 이익의 공리주의적 극대화, 그것도 벤담 식의 극대화가 '경제민주화'의 목표인가?

27 김상봉, 『기업은 누구의 것인가』, 꾸리에북스, 2012 참조. 김상봉은 자본주의의 대표적 회사 형태인 주식회사에 초점을 맞춘다. 그에 따르면, 주식회사에서는 주주가 무한책임을 지는 것이 아니고 사회가 그 책임을 분산시키고 있기에 본래 완전한 소유관계가 성립하지 않는다. 그러므로 그 기업의 가장 큰 이해당사자라고 할 수 있는 노동자가 경영자를 선임하는 것이 옳지, 배당과 주가이익만을 목표로 하는 주주들에게 그 법적 권리를 돌리는 것은 잘못이라는 것이다. 김상봉이 경제민주화가 포괄하는 과제들 가운데 이렇게 기업의 경영권에 초점을 맞춘

것은 삼성을 비롯한 소수 재벌의 전횡에 대한 문제의식에서 비롯한 것으로 보인다.

28 우드러프, 『최초의 민주주의』, 59쪽 이하 참조.

29 지젝, 「민주주의에서 신의 폭력으로」, 187쪽. 지젝이 원용하는 벤야민의 언급은 발터 벤야민, 「폭력의 비판을 위하여」, 자크 데리다, 『법의 힘』, 진태원 옮김, 문학과지성사, 2004, 168~169쪽 참조.

30 예컨대, 샹탈 무페, 『민주주의의 역설』, 이행 옮김, 인간사랑, 2006, 특히 2장 참조.

31 장 뤽 낭시의 민주주의에 대한 입론도 이와 유사하다. 장 뤽 낭시, 「유한하고 무한한 민주주의」, 지젝·아감벤·바디우 외, 『민주주의는 죽었는가』 참조.

32 인디고연구소, 『불가능한 것의 가능성: 슬라보예 지젝 인터뷰』, 궁리, 2012, 156쪽.

33 이를테면, 「나는 꼼수다」와 같은 인터넷 팟캐스트 방송 역시 새로운 형태의, 그러나 또 하나의 대의체가 아닐 수 없다.

34 예컨대, 마이클 샌델, 『민주주의의 불만』, 안규남 옮김, 동녘, 2012, 특히 10장 참조.

35 아즈마 히로키, 『일반의지 2.0』, 안천 옮김, 현실문화, 2012 참조.

후기

내가 이 글모음에 일종의 '후기'를 붙이면 어떨까 하는 생각을 하게 된 것은 테드 창의 『당신 인생의 이야기』 말미에 붙어 있는 「창작 노트」를 읽으면서였다. 물론 테드 창의 글과 여기 실린 글들은 비교하기 어렵다. 테드 창의 글은 나름의 과학적이고 합리적인 근거를 바탕으로 한다고 하지만 어떻든 소설이고, 내 글은 아무리 느슨한 형태를 취한다고 해봐야 논문이거나 에세이다. 게다가, 자기 분야에서 이미 세계적인 명성을 얻고 있는 테드 창과 나를 견줘 볼 깜냥은 아예 없다. 다만, 철학 분야의 글에도 그 글의 배경이나 전후 사정, 때로 그 글에서 못다 한 얘기 등을 곁들이면, 글쓴이 입장에서는 아쉬움을 좀 덜 수 있고 독자의 처지에서도 흥미를 조금이나마 더할 수 있지 않을까 하는 생각에 가볍게 적어 본 것이니, 쓸데없는 짓이라고 너무 나무라진 말길 바란다.

▪ 철학의 슬픔 ▪

이 글은 2015년 봄에 부산대학교 철학과 콜로키움의 발표문으로 썼다. 나는 그 전해인 2014년을 연구년으로 보냈는데, 원래는 미국 오마하대학교에 방문교수로 가기로 예정되어 있었으나, 출발을 며칠 앞두고 아버지가 갑자기 뇌출혈로 쓰러지시는 바람에 국내에 머물 수밖에 없었다. 간병 때문에 서울과 부산을 오르내리며 지냈는데, 아버지는 결국 그해 말에 돌아가셨다. 울적한 나날들이었다. 그 기간 동안 철학책보다는 소설책이나 철학 주변의 책들을, 특히 교양과학서들을 많이 읽었다. 연구년이 끝나고 그 결과를 학과 콜로키움에서 발표해 보는 것이 어떻겠느냐는 제안을 들었을 때, 망설임 없이 그러겠다고 했다. 실제로 발표문은 다른 글을 쓸 때보다 훨씬 쉽게 썼는데, 아마 내 심정과 생각이 가까이 있어서였을 것이다. 발표의 반응은 전반적으로 좋은 편이었다. 하지만 그동안의 스트레스 때문이었는지 술자리에서 뜻밖의 소란이 있었고, '영혼의 슬픔'은 쉽게 가시질 않았다.

이 글은 전형적인 논문 형태로 쓴 것이 아니고 마땅히 실을 다른 지면도 생각나지 않아서 그냥 묵혀 두었는데, 해가 바뀌어 의무적으로 논문을 하나 내야 할 시기가 다가오자 문득 이 글을 그런 용도에 이용할 수 있지 않을까 하는 꾀바른 생각이 들었다. 그래서 다시 읽어 보니 글투가 논문으로 좀 상그러워 보여 그렇지, 내용상 큰

하자가 있을 것 같지가 않았다. 때로 이런 형태의 글도 논문으로 실을 수 있어야 아카데미즘의 딱딱한 틀을 조금이라도 흔들 수 있지 않겠는가 하는 따위의 편리한 생각을 해가며, 급기야 학술지에 실어 보려는 과감한(!) 시도를 했다. 아니나 다를까 내 딴엔 고심해서 고른 인문학 학술지에서 퇴자를 맞는 우여곡절을 겪은 끝에, 그간 내가 줄곧 논문을 실어 왔던, 그나마 개방적인(!) 학술지에 ─ 이번에도 심사자들의 우려 섞인 목소리가 없지는 않았으나 ─ 간신히 게재할 수 있었다(『시대와 철학』, 2016년 가을호).

▪ 행복에 대하여 ▪

2015년 여름, 행복을 주제로 한 토론대회에 행복 문제의 얼개를 설명해 달라는 부탁을 받고 강연 원고로 쓴 글이다. 주최 측에서는 내 강연 내용에 대해 썩 흡족해 하지는 않았던 것으로 기억한다. 우리가 행복할 수 있는 방안이 무엇인가를 토론의 줄기로 삼으려는 계획에 잘 맞지 않았던 모양이다. 그도 그럴 것이 내 이야기의 초점은 행복을 인생의 궁극적 의미나 목적으로 여기는 것이 섣부른 생각이라는 점을 지적하는 것이었으니 말이다. 같은 원고를 공기업 관리자들을 대상으로 한 강연에서도 활용한 적이 있는데, 이때도 기조부터 어긋났다. 행복 문제를 다룬다니까 사회자가 지레짐작으로, 이제 강연자께서 우리가 행복해질 수 있는 길이 무엇인지를 이야기해 줄 거라고 말하는 통에, 그것부터 바로잡아야 했다. 아니 그게 아니고요, 오히려 우리가 행복에 너무 매달리고 행복에 과도한 기대와 환상을 갖는 것이 잘못이라는 게 제 얘기의 요점이 될 거예요……. 이렇게 시작한 강연이 청중들의 통념을 깨뜨려 결국 그분들이 행복을 제대로 누리는 데 조금이라도 기여할 수 있었기를 바라지만, 과연 그렇게 되었는지는 잘 모르겠다.

사실, 이런 글을 쓴 것은 우리 시대의 지나친 '행복 팔이'가 오히려 스트레스를 가중시킨다고 생각해 왔기 때문이다. 사람들이 행복을 추구하는 것이야 보편적인 현상이라고 하겠지만, 행복이 진정 무엇이고 행복의 성취가 어떤 의미를 갖는가는 또 다른 문제다. 특정한 상태나 이미지를 고정된 목표로 삼는 것은 행복의 '기능'을 오도하기 쉽다. 행복이란 우리를 보다 나은 삶으로 이끌어 가도록 작용하는 기제의 일부이지, 우리가 안주할 수 있는 어떤 상태가 아니다. 영원한 행복이란 불가능할뿐더러, 일정 기간 이상 지속되는 행복도 곧잘 그 쓸모를 잃고 무의미해지기 마련이다.

아울러, 이 글에서는 미처 언급하지 못했지만, 대부분의 심리학자들이 지적하는 것처럼, 행복하다는 느낌에는 개인차도 크게 작용한다는 점을 덧붙이고 싶다. 외향적이고 쉽게 만족감을 느끼는 사람이 있는가 하면, 그렇지 못한 사람도 많다. 자신의 됨됨이에 맞추어 살면 되는 일이지, 구태여 나는 왜 저기 저 사람처럼 행복하지 못할까 하고 스스로를 몰아칠 필요는 없다는 얘기다. 억지로 행복감을 확충하려고 애써 봐야 스트레스만 더 늘어날 뿐이다. 그건 이렇게 말하는 나 같은 사람에게나 해당되는 사항이 아니냐고? 뭐, 그럴지도 모르겠다. 하긴, 쉽게 행복함을 느낄 수 있는 사람이 무엇 때문에 평생 골치 아픈 철학 따위를 붙잡고 있겠는가.

▪ 인공지능, 무한, 그리고 얼굴 ▪
▪ 사랑과 용서 ▪

이 두 글은 레비나스의 주저 『전체성과 무한』(1961)을 쉽게 해설하려는 기획의 일환으로 썼고, 각각 『오늘의 문예비평』 2017년 가을호와 겨울호에 실렸다. 봄호와 여름호에도 같은 기획 아래 「욕망과 혁명」, 「향유와 노동」이라는 두 꼭지의 글을 실었는데, '레비나스의 『전체성과 무한』으로 읽는 세상살이'라는 이름으로 묶인 이 네 편의 글은 『전체성과 무한』의 1~4부를 다루고 있다. 그런데 먼저 쓴 글 두 편(「욕망과 혁명」, 「향유와 노동」)은 작년에 현암사에서 펴낸 졸저 『타자와 욕망』에 이미 재수록했다. 내용으로 보아, 「인공지능, 무한, 그리고 얼굴」, 「사랑과 용서」도 원래 『타자와 욕망』에 같이 실려야 맞다. (『타자와 욕망』의 부제는 '에마뉘엘 레비나스의 『전체성과 무한』 읽기와 쓰기'였다.) 그렇게 하지 못했던 것은 야속 시힌에 쫓겨 『타자와 욕망』을 서둘러 출판해야 했기 때문이다. 『타자와 욕망』의 「맺는 글」에서도 이와 관련하여 독자들께 양해를 구했는데, 여기서 또 이 두 글을 가능하면 『타자의 욕망』과 연계해서 읽어 달라고 부탁하자니 민망함을 감추기 어렵다. 물론 그런 관련성에도 불구하고 이 글들은 독립적으로 읽을 수 있도록 쓰였다.

「인공지능, 무한, 그리고 얼굴」에는 언뜻 보면 서로 잘 안 어울릴 것 같은 두 문제의식이 함께 들어가 있다. 나는 오늘날의 과학적 성과와 더불어 AI나 사이보그의 가능성에 대해 꽤 적극적인 관심을 가지고 있는 편인데, 이것이 혹 윤리를 강조하는 레비나스 철학과 충돌하는 듯이 보일지도 모르겠다. 그러나 과학적 '진보'가 인간의 오만함을 부추기는 것이 아니라 오히려 겸손함을 일깨울 수 있다는 점을 생각해 보자. 칼 세이건의 유명한 표현처럼, 우리는 광대한 우주 속의 한 '창백한 푸른 점'에 살고 있는 한 무리의 생명체일 뿐이다. 내가 중심적이고 특별한 존재가 아니라는 깨달음이 타자에 대한 존중과 책임의 중요성을 부각시킨다. 그렇다면 레비나스 철학이야말로 오늘날 인간의 자기 인식과 잘 어울리는 사고방식이 아니겠는가. 게다가 정말 취약한 존재는 자신의 처지를 냉정하게 받아들이기 어려운 법이다. 과장과 허구로 스스로를 부풀리는 데서 벗어나 타자를 수용하고 존중할 수 있다는 것 자체가 실제로는 형편이 나아지고 있음을 방증해 준다고 할 만하다.

「사랑과 용서」에서는 사랑의 한계를 지적하는 대목들이 특이하게 보일 수 있겠다. 사랑이란 우리 대부분이 평생 동안 매달려 사는 신비로운 가치의 꾸러미처럼 여겨지기 때문이다. 그러나 사랑이 보통 자기 확장의 방편으로 작용하며 그래서 구심적 특징을 갖는다는 것은 그다지 새로운 얘기가 아니다. 물론 타자 지향적이며 원심적인 사랑도 가능하다. 하지만 그런 사랑은 우리가 원하는 살가움을 잃어버리기 쉽다. 누구나 자기 주변의 사람을 사랑하고 사랑받기를 원하지, 저 멀리 떨어진 낯선 사람과 내가 친구나 애인으로부터 같은 대접을 받기를 바라지는 않는다. 그런데 우리가 몸담는 세상의 규모가 점점 더 커지고 관계가 복잡해지는 바람에, 우리에게 자연스러워 보이는 사랑의 감정을 넘어서야 하는 경우가 많아지고 있다. 사랑과 관계된 이런 양면성(특수성/보편성)을 '여성/남성'의 특성과 연결하여 다루는 것은 통속적이면서도 꽤 위험한 일이지만, 이로부터 자유롭기는 쉽지 않다. 레비나스의 경우도 마찬가지다. 그래서 나는 우리의 유한함을 극복할 수 있는 길로서 사랑에 대한 레비나스의 논의보다는 '용서'에 관한 그의 발상이 더 주목할 만하지 않을까 생각한다. 특히 흥미로운 것은, 용서가 궁극적으로는 타자의 소관이고 내가 용서할 수 있음조차 내게 선물처럼 주어진다는 견해다. 용서와 선물, 이것은 앞으로도 더 다뤄 보고 싶은 주제다.

▪ 환대하는 삶 ▪

이 글은 2018년 초 한양대학교 평화연구소 워크숍에서 환대 개념에 대해 소개해 달라는 부탁을 받고 썼다. 『배제의 배제와 환대』라는 논문집을 2000년에 낸 적이 있으니, 내가 환대 문제를 다룬 지는 꽤 오래된 셈이다. '환대'를 연구소의 연구 주제로 잡았다는 것은 이제 우리에게도 환대가 현안이 되었다는 뜻이 아닌가 싶어 내심 반가웠다. 정치학 전공자들이 중심이 된 모임이어서 약간 낯선 면은 있었으나 그런대로 '환대'를 받았던 것 같다. 탈북자들에 대한 논의가 많았던 것과, 전 통일부 장관이라고 소개를 받았지만 농담인지 진담인지 의아해 할 정도로 나로선 전혀 알아보질 못했던 참석자가 있었던 것이 기억에 남는다. 이명박 정부와 박근혜 정부 때는 통일부 장관의 존재감이 거의 없었지 싶은데, 최소한 사태가 잘못되는 데 크게 앞장서지는 않았다는 증거라고 생각한다면, 그렇게 나쁘게 볼 일만은 아닌 듯하다.

글 가운데 다르덴 형제의 영화 「언노운 걸」이 많이 다루어지는데, 사실 나는 이 영화를 보고 다르덴 형제가 너무 노골적으로 레비나스의 철학을 표현하고 있다 싶어 약간 놀랐다. 의도가 앞선 탓에 영화 자체의 예술성 면에서는 오히려 마이너스로 작용한 점도 있는 것 같다. 마침 부산 '영화의 전당'에서 이지훈 선생님이 이 영화를 다루는 자리를 마련해 주었는데, 그때 해설을 해준 부산외국어대학교의 박은지 선생님 덕택에, 뤽 다르덴이 직접 쓴 책들이 있다는 것을 알고 구해 읽을 수 있었다. 그런 자료들을 보면, 다르덴 형제의 영화가 폭넓은 문화적·철학적 관심과 치밀하고 끈질긴 탐구

정신의 결과임을 재삼 확인할 수 있다. 우리 주위에는 철학적 논의에 도움을 줄 만한 훌륭한 영화들이 많지만, 레비나스의 철학과 관련해서는 다르덴 형제의 영화들을, 특히 「로제타」, 「로나의 침묵」, 「아들」 등을 꼭 보라고 권하고 싶다.

▪ 정치와 윤리 ▪

데리다와 레비나스는 내가 꽤 오랫동안 관심을 가지고 보아 온 철학자들이다. 이들과의 인연이 이제 20년이 넘은 것을 보면, 레비나스와 데리다에게는 나처럼 진득하지 못한 사람조차 붙잡고 되돌아오게 하는 힘이 있는 모양이다. 20여 년을 가까이했다고 해서 이들과 항상 붙어 있었던 것은 물론 아니다. 레비나스와 데리다가 쓴 저작들 가운데는 아직도 읽지 못한 것들이 많다. 하긴 데리다의 경우는 워낙 다작인 데다가 하나같이 쉽게 읽히질 않으니, 그의 글을 다 독파하려고 마음먹는 것 자체가 좀 무모한 일인지도 모른다. 어떻든 나는 그간 쓴 글들에서 데리다와 레비나스를 자주 거론했지만, 이 둘 사이의 관계를 본격적으로 다룬 것은 이 「정치와 윤리」가 처음이라고 할 수 있다. 2015년 여름에 써서 그해의 『시대와 철학』 가을호에 실었는데, 이번에 이 책에 엮어 넣으면서 각주 몇 개 정도를 손보았다.

사실, 이 글을 쓰게 된 것은 『아듀 레비나스』라는 데리다의 저작을 번역한 일과 관련이 있다. 예전에 읽었지만, 번역할 엄두는 내지 못했다. 내용이 세세하고 까다로워서 읽어 줄 사람이 드물 것 같아서였다. 그러나 레비나스와 데리다의 관계를 소개하기에는, 특히 레비나스에 대한 데리다의 평가를 살펴보기에는 가장 좋은 텍스트라고 생각해 왔다. 그러다 대학원에서 학생들과 데리다를 읽기 시작하면서 결국 『아듀 레비나스』의 번역에 손을 대게 되었다. 나는 데리다가 레비나스를 '환대'한다고 말해 왔는데, 그렇게 말할 수 있는 근거가 무엇인지를 확실하게 제시하고 싶은 마음도 있었다. 초벌 번역을 해놓고 자연스럽게 그와 관련된 글을 쓰게 된 결과가 「정치와 윤리」다. 그러니까 이 글은 데리다의 『아듀 레비나스』에 대한, 또 데리다와 레비나스의 관계에 대한 나 나름의 해설이라고 보아도 좋을 것이다. 나는 이제껏 데리다보다는 레비나스를 주로 다루어 왔지만, 기질상으로는 데리다에게 더 끌리는 편이다. 그러나 지적 간극은 커서 데리다를 읽을 때마다 다른 사람 못지않게 고생스럽다. 그래도 위안 삼아 내세울 수 있는 것은 일반 독자들에게는 내 글이 데리다의 글보다는 한결 접근하기 쉬울 것이라는 점이다.

▪ 약함을 향한 윤리 ▪

이 책의 출간이 예정보다 약간 늦어진 탓에 마지막에 끼워 넣을 수 있게 된 글이다. 2018년 6월에 '21세기의 윤리학'을 주제로 열린 한

학회에서 발표했던 글을 『시대와 철학』 2018년 가을호에 투고했고, 몇 줄만 바꿔서 여기 다시 싣는다. 『철학의 슬픔』의 출판이 한두 달 미뤄진 것이 이 글의 입장에서는 다행스러운 일이다. 나중에 책으로 묶이려면 또 몇 년을 기다려야 할지 모를 것이니 말이다.

　'인간 향상과 타자에 대한 책임'이라는 부제가 보여 주듯, 이 글은 인간의 윤리적 본성을 인위적으로 바꿀 필요가 있다는 이른바 도덕적 인간 향상에 관한 논의를 다루고 있다. 오늘날 주목받고 있는 트랜스-휴머니즘의 견지와 연결되어 있는 사안이다. 대부분의 철학자들처럼 나도 인간의 자연적 본성에 대한 인위적 조작은 매우 위험할 수 있다고 보는 쪽이다. 하지만 이른바 인간 향상론자들의 주장도 만만치가 않다. 환경문제를 위시한 오늘날의 전 지구적 위기가 그 이전의 오랜 진화 과정을 통해 형성된 이기적이고 자기 집단 중심적인 인간의 본성으로는 감당하기 어려운 상황이라면 어찌할 것인가. 인간의 자연적 됨됨이를 의도적으로 바꾸지 않는 한, 위기 극복을 기대하기 힘들다는 게 이들의 생각이다. 인간에 대한 조작을 원칙적으로 거부한다거나 그러한 조작에 수반될 위험성을 지적하는 것만으로는 부족하다. 대안 제시가 필요하다. 우리의 행동을 실질적으로 바꿀 수 있는 감성적 기초에 대해 진지하게 생각해 보아야 한다. '약함을 향한 윤리'는 이런 문제에 대한 레비나스적 답변이다. 삶의 조건을 타자와의 관계라는 각도에서 다시 짚어 보는 일이 긴요하며, 우리 자신을 비롯해서 취약함을 지닌 모든 존재에 대한 감수성이 요구된다.

　나는 이 글을 학회에서 발표하며 제법 반향이 있을 것이라고 기대했다. 그러나 반나절 동안에 발표자가 4명이나 되고 또 세부 전공이 다양한 사람들이 모인 탓이었을까, 각자가 자신에게 익숙한 논의에만 주의를 기울이는 것 같아서 안타까웠다. 자기집단 중심주의는 철학자들에게도 예외가 아닌 모양이다.

▪ 끝나지 않은 변증법의 모험 ▪

벌써 오래전 얘기지만 나는 헤겔 공부로 철학연구자로서의 이력을 시작했다. 1980년대 초반, 사회철학적 관심이 지배적인 시대에서는 흔한 일이었다. 당시 젊은이들에게 변증법은 변화와 혁명의 논리로서 꼭 갖추어야 할 무기처럼 여겨졌다. 이제 시대가 바뀌었고 변증법에 대한 기대와 평가도 달라졌으나, 나로서는 일종의 향수 어린 미련이 없을 수 없다. 그래서 청년기부터 함께해 온 '한국철학 사상연구회'에서 변증법을 주제로 심포지엄을 연다고 했을 때, 생각을 정리해 볼 좋은 기회로 여기고 흔쾌히 발표의 한 꼭지를 맡기로 했다. 이 글은 그렇게 하여 2016년 봄에 써서 발표한 원고를 토대로 하고 있다. 발표 후에 결론 부분을 보충해서 『시대와 철학』 2017년 가을호에 실었는데, 그때 심사자 가운데 한 분이 이처럼 성긴 논의가 전문적인 철학 가운데서 어떤 의미를 지닐 수 있겠는가

하고 회의 섞인 평을 하였던 것이 기억난다. 전문성 면에서는 부족함이 많겠지만, 그래도 한 시대의 부침을 바라본 나름의 고민이 담겨 있는 글로 읽어 주면 좋겠다.

▪ 민주주의를 넘어서 ▪

이 글은 이 책에 실린 글 가운데 가장 오래 묵은 글이다. 2012년에 써서 역시 한국철학사상연구회의 심포지엄에서 발표하고 그해 『시대와 철학』 가을호에 게재했다. 여기 옮겨 놓으면서 당시의 예와 관련된 표현만 약간 빼거나 바꾸었다. 이 글의 기본 문제의식은, 민주주의를 민중(데모스)과 힘(크라티아)의 결합으로 이루어진 정치체제라고 할 때, 그 힘의 기반을 과연 어디에서 찾을 수 있느냐 하는 것이었다. '민주주의를 넘어서'라는 제목은 그것이 — 민주주의 이념을 옹호하고자 하는 온갖 시도에도 불구하고 — 이념적 지평 자체 내에서 구해지기는 어렵다는 생각을 반영하고 있다. 하지만 민중의 경제적 조건을 위시해서 실질적 힘과 연결될 수 있는 외부의 지형은 낙관적 전망을 갖기 어려워 보이거나 최소한 불확실해 보였다. 돌이켜 생각해 보면, 2012년은 민주주의에 대한 확신을 갖기에는 꽤 갑갑한 시기였던 것 같다. 그렇다면 지금은 확연히 달라졌을까? 촛불에 힘입어 시대착오적 미망의 어둠은 뚫고 나왔으나, 민주주의의 미래와 관련하여 이 글에서 제기한 질문들은 여전히 유효하다는 생각이다.

한 가지, 이 글을 쓸 당시에는 크게 고려하지 못했는데 요즘 들어 점차 무겁게 느껴지는 점이 있다. 민중의 저항적 힘이 극명하게 드러나는 곳은 다름 아닌 낮은 출산율이 아닌가 하는 생각을 해 본다. 따지고 보면 이것은 젊은 세대의 생물학적이고 무의식적인 파업, 소극적이지만 더없이 강력한 파업이 아닌가. 젊은이들의 삶을 옥죄어 오는 허울 좋은 형식적 민주주의 체제는 여기에 대응할 어떤 방안을 가지고 있는가? 어쩌면 이 문제야말로 이제 모든 정치적·사회적 사안 가운데 가장 우선적으로 고려해야 할 현안이 아닐까?

찾아보기

| 작품명 |